한 문장으로 시작하는

철학 수업

웨일북 한 문장 시리즈
03

이성과 감성으로 더듬어간 진리의 변천사

한 문장으로 시작하는
철학 수업

박홍순 지음

whale books

서양철학에
도전하는 시간

인문학에 관심을 가진 사람들의 흔한 소망이 있다. 수천 년에 걸친 서양철학 전체를 꿰는 일이다. 철학은 모든 학문의 뿌리가 되는 학문 중의 학문이기에 한 번쯤 정체를 알고 싶은 욕심이 생긴다. 서양철학에 대한 통찰 없이 서구적 사고방식이나 서구 문화를 이해하려는 노력은 허망하다. 나름 깊이 있게 인문학을 벗으로 삼고자 하는 사람이라면 반드시 넘어야 할 산으로 생각하는 게 당연하다.

하지만 서양철학은 좀처럼 동행에 필요한 옆자리를 내주지 않는다. 처음에는 의욕적으로 도전했다가 고개를 절레절레 흔들며 자신과 인연이 없다고 여기게 된다. 씁쓸한 표정을 지으며 책장 한구석에 슬그머니 책을 꽂아 넣고 뒤돌아선 경험을 가진 사람이 대다수다. 입문서를 접한 다음에, 혹은 나름 체계적으로 다가서겠다며 그리스철학 대화편 한두 권쯤 접한 후에 바로 먼 훗날의 기약 없는 과제로 미루곤 한다. 만약 철학은 역시 독일이라며 칸트나 헤겔의 저작에 손을 댄 경우라면 더 빨리 정나미가 떨어진 기억이 있을 것이다.

여기에는 다양한 이유가 있겠지만 가장 대표적인 한두 가지만 살펴보자. 먼저 너무 방대한 내용에 기가 꺾인다. 우리는 힘들더라도 어느 시점에 끝이 보일 때 의욕을 유지할 수 있다. 하지만 서양철학 전체를 꿰는 일은 좀처럼 끝이 어딘지 가늠하기가 어렵다. 그도 그럴 것이 고대 그리스에서 시작하더라도 2,500년 정도의 오랜 기간을 포괄해야 한다. 혹시 모든 학문을 접할 때 마찬가지 사정이 있는 게 아니냐고 할지 모르겠다.

하지만 경제학·사회학·심리학 등 대개의 학문은 근대에 이르러 본격적으로 분화되었다. 길어야 300년 남짓의 역사를 지니고 있다. 이전 시대와 관련된 내용이라 해도 부분적이거나 맹아 정도다. 참고할 목적으로 접근하는 데에는 큰 어려움이 없다. 하지만 철학은 2,500년에 걸친 기간 동안 어느 한 순간도 긴장을 놓아서는 안 되는 내용으로 채워져 있기에 난감하다. 흐름과 맥락을 잡지 못할 때 미로를 헤맨다. 이전 문제의식과의 연계 속에서 다음 시대의 철학이 태동하기에 어느 한 시대를 내려놓고 가기도 힘들다.

개념이나 문장도 난해하다. 정확히 말하자면 몇 문장을 이어가기 어려울 정도로 개념어가 널뛰기를 한다. 꼭 이렇게 어렵게 말을 해야 직성이 풀리는가 싶을 정도여서, 혹은 철학자들의 악취미나 오만함이 아닐까 싶을 정도여서 화가 나기도 한다. 친절한 설명도 없이 개념어가 계속 등장하여 기를 죽인다. 사전적인 의미를 외운다고 해결될 일이 아니다. 대부분의 철학 개념이 역사적으로 형성되었기 때문에 전체 서양철학의 맥락 속에서 이해해야 제대로 접근할 수 있다.

이 책은 예전에 서양철학 전반과 친근한 만남을 기대했다가 이별로 끝났지만 다시 한번 도전하려는 욕구를 가진 사람들을 위해 쓰였다. 시대도 다르고 모양도 다른 수많은 구슬을 한 줄에 꿰기 위해 고대에서 현대에 이르기까지 시대별로 서양철학을 대표하는 30명의 철학자를 엄선했다. 각 시대의 주요 철학 경향을 대부분 포괄하고, 각 경향을 개척하거나 완성한 철학자들이다. 이 책 한 권을 정독하고 나면 서양철학사의 흐름을 잡아낼 수 있을 것이다.

또한 겉핥기에 그치거나, 맥락을 잃고 미로를 헤매지 않도록 각 철학자를 대표하는 한 문장의 명제를 중심으로 풀었다. 명제란 특정한 주장을 간결하게 한 문장으로 담아낸 것이다. 명제는 해당 철학의 정수이거나 한 권의 책을 통해 말하고자 하는 바를 압축한다. 어떤 점에서 이전의 철학을 계승 혹은 극복하는지,

나아가 어디로 향하는지에 대한 핵심 문제의식을 담는다. 이 책에서는 개별 철학자의 주장은 물론이고, 전체 철학의 역사에서 흐름을 잃지 않도록 연관성이 깊은 명제를 중심으로 비교했다.

마지막으로 난해한 내용 때문에 공부를 포기했던 아픈 기억을 되풀이하지 않도록 가급적 쉽게 풀어서 설명하려 했다. 이를 위해 각 명제를 구성하는 개념어의 사전적인 의미에 머물지 않고, 어떤 맥락에서 나오게 되었는지 파악할 수 있게 했다. 어려운 내용에 대해서는 자세한 설명을 통해 내용을 따라갈 수 있게 안내하고, 되도록 우리가 오늘날 일상에서 접할 수 있는 관련 사례를 통해 생생하게 이해하도록 고려했다.

이 책을 통해 서양철학의 전체 흐름과 주요 철학자의 핵심 문제의식에 대한 윤곽을 잡고, 향후 주요 철학자의 개별 저작을 통해 보다 체계적인 내용에 도전하려는 욕구를 북돋을 수 있다면 저자로서 더 큰 만족이 없겠다.

박홍순

차례

```
3   비이성과 비합리성을 조명하다
부   현대철학의 혁신과 분화
```

세계의 근원을
이야기하다

고대와 중세의 철학

01 인간은
만물의 척도다

●

Protagoras

프로타고라스
플라톤, 《테아이테토스》

왜
인간인가?

● 소피스트^{Sophist}는 그리스 민주정 시기의 철학을 대표한다. 민주정치라는 시대적 요청에 따라 가장 중요한 교육 과목은 변론술이었다. 직접 민주주의는 시민들이 광장에 모여 토론하고 설득하는 과정을 통해 이루어졌다. 소피스트는 웅변과 토론 능력을 갖추기 위해 문학·논리학·윤리학·물리학·의학·기하학 등을 가르침으로써 대학이 없던 시대에 훌륭한 교육을 제공했다. 소피스트라는 말은 '지혜로운 자' 혹은 '현

명한 자'를 의미한다.

그럼에도 불구하고 한국에서는 '궤변론자'라는 규정이 항상 따라다닌다. 소크라테스 중심으로 그리스철학을 이해하는 편향이 지배적이기 때문이다. 민주정치에 대해 지극히 비판적이었던 소크라테스와 플라톤은 이후 서구 사회에서 수직적인 통치 체계를 공고히 하려는 세력의 구미에 맞았다. 그리고 중세를 거치면서 절대론적 사고가 서양철학을 지배하게 되자 자연스럽게 상대론적 사고를 대표하는 소피스트들은 비판의 대상이 되었다. 이는 한국의 역대 권위주의 통치 세력의 이해관계와도 맞아떨어지는 면이 많았다. 그 때문에 소피스트에게 '궤변론자'라는 경멸적 딱지가 붙기도 했다.

프로타고라스Protagoras, 기원전 480-410는 가장 유명한 소피스트였다. 플라톤 이전의 철학은 여기저기 흩어진 단편만 있을 뿐 온전한 형태로 전해지는 저작이 거의 없어서 전체 내용을 풍부하게 이해하기에는 곤란한 점이 있다. 하지만 후대 철학자들은 비판적인 방식으로나마 소피스트를 다루었고, 특히 플라톤의 《테아이테토스》와 《프로타고라스》에는 상세한 토론 내용이 들어 있어서 문제의식에 접근하는 데 상당한 도움이 된다.

프로타고라스를 대표하는 명제로는 "인간은 만물의 척도"가 첫손에 꼽힌다. 워낙 소피스트 철학의 핵심 내용이고 과거 그리스철학과의 단절을 담고 있어서 세밀한 이해가 필요하다. 먼저 주어로 사용되는 '인간'의 의미부터 살펴보자. 소피스트 이전에 그리스철학을 대표하던 자연철학과 극적으로 대비된다. 우리에게 익숙한 탈레스의 "만물의 근원은 물이다."에서 볼 수 있듯이, 자연철학의 명제는 '만물의 근원'이 주어 역할을 한다.

근원을 문제로 삼는 사고방식 안에는 현상과 본질에 대한 구분이 포함된다. 본질을 탐구하는 건 자연 현상을 그대로 받아들이지 않고 이면에 숨어 있는 본질을 탐구하려는 시도다. 또한 모든 사물이 생성되고 움직이는 이치에 대한 규명을 의미한다. 이는 어떤 현상이 나타날 수 있게 하는 원리, 즉 우연의 이면에 있는 필연에 관심을 갖는 것이다. 만물의 근원을 특정한 하나로 이해했다는 의미에서 자연의 절대적인 원인과 원리를 찾는 것이기도 하다.

근원을 무엇으로 보는지는 철학자에 따라서 차이가 있다. 탈레스는 '물'에서 근원을 찾았다. 아낙시만드로스는 만물의 근원이 '무한자'라고 했다. 탈레스가 특정한 성질을 갖는 물질을 매개로 하여 철학을 전개했다면, 아낙시만드로스는 이를 더 밀어붙여 추상화된 개념을 강화했다. 감각을 넘어 이성적인 차원에서의 원리에 다가섰다. 피타고라스는 만물의 근원을 '수'에서 발견함으로써 더욱더 철저하게 관념적인 요소에 주목했다. 이에 비해 데모크리토스는 '원자'를 근원으로 이해했다. 헤라클레이토스는 자연 현상의 통일적·보편적 기초로 '불'을 제시함으로써 자연과 세계를 다스리는 원리를 생성과 운동, 즉 변화 자체라고 했다.

결론에는 차이가 있지만 자연의 근원 탐구를 매개로 학문 활동을 펼친다는 점은 같다. 그들은 세상 만물이 존재하는 근거는 무엇인가, 무엇이 사물의 존재를 결정하는가, 우리는 왜 사물의 변화 과정을 지켜보면서 하나의 동일한 사물로 인지하는가에 대한 답을 구하고자 했다. 자연 변화의 배후에는 보이지 않는 어떤 절대적 질서가 있어서, 비록 자연이 항상 변화하더라도 동일한 것으로 지탱하게 한다고 보았다. 물론 자연철학자들이 인간과 사회에 대해 아무런 관심도 없었다는 것은 아니다. 그들은 인간과 사회에 연관된 주제에 접근하더라도 자연의 원리를 매개로 설명하려 했다.

그런데 프로타고라스는 명제의 주어를 '만물'에서 '인간'으로 바꿈으로써 철학의 일차적·본질적 관심을 자연의 원리에서 인간의 정신 활동으로 전환한다. 사람들의 관심을 자연철학 이전의 신이라는 추상 관념은 물론이고, 자연철학의 외적 대상으로부터 인간 자신과 그들이 사는 사회로 바꾼다. 인식의 방향을 극적으로 전환한 것이다. 이러한 인식에 따르면 만물에 대한 이해조차 인간과의 관계 속에서만 의미를 갖는다.

지각과 존재에 대한
주관적 관점

● 다음으로 '만물의 척도'가 의미하는 바를 구체적으로 이해할 차례다. 이를 위해서는 이 명제가 포함된 전체 내용의 맥락을 살펴야 한다. 몇몇 단편과 함께 플라톤의 《테아이테토스》에 공통으로 소개된 내용은 다음과 같다.

> "인간은 만물의 척도다. 존재하는 것들에 대해서는 그것들이 존재한다는 척도고, 존재하지 않는 것들에 대해서는 그것들이 존재하지 않는다는 척도다."

그에 따르면 우리 각자가 존재하는 사물과 존재하지 않는 사물의 척도다. 척도는 판단 기준이라고 생각하면 된다. 자연철학자들이 '근원'을 파악하는 데 몰두했다면 프로타고라스는 판단 '기준'의 문제를 중요하게 여긴다. 만물의 변화에 대해 인간이 어떠한 판단 기준을 가지고 접근하느냐에 주목한다. 그에 이르러 인간의 판단은 철학에서 가장 본질적인 계기로 자리 잡는다.

한 사람에게는 어떤 것, 다른 사람에게는 다른 것이 나타나고 존재한다는 점에서 이 사람과 저 사람 사이에는 엄청난 차이가 있다. 각각의 것은 내게는 내게 나타나는 대로이고, 다른 사람에게는 그 사람에게 나타나는 대로일 뿐이다. 무엇이 존재한다고 여기든 존재하지 않는다고 여기든 판단 기준은 저마다의 인간에게 속한다. 판단은 기본적으로 각자의 인식에서 비롯되기 때문이다. 왜 인식의 주체가 각각의 사람일 수밖에 없는가?

프로타고라스가 보기에 인식은 감각과 분리될 수 없다. 인식의 핵심은 지각이다. 그런데 인간의 감각은 동일한 사물이나 현상에 대해서도 서로 다른 반응을 보인다. 같은 경험에 대해 시각·청각·촉각 등이 서로 다르게 작동하는 경우가 많다. 감각 기관에 의한 인식이 다르므로 인간이 처한 각각의 상황에서 사물을 상대적으로 보게 된다.

그러니 어느 하나를 유일하게 참이라고 규정할 수가 없다. 누구도 남의 판단이 옳은지 그른지 결정해줄 수 없다. 그러므로 존재 여부든 어떤 존재의 상태든 자기 지각에 의한 판단이 자신에게는 참이다. 각자가 자신에게는 유일한 판관이다. 그만큼 인간과 만물의 관계에서 인간의 주관적인 요소가 강화된다.

이를 뒷받침하는 사례로 제시되는 것이 바람이다. 같은 바람이 부는데도 우리 가운데 누구는 차다고 느끼고 누구는 차지 않다고 느낀다. 혹은 차다고 할 수는 없지만 쌀쌀한 정도라고 느끼기도 한다. 만약 허약한 체질이거나 건강 상태가 나쁘다면 동일한 바람이라도 더 차게 느낀다. 혹은 어느 지역에 살던 사람인가에 따라 다르게 느끼기도 한다. 일 년 내내 고온다습한 동남아시아에 살던 사람이라면 한국의 겨울을 춥게 느끼겠지만, 평소에 영하 1-2도쯤은 추위로 여기지도 않는 러시아 사람이라면 이게 무슨 추위냐고 할 것이다. 그렇기 때문에 특정한 시점에 부는 바람을 차다거나 차지 않다고 보편적으로 규정하는 건 불가능하다.

맛을 느끼는 것도 마찬가지다. 건강한 사람에게 달게 느껴지는 음식이 아픈 사람에게는 대체로 쓴맛으로 다가온다. 혹은 한국 사람처럼 어려서부터 각종 매운 음식에 익숙한 경우라면 웬만한 자극에 무딜 것이다. 하지만 외국 사람들은 그 음식을 입에 넣자마자 땀을 뻘뻘 흘리며 고개를 절레절레 흔드는 경우를 자주 본다. 이 경우에 한 쪽이 다른 쪽보다 더 잘 판단한다거나 지혜롭다고 생각할 수는 없다.

조금 더 넓혀서 사물의 성질에 대한 판단 역시 주관적이다. '크다'는 규정만 해도 절대적이지 않다. 예를 들어 에베레스트산이 크다고 하지만 아시아 대륙 전체로 봐서는 극히 일부다. 하나의 대륙은 지구와 비교하면 작은 규모에 불과하다. 따지고 보면 지구도 태양계의 일부일 뿐이고, 우주 전체로 넓히면 규모를 가늠하는 일이 불가능할 정도다. 그러므로 그 자체로 '크다'는 규정을 절대적으로 사용할 수 없다. '무겁다'라든가 '빠르다'를 비롯하여 습관적으로 사용하는 사물의 다양한 성질에 대한 표현 역시 마찬가지다.

　하나의 절대적인 기준으로 존재 여부, 존재의 상태와 성질을 규정할 수 없다. 하나의 자연 현상에 대해서도 서로 다르게 판단하는데, 현상 너머의 실재에 접근하는 것은 더욱 불가능하다. 그러므로 자연철학자의 만물에 대한 근원 탐구는 무모한 시도다. 소피스트 철학은 인간 중심의 철학임과 동시에 주관적 특징을 갖는다. "인간은 만물의 척도"라는 프로타고라스의 명제는 상대주의적 진리관을 대표한다.

　더 나아가서 존재 여부에 대한 판단과 관련하여 특정 대상에 대해 인식이 불가능함을 주장하는 불가지론의 입장도 일정하게 나타난다. 라에르티오스의 《그리스철학자 열전》에 소개된 프로타고라스의 단편을 통해 확인할 수 있다.

　"신들에 대해서는 존재한다는 것도 존재하지 않는다는 것도 나는 알 수 없다. 인식을 방해하는 것이 수없이 많기 때문이다. 사항이 불명확한 것에 더해서 인생은 짧기 때문에."

　과연 신이 존재하는지는 두 가지 점 때문에 알 수 없다. 하나는 사항 자체의 불명확성이다. 인식은 감각을 기초로 한 지각에서 오는데 신은 초경험적인 존재라는 점이 가장 큰 방해 요인이다. 신은 시각·청각·촉각 등을 동원하여 현실에서 직접 보거나 만질 수 없는 대상이기에 판단 근거가 없다. 다른 하나는 인간의 불가피한 유한성이다. 흔히 신이 영원한 존재라고 말하는 것에 비해 인간은 지극히 한정된 삶을 영위하고 죽음을 맞이해야 하므로 근본적인 한계에 갇힌다.

신이 존재하는지 알 수 없다는 주장은 당시 그리스에서는 파격적이고 도발적이었다. 개인의 길흉화복은 물론이고 국가 안위에 관련한 사안을 신에게 묻거나 비는 사회였고, 신전이 생활과 문화의 중심을 차지하는 아테네에서 사실상 신을 부인하는 주장이 될 수 있기 때문이다. 신을 중심으로 인간의 생각이나 행동을 판단하는 것이 아니라, 반대로 인간의 인식을 중심으로 신에 대해 판단한다는 발상은 기존의 전통적 사고방식을 뒤엎는 것이었다.

프로타고라스는 이 주장 때문에 아테네에서 추방당했다. 그리고 아테네인들은 국가의 집행자들을 통해 그의 책을 압수해 광장에서 태워버렸다. 프로타고라스는 누구보다도 아테네의 문화와 정서를 잘 알고 있을 사람이기에 자신의 주장이 어떤 파장을 불러일으킬지 몰랐을 리는 없다. 단지 신의 존재 여부를 알 수 없다고 했지만, 신이 존재한다는 확고한 믿음을 전제로 국가 차원에서 크고 작은 행사를 하는 아테네에서 사실상 신을 부인하는 주장으로 받아들여질 것이 분명한 상황이었다.

그러한 의미에서 인식의 주관성과 상대주의적 진리관은 아
테네의 절대 권위에 대한 도전이었다. 그리스인들을 지배하는 전
통적 사고방식은 물론이고 금기 영역에 대해서조차 근본적인 의
문을 던진다는 점에서 철학의 새로운 전망을 여는 시도이기도
했다.

가치 판단에 대한
상대적 관점

●《테아이테토스》에 제시된 프
로타고라스의 견해에 의하면 주관적·상대적 관점이 적용되는 '만
물'에는 존재만이 아니라 가치 판단을 둘러싼 주제도 포함된다.

> "아름다움과 추함, 정의와 불의, 경건과 불경 등은 각 국가에는 사실
> 상 그 국가가 그렇다고 생각하고 자신을 위해 법으로 정하는 대로이
> 며, 이런 문제에서는 어떤 개인도 다른 개인보다 더 지혜롭지 않으며
> 어떤 국가도 다른 국가보다 더 지혜롭지 않다."

모든 개인이 서로 다른 방식으로 사물을 지각한다면, 가치

판단에 해당하는 쟁점에서도 누구의 생각이 옳고 누구의 생각이 그른가를 검증할 기준이 없다. 그는 "모든 주제는 상호 대립되는 두 개의 담론이 있다."라고 단언한다. 상호 대립되는 두 개의 담론이 모두 합당한 근거를 가지고 있다는 점에서 어떤 객관적 진리도 절대적으로 존재하지 않는다.

가치 판단과 관련하여 가장 대표적인 구분은 선과 악이다. 보통은 인간에게 유익함을 줄 때 선하다고 하고 반대로 해로움을 줄 때 악하다고 한다. 문제는 모든 사람에게 공통으로 적용되는 유익함과 해로움의 잣대가 존재하느냐는 점이다. 이에 대해서는《프로타고라스》에서 비교적 명확하게 설명한다.

> "자네도 알다시피 어떤 음식이나 약이 어떤 사람에게 해롭기도 하고 유익하기도 하네. 이런 예를 들자면 끝이 없네. (…) 선이란 복잡하고 도 다양한 것이라네."

우리는 동물이나 식물의 예를 통해 인간의 경우를 미루어 생각할 수 있다. 그에 의하면 같은 나무라 하더라도 뿌리에는 유익하지만, 싹에는 해로운 것이 있다. 퇴비는 어떤 식물이든지 뿌리에 주면 이롭지만, 새싹이나 새 가지에 뿌리면 모두 말라버린다. 사람과 동물에게 전혀 다른 효과로 나타나기도 한다. 올리브

기름은 식물이나 동물의 털에는 큰 해를 끼치지만, 사람의 모발이나 몸의 다른 부분에 대해서는 유익하다.

나아가서 어떤 사람에게는 유익한 음식이나 약이 다른 사람에게는 오히려 해가 될 수 있다. 우리 주변에서도 수많은 사례를 만날 수 있다. 건강식품의 대명사로 불리는 인삼도 열이 많은 사람에게는 오히려 해가 된다. 우리나라 전통 의학의 큰 성과 중 하나인 사상의학을 통해 보면 대부분의 음식이나 약으로 확대된다. 섭취하는 음식과 약재 모두가 기를 올리거나 내리는 작용이 있어서, 같은 것이라 해도 네 가지 체질에 따라 유익함과 해로움이 갈린다. 유익함과 해로움이 각자의 처지와 상황에 따라 달라질 수밖에 없다면 선과 악의 구분도 상대적일 수밖에 없다는 논리다.

아름다움과 추함은 보편적인 기준을 설정하기가 더욱 어렵다. 어떤 환경이나 문화에서 살아가느냐에 따라 상이한 성향을 갖는다. 그리스인이라면 투명할 정도로 하얀 피부와 이에 어울리는 머리색을 아름답다고 여긴다. 하지만 지중해 건너의 아프리카 흑인이라면 검은 피부나 두꺼운 입술에서 매력을 느낀다. 출신 지역도 다양하고 여러 지역을 여행했던 경험을 가진 소피스트들은 각각의 문화권에서 매우 다른 심미적 기준을 갖고 있음을 누구보다 더 잘 알고 있었다.

정의와 불의는 보다 분명한 기준이 있을 듯하지만 이조차도 상황과 처지에 따라 다르다. 이에 대해서는 플라톤의 《국가》에 소개된, 소피스트의 한 사람인 트라시마코스의 논리를 통해 이해하는 것이 수월하다. 그는 절대적 올바름이나 정의의 기준이 있다고 주장하는 소크라테스에 맞서 다음과 같은 주장을 펼친다.

> **"법률을 제정할 때 정권은 자기 편익을 목적으로 삼습니다. (…) 자기들에게 편익이 되는 것을 다스림을 받는 자들에게 올바른 것으로 공표하고, 이를 위반하는 자를 범법자 및 올바르지 못한 짓을 저지른 자로 처벌하죠."**

한마디로 올바름이나 정의는 강한 자와 통치자의 편익에 불과하다는 주장이다. 특히 권력을 한 사람이나 소수가 장악하고 있을 때는 더욱더 심하다. 개인의 것이든 공공의 것이든 대규모로 남의 것을 빼앗는 일을 공공연하게 자행한다. 하지만 세상은 이에 대해 비난하고 저항하기보다는 부러워하거나 심지어 지도력이 있다고 평가하는 경우가 많다. 그러나 작은 재물을 훔친 사람들에 대해서는 정의의 이름으로 가혹하게 처벌한다.

그가 보기에 올바름이나 정의로 불리는 가치는 보편적 원리이기는커녕 대체로 지배계급의 이해를 대변하는 이데올로기다.

지배자나 지배계급이 권력을 강화하기 위해, 혹은 더 많은 부를 소유하기 위해 만들어놓은 규칙을 정의라는 이름으로 강제하고 있다는 것이다. 일반 사람들은 올바르고 정의로운 행동을 함으로써 행복해지기는커녕 오히려 손해를 보고 불행해진다.

선과 악을 비롯하여 정의와 불의의 절대적 잣대가 없다는 것은 도덕을 비롯한 모든 규범이 상대적이라는 의미다. 모든 문화권 사람들의 행동에 적용될 수 있는 자연법은 결코 존재하지 않는다. 만인이 함께 가질 수 있는 보편적 규범은 없고, 다만 우리들이 제정한 것에 불과하며, 오래도록 시행해오는 과정에서 굳어진 관습에 불과할 뿐이다.

그러므로 참과 거짓을 판단하는 기준은 규범의 건전성에 관한 상식적 관찰 이외에 다른 어디에서도 찾을 수 없다. 프로타고라스가 개인의 의견뿐만 아니라 "어떤 국가도 다른 국가보다 더 지혜롭지 않다."라고 말한 이유도 여기에 있다. 국가마다 서로 다른 규범을 갖게 되고 각각의 정당성이 성립한다. 어느 한 사회의 규범이 다른 사회의 규범보다 훌륭하다고 판단할 수 있는 객관적인 기준이 존재할 수 없다는 것이다.

프로타고라스가 주장하는 진리의 상대성은 아테네 민주정치의 중요한 논리적 기반이다. 만약 상대성과 다양성을 부정하고 모든 올바름이나 정의를 하나의 절대적 진리로만 인정할 때 토론은 사실상 무의미해진다. 설사 토론이 있더라도 단지 다른 견해를 무력화하기 위한 과정으로 의미가 한정된다. 민주정치보다는 절대적 진리를 갖고 있다고 여기는 소수에게 결정과 집행의 권한이 집중될 가능성, 즉 과두정치의 가능성이 커진다.

하나의 주제에 대해 나름대로 근거를 가지고 대립하는 두세 개의 견해가 성립할 수 있다고 인정할 때 비로소 의미 있는 토론과 경쟁이 가능하다. 그렇게 인정해야 다수 견해에 의해 결정이 이루어진 다음에 다른 계기로 다시 논의되고 다른 결정이 나오더라도 이를 수용할 가능성이 생긴다. 그렇기 때문에 프로타고라스를 비롯한 소피스트의 철학은 단지 민주정치의 주요 수단인 웅변과 토론의 기술을 가르친다는 점뿐만이 아니라, 가치의 다양성 위에서 논의와 결정 과정에 의한 사회적 합의의 정당성을 제공한다는 점에서 민주정치의 논리적 기반이 된다.

02 너 자신을
알라

Socrates

소크라테스
플라톤, 《알키비아데스》

개인이 스스로
획득하는 앎

● 서양철학에서 소크라테스
Socrates, 기원전 469-399는 이전의 철학과 이후의 철학을 구분하는 분기점
으로서 중요하게 다루어진다. 그만큼 새로운 철학적 지평을 열
었다는 평가를 받는다. 그에 의해 제기된 근본적인 발상의 전환
을 상징하는 명제가 바로 유명한 "너 자신을 알라."다. 이는 흔히
무지를 질타하는 내용으로 이해된다. 하지만 단순히 더 많은 지
식을 쌓으라는 의미 정도라면 철학의 거대한 물줄기를 바꿔놓을

만한 중요한 명제 지위에 오르지 못했을 것이다.

먼저 '너 자신'의 의미부터 정확히 이해할 필요가 있다. 일차적으로 '너'는 '인간'을 의미한다. 철학의 대상을 인간으로 삼아야 한다는 것이다. 확실히 그는 자신의 철학이 자연에 대한 사색과는 전혀 관계가 없다고 함으로써 이전의 자연철학과 전혀 다른 관심을 표명한다. 인간에 대해서도 제대로 모르면서 자연 탐구에 몰두하는 일은 잘못이라는 것이다. 이를 근거로 소크라테스에 이르러 철학의 대상이 자연으로부터 인간으로의 코페르니쿠스적인 전환을 이루었다고 주장하는 사람들도 있다. 하지만 인간 중심 철학의 개막이라는 영예는 바로 앞에서 살펴보았듯이, 프로타고라스를 비롯한 소피스트에게로 돌아가는 것이 온당하다.

소크라테스의 주된 관심은 '자신'의 무지와 인식으로 향한다. 관습이나 다수에 의한 집단적 가치에 대비되는 '개인'의 정신적 열망이다. 플라톤의 《알키비아데스》에서 소크라테스는 알키비아데스에게 정의와 부정의에 대해 알고 있다고 생각하던 시절에 대해 묻는다. 심지어 어릴 때 동네 아이들과 주사위 놀이를 하며 상대에게 '못돼 먹고 정의롭지 못한 자'라거나 '정의롭지 못한 짓'이라며 소리쳤을 때 정의의 의미를 누구한테 배웠는가를 묻는다. 알키비아데스는 "다중※한테서요."라고 대답한다.

여기서 소크라테스는 다수의 사람이 뭔가를 가르치는 교사가 될 수 없는 이유를 든다.

> "사람들이 어떤 것에 관해 이견이 있을 때, 자네는 그들이 그것을 알
> 고 있다고 하겠는가?"

먼저 대중은 어떤 주제이든지 중구난방으로 여러 견해를 내
놓는다는 점에서 일관된 지식을 갖춘 사람들이 아니다. 뭔가를
가르치려고 드는 자라면 가르치려는 내용을 먼저 알고 있어야
하는데, 사람마다 혹은 때에 따라 다른 의견을 내놓는다면 제대
로 된 교사일 수 없다. 상대론적인 진리관이나 다수의 의견에 기
초한 민주주의를 중시했던 소피스트와 상반된 논리라 할 수 있
다. 오직 하나의 결론으로 도달할 때만 진리나 지혜라 불릴 수 있
다는 것이다.

나아가서 대중에게 통념을 제공하는 많은 작품도 일관된 가
르침을 주지 못한다.

> "《일리아드》나 《오디세이아》도 정의로운 것들과 정의롭지 못한 것들
> 에 대한 이견을 다루고 있지 않은가?"

당시 그리스인들은 호메로스의 서사시를 가장 중요한 교재

로 삼아 청년들을 가르쳤다. 하지만《일리아드》에서 그리스와 트로이 사람들은 서로 자기가 정의의 편임을 주장한다. 그리스 입장에서 정의는 스파르타의 왕비 헬레네를 납치해간 도둑 집단에 대한 응징이지만, 트로이 입장에서는 침략 행위에 대한 정당한 방어이니 말이다.

또한《오디세이아》에서는 오디세우스와 그의 부인인 페넬로페에게 구혼하는 사람들 사이에 벌어진 싸움과 죽음도 누가 정의로운지에 대한 이견이 바탕에 깔려 있어서 일어난 일이다. 구혼자들의 입장에서는 전쟁터에 나가 20년 동안이나 살았는지 죽었는지 소식도 없는 오디세우스야말로 부인에 대해 무책임한 사람일 뿐이므로 그녀에 대한 구혼은 정당하다.

또한 소크라테스에 의하면 대중은 지식의 깊이에서도 가르칠 능력이 없다.

"어떤 것이 사람인지만을 알고자 하는 것이 아니라 그들 중 누가 건 강한 자이고 누가 아픈 자인지 알고자 할 경우는 어떤가?"

어떤 사물이나 현상에 대해 단순한 사실을 확인하는 차원이라면 모르겠지만, 건강의 본질과 기준이 무엇인지에 대한 주제만 해도 제대로 된 답을 내놓지 못한다. 하물며 아름다움이나 정의의 본질에 대해 대중이 충분한 지식을 제공할 리 만무하다.

그러므로 다수 대중의 견해, 즉 얼마나 많은 사람이 그러한 생각을 가지고 있느냐를 진리의 기준으로 보면 안 되고, '개인'의 정신에서 가능성을 찾아야 한다. 그는 자주 말^馬을 훌륭하게 하는 사람은 누구인가를 묻는다. 그리고 다수 대중이 아닌 한 사람 혹은 소수의 말 조련사일 뿐임을 역설한다. 마찬가지로 대중은 지혜를 제공하지 못한다. 그 연장선상에서 볼 때 대중의 다수결에 의해 만들어진 결론을 지혜·진리와 동일시해서는 안 된다.

더 중요한 문제는 상당한 지식을 축적한 사람, 지혜롭다고 인정할 만한 소수의 사람이라 하더라도 지혜를 다른 사람에게 가르치기는 어렵다는 점이다. 소크라테스는 당시 아테네에서 나랏일을 행하는 이들 가운데 가장 지혜로운 사람으로 페리클레스를 꼽는다. 알키비아데스는 페리클레스가 저절로 현자가 된 것이 아니라 수많은 현자들과 어울린 덕분이라고 한다. 이에 소크라테스가 반박한다.

"자네는 페리클레스가 자기 자식들을 비롯해 누군가를 현자로 만들었는지 말할 수 있는가? (…) 페리클레스와 나눈 교제 덕분에 더 지혜로워졌다는 평판을 얻고 있는 자를 누구든 말해보게."

페리클레스는 아테네의 정치가·웅변가·장군으로서 그리스 역사에서 가장 유명하고 영향력 있는 인물 중 하나였다. 아테네 민주주의의 절정기를 이끌었다. 페리클레스는 국가를 이끌고 예술과 문학을 장려했지만 정작 두 아들은 하잘것없는 인물에 불과했다. 그 자신이 당시에 그리스 최고의 지혜와 용기를 상징하고, 또한 교육할 만한 충분한 자원을 갖고 있었음에도 자신의 두 아들을 제대로 가르치지 못했던 것이다.

누구보다도 지혜롭다고 칭송받는 사람이 아들의 무지와 무능을 개선하지 못했다. 나아가 비록 페리클레스 자신은 충분히 지혜로웠을지 몰라도 평소에 그와 대화하고 함께 일했기 때문에 더 지혜로워진 사람도 찾을 수 없다. 이러한 사례들을 고려할 때 지혜는 교육을 통해 전달될 수 있는 게 아니라는 주장이다.

결국 지혜는 누군가로부터 전달받을 수 있는 게 아니라 자기가 깨달아야 한다. 그렇기 때문에 소크라테스가 말한 '너 자신'은 '스스로'를 의미한다. 지혜의 근거가 개인에게 있을 뿐만 아니라 다른 누구도 아닌 자신에 의해 획득되어야 한다. 스스로 탐구하고 터득하는 과정을 통해 얻은 깨달음이야말로, 그렇게 얻은 진리에 대한 자기 확신이야말로 철학을 하는 가장 중요한 이유다.

진정한 앎이란
무엇인가?

● 이번에는 '알라'의 의미를 구체적으로 이해할 차례다. '너 자신'이 개인의 정신이고, 스스로 지혜에 도달해야 한다는 점은 이해했는데, '알라'는 그저 평범한 권유 정도로 보이기에 십상이다. 만약 자신의 정신을 살찌우기 위해, 지식을 쌓기 위해 스스로 노력하라는 정도의 권유였다면 이 역시 서양철학의 역사를 통틀어 몇 손가락 안에 드는 특별한 명제로 보기에는 약간 낯이 간지러울 수밖에 없다.

《알키비아데스》에서의 대화는 알키비아데스가 정치 활동으로 나아가려 하는 데서 시작된다. 소크라테스는 아테네 사람들에게 조언하러 나설 생각이라면 그들보다 더 잘 알고 있는 게 있어야 하는데 무엇이냐고 묻는다. 알키비아데스는 "전쟁이나 평화와 관련된 경우입니다. 또는 그 밖의 나랏일과 관련된 경우입니다."라고 답한다.

이를 허무맹랑한 자만심으로만 볼 필요는 없다. 알키비아데스는 페리클레스와 마찬가지로 아테네의 장군이자 정치가·웅변가였다. 그는 집안 배경만이 아니라 재능에서도 탁월했고, 특히 언변도 좋아서 다른 사람을 움직이는 데 뛰어났다. 게다가 소크라테스를 비롯하여 여러 명의 뛰어난 교사들에게서 가르침을 받았기 때문에 수사학에도 나름대로 익숙한 편이었다. 정치와 관련된 주제, 특히 군사 지휘와 관련하여 전문적인 훈련을 받았기 때문에 전쟁이나 평화와 관련된 사안에 대해서는 누구보다도 많은 지식을 보유하고 있다고 자부할 만한 근거가 있었다.

그러한 알키비아데스에게 소크라테스는 "너 자신을 알라." 라며, 전쟁이나 평화 문제에 대한 무지를 질타한다. 다시 말해서 일반 사람들보다는 해당 분야에서 전문성을 갖고 있다고 여겨지는 사람들에 대해, 그들이 알고 있는 지식은 진정한 앎이 아니라고 비판한 것이다. 그가 '알라'라고 할 때의 앎은 우리가 흔히 생각하는 전문적 지식과는 다른 무엇이라는 점을 알 수 있다. 진정한 앎이란 무엇인가?

우리는 전쟁과 관련된 지식이라고 하면 곧바로 군사적인 전략과 전술을 떠올린다. 전쟁을 승리로 이끌기 위한 각종 기능적 지식 말이다. 알키비아데스도 소크라테스가 전쟁에 대한 질문을 하면 상대방의 군사적 계획에 대응하여 군대를 배치하고 군사를 효과적으로 통솔하기 위한 방안을 자신 있게 말할 수 있다고 여겼지 않았나 싶다. 다른 사람들보다 전쟁과 평화의 문제에 대해 더 잘 알고 있다고 단언을 하니 말이다.

하지만 소크라테스의 질문은 예상치 못한 방향에서 나온다.

"전쟁이든 평화든 더 나은 것을 자네는 뭐라 부르는가? (…) 누구와 전쟁을 벌이거나 말아야 하는지, 어느 때 하거나 말아야 하는지와 관련해서 '더 나은 것'이란 '더 정의로운 것'일 수밖에 없겠지?"

알키비아데스의 말문이 막힌다. 전쟁을 승리로 이끄는 전략이나 전술처럼 그가 익혀온 기능적 지식이 아니라 전쟁의 정의로울 수 있는 상대나 상황에 대해 물으니 어떤 대답을 내놓아야 하는지 막막한 게 당연하다.

알키비아데스는 물론이고 군대를 지휘하는 장군이나 장교들 가운데 이러한 종류의 고민을 하고 확고하고 구체적인 기준을 가진 사람은 거의 없을 것이다. 현대사회에서도 장군이나 장교에게 같은 질문을 하면 아마도 우리는 결정된 전쟁을 어떻게 승리할 수 있을지에 대해서만 고민한다는 답을 들을 게 분명하다. 전쟁이 정의로울 가능성, 이를 둘러싼 충분조건이나 필요조건은 자신들의 소관 분야가 아니라는 식이다.

곰곰이 생각해보면 전쟁에 대한 진정한 '앎'은 승리나 패배 이전에 정의와 부정의여야 한다. 일단 전쟁이 시작되면 설사 최종적으로 승리한 국가라 하더라도 상대편 못지않은 큰 피해를 보기 마련이다. 그리고 죽음과 부상, 삶의 터전 붕괴 등 끔찍한 피해는 군인보다도 일반 사람들에게 더 크다. 당연히 승리를 위한 기술 이전에 정의 여부에 대한 판단이 우선해야 하고 충분한 분별력을 지녀야 한다.

소크라테스에게 진정한 앎이란 이런 종류의 인식, 즉 근원적인 문제에 대한 인식이다. 전쟁에서 정치의 영역으로 넓히면 훨씬 더 확장된 인식이 요구된다. 정의와 이로움은 어떤 관계인지, 정의와 아름다움은 어떤 관계인지, 아름다움은 전부가 좋은 것인지, 아니면 일부는 좋은 것이되 일부는 좋지 않은 것인지 등에 대한 앎이 있어야 한다. 하지만 현실의 정치인들에게 이러한 종류의 지식을 기대하기는 어렵다.

각 분야에서 전문적 지식을 갖추고 있다고 여기는 사람들이 대부분 비슷하다. 소크라테스에 의하면 이들은 근원적인 물음에 대한 답을 찾으려는 시도에 대해서도 별로 필요를 느끼지 않는다.

"자네는 자신이 알고 있다고 여기는 것들을 탐구하거나 배우려 들었 겠는가?"

기능적 지식을 곧 '앎'이라고 생각하고 있기에 이를 넘어서는 근원적 문제에 대한 '앎'에 대해서는 관심을 두지 않는다. 이미 충분히 알고 있다고 생각하는데 구태여 더 알려고 할 이유가 없기 때문이다.

비슷한 문제의식이 플라톤의 《소크라테스의 변론》에도 나온다. 소크라테스는 명예와 명성을 쌓으려는 사람들에게 지혜와 진리와 영혼의 최대 향상을 거의 돌보지 않는 것에 대해 질타한다. 언뜻 보기에 지혜와 진리, 영혼을 강조하는 당연한 말에 불과한 것처럼 보이지만 이 내용은 소크라테스 철학의 백미다. 그는 이어서 다음과 같은 말을 이어간다.

> "내가 논쟁을 하고 있는 사람이 '천만에요, 나는 유의하고 있습니다.'라고 말하더라도, 나는 곧 그와 헤어지거나 도망가게 놓아두지는 않을 것입니다. 오히려 나는 계속해서 그에게 캐묻고 시험하며 논파할 것입니다."

상대방이 지혜와 진리, 영혼의 향상을 위해 힘쓰고 있다고 하더라도 논쟁하겠단다. 이미 노력하고 있는데 왜 비판할까? 소크라테스가 생각하는 지혜와 논쟁 상대방의 지혜가 서로 다르다는 뜻으로 해석해야 한다. 상대방의 앎이 진정한 앎일 수 없다면 없는 것이나 마찬가지라는 주장이다. 소피스트들과 달리 현실적 처방이 아니라 본질적 지식을 원했다. 때문에 용기·덕·현명함·정의 등의 본질을 탐구하는 데에 노력을 기울였다.

소피스트를 비롯하여 대부분의 철학자들이 가지고 있는 지식은 현상적이거나 부분적인 것에 불과하다고 보았다. 이를 《알키비아데스》에서 "지성은 없이 판단만을 신뢰"하는 것에 불과하다고 지적한다. 가장 좋은 것에 대한 앎을 소유하고 있지 않은 상태라면 다른 앎의 소유만으로는 이익을 보는 경우가 드물고 오히려 자신과 사람들에게 해를 입히게 된다.

만약 진정한 앎이 없다면 많은 재산의 소유나 뛰어난 신체적 능력, 나아가서는 우연에 의한 행운이 오히려 더 큰 잘못을 만들어낸다. 많은 것을 알고는 있었지만 나쁘게 알고 있기에 잘못된 방향으로 나아가게 되고, 이 과정에서 더 많은 돈과 재주를 지니고 있다면 일을 더 크게 그르치고 더 심각한 해를 입힌다.

그렇기 때문에 소크라테스에 의하면 진정한 앎으로 나아가는 데 혼신의 노력을 기울여야 한다.

"그러니 나라든 개인의 영혼이든 장차 옳게 살고자 한다면, 이 앎에 매달려야 하네. 그야말로 병자가 의사에게, 또는 안전하게 항해를 하려는 사람이 키잡이에게 매달리듯이 말일세."

현상이나 부분에 머물지 말고, 이를 만들어내는 본질로 다가가는 것이야말로 진정한 앎으로의 접근이었다. 결국 "너 자신을 알라."는 지식의 양이 아니라 지식의 질에 대한 강조다.

정신의 독자성을
모색하다

● 마지막으로 소크라테스는 "너 자신을 알라."라는 명제를 통해 '영혼'을 중심으로 한 앎을 촉구한다.

> "내가 알키비아데스와 말을 사용해서 대화를 나눌 때, 자네 얼굴을 상대로 해서가 아니라 알키비아데스를 상대로 해서 말을 한다고 말이지. 그런데 이 알키비아데스는 영혼일세. (…) 그러니 '너 자신을 알라'고 명하는 자는 우리에게 영혼을 알라고 시키는 걸세."

자신을 아는 데 있어서 핵심은 자신의 영혼, 즉 정신에 대한 앎이다. 정신보다 우리 자신을 주도하는 것은 없기 때문이다. 신체와 정신의 구분을 전제로 한 논리다. 그에 의하면 사람은 적어도 혼, 신체, 그리고 이 둘이 합쳐진 전체 중의 하나다. 그런데 신체는 정신과 동등한 관계가 아니다. 신체 스스로 독자적인 행동을 하는 게 아니기 때문이다. 정신이 정한 바대로 움직이기에 정신이 신체를 사용한다. 그러므로 인간이라는 존재의 본질을 찾고자 한다면 신체도, 둘이 합쳐진 것도 아닌 정신이라는 점을 결론으로 내세운다. 정신이 곧 사람이다.

소크라테스 자신이든 알키비아데스든 '너 자신'이란 바로 정신이다. 이에 대한 진정한 앎은 신체와 섞이지 않은 순수하고 독자적인 정신에 대한 앎일 수밖에 없다.

> "영혼도 자신을 알려면 영혼을 들여다봐야 하고, 무엇보다도 영혼의 훌륭함, 즉 지혜가 나타나는 영혼의 이 영역을 들여다봐야 하며, 또 이와 닮은 다른 것들을 들여다봐야 하네."

소크라테스에 따르면 무언가를 알기 위해서는 정신을 사용해야 한다. 정신을 사용해서 알아야 할 핵심 대상도 바로 정신이다. 이를 수행할 수 있는 사람은 바로 자신일 수밖에 없다. 그렇기 때문에 앎은 '너 자신'을 치열하게 들여다보는 것이다. 신체를 보살피는 데 치중하는 사람은 자신을 보살피는 것이 아니고, 신체에 대해 아는 사람은 자신을 아는 것이 아니다. 철학이 신체에 의존하거나 신체와 연관된 일에 관심을 쏟는 일을 경계해야 한다.

또한 소크라테스에 따르면 정신을 신체와 본질적으로 구분되는 독자적인 영역으로 두고, 직접적으로 정신 영역이나 혹은 간접적으로는 정치나 예술처럼 정신과 연관성이 큰 영역에 탐구를 집중해야 한다. 정신을 신체를 비롯한 자연에서 완전히 분리하고 순수하고 고유한 원인으로 자리매김하는 것이 그의 과제였다. 철저하게 정신의 세계에 의지하여 존재의 진리를 찾고자 했다. 순수하게 정신에서 출발한다는 의미에서 "너 자신을 알라."는 연역적 사고 방법론의 선언이기도 하다.

소크라테스의 철학 전체가 고유하고 독창적인 성과라고 볼 수는 없다. 하지만 위에서 구분한 몇 가지 점은 확실히 이전의 철학과 구분되는 소크라테스의 특징이라고 할 수 있다. 결론적으로 영혼의 발견, 즉 정신적 열망은 인간의 본질에 대한 탐구이자, 당시 그리스 사회에서 일반적으로 규정짓고 있던 '올바름'이나 '덕'에 대한 새로운 기준을 제시하려는 시도다. 즉 인간 내면의 문제와 인간 상호 간의 관계에서 어떠한 원칙이 올바른 것인가에 대한 탐구다. 인간 자신과 자기 근거에 대한 물음을 철학의 주제로 제시한다. 독자적인 정신을 중심으로 한 철학의 시조라 할 수 있다. 소크라테스 이후 서양의 주류 철학은 이러한 문제의식 위에서 발전한다. 그를 서양철학의 아버지라 부르는 이유다.

03

영혼은
불멸한다

Platon

플라톤

《메논》

왜 영혼의 불멸을
논하는가?

● 고대 그리스를 대표하는 철
학자 플라톤Platon, 기원전 429-347은 소크라테스의 철학을 집대성하여
체계화하고, 자신의 관점에서 더 진전시키는 역할을 했다. 다양
한 주제와 쟁점을 논쟁적으로 다룬 저술을 많이 남겨서 이후 서
양철학의 전개에 막대한 영향을 주었다. 소크라테스가 인간의 본
질을 영혼에서 찾았다면 플라톤은 이를 더 극단으로 밀어붙여
"영혼은 불멸한다."라는 명제를 제시한다.

영혼이 불멸한다는 말 자체는 어려울 게 없다. 말 그대로 사람은 삶을 마감하는 때가 있고 다시 태어나는 때가 있지만, 결코 소멸하지는 않는다는 뜻이다. 플라톤의 영혼 불멸 논리는 아주 단순하다. 모든 것들이 반대되는 것에서 생겨나듯이 삶과 죽음도 서로에게서 생겨난다. 삶에서 죽음이 생기듯이, 반대로 죽음에서 삶이 생긴다. 모든 사람이 일상적으로 확인해왔듯이 죽음 이후에 신체는 당연히 부패하고 소멸한다. 영혼은 죽은 후에 어떤 곳에 있다가 거기서 되살아난다.

중요한 것은 그가 영혼이 불멸한다는 점을 강조한 이유다. 이는 소크라테스가 강조한 '앎'에 관한 주장을 해명하기 위해 필요하다. 앞에서 소크라테스는 육체와 영혼으로 구분한 후 인간의 본질을 영혼에서 찾았다. 그리고 앎은 영혼의 가장 중요한 역할이라고 했다. 인식이 육체적 감각에서 비롯되지 않고 정신의 고유한 기능이라는 관념론적 발상이 성립하려면 도대체 어디에서 왔는지를 규명해야 했다.

만약 정신이 육체와 무관하다면 인간의 몸은 머리 없는 껍데기에 불과하게 된다. 육체 기능과 상관없이 외부에서 주어진 어떤 기능에 의해 수동적으로 움직이는 대상이나 수단이다. 도대체 머리는, 즉 정신의 근거는 어디에서 찾아야 하는 걸까? 정신이 비롯되는 출발점을 어디에 두어야 할까?

플라톤은 영혼이 불멸한다는 논리를 통해 정신의 독자적인 근거를 마련한다. 영혼의 불멸을 논하면서 그 의미를 설명하는 내용을 따라가면 무슨 말을 하려는지 조금은 더 쉽게 이해할 수 있다.

"영혼은 불멸할 뿐 아니라 여러 번 태어나고 여기 지상뿐 아니라 하데 스에 있는 모든 것을 보았기 때문에, 영혼이 배우지 않은 것은 없다네. 그래서 탁월함에 관해서든 다른 것들에 관해서든 영혼이 어쨌든 전에 인식한 것들을 상기할 수 있다는 것은 결코 놀랄 일이 아니네."

육체와 달리 영혼은 처음부터 시작되지 않는다. 육체가 처음부터 시작된다는 점은 누구나 경험을 통해 잘 알고 있다. 갓 태어난 아기는 아주 작은 몸을 지니고 있을 뿐만 아니라 자기 마음대로 움직일 수도 없다. 심지어 생존을 위해 필요한 최소한의 활동도 스스로의 힘으로 하지 못한다. 먹고 마시는 일조차 부모를 비롯한 어른의 도움이 있어야만 가능하다. 유아기와 소년기를 거치면서 육체의 감각을 통해 하나씩 경험하고 나서야 조금씩 독립적인 활동 능력을 습득한다.

하지만 영혼은 이미 있던 것에서 이어지기 때문에 정신은 독자적으로 존립한다. 육체와 달리 사라지는 것이 아니므로 과거에 습득한 지식도 사라지지 않는다. 불멸하기 때문에 여러 번의 생을 살게 되고 이 과정에서 다양한 내용을 받아들이며 죽은 자들의 영혼이 머무는 저승에서도 수많은 지식을 접했으므로 축적된 인식을 갖추고 있다. 정신은 육체에 의한 감각에 의존할 필요 없이 독자적으로 활동할 능력을 이미 갖춘 상태다.

하지만 지금까지의 논의만으로는 육체와 무관하게 정신으로부터 인식이 만들어진다는 점을 설명하기 어렵다. 그렇다면 인간은 태어나면서부터 고도한 수준에서 인식 활동이 이루어져야 한다. 누구나 알고 있듯이 어린 시절에는 체계적인 인식 능력을 갖추지 못한다. 특히 태어난 직후의 아기는 거의 무지에 가까운 상태다. 인식은커녕 초보적인 판단도 못하고 기본적인 사물의 이름조차 모른다.

처음에는 '엄마'나 '맘마'를 찾다가 서너 살이 되면 집에서 흔히 접하는 사물의 이름을 연결해서 초보적인 문장을 구사한다. 대여섯 살 정도에 다다르면 자기 나름의 의사 표현을 하지만 아직은 '싫어'라는 말로 선을 긋는 정도다. 초등·중등·고등학교 교육 과정을 거치면서 비로소 자신의 의사를 상대방에게 구체적으로 전달할 수 있을 정도의 어휘 구사력을 갖게 된다. 하지만 단순한 의사 전달을 넘어 적어도 '정신 활동'이라고 부를 만한 논의, 그리고 이를 뒷받침할 만한 지식을 갖추기 위해서는 더 오랜 탐구와 성찰이 이루어져야 한다.

영혼이 불멸하고 경험과 무관하게 이미 지식을 갖추고 있다면 왜 어린 시절에는 까맣게 모르고 있다가 상당히 나이가 들어야 알게 되는가에 대해 설득력 있는 근거를 제시해야 한다. 또한 여러 지식을 알고 있는 것을 넘어서 분석과 종합을 비롯한 독자적인 인식 능력을 왜 누구나 갖지 않는지 의문이 뒤따른다. 영혼 불멸만으로는 보편적인 것에 대한 진정한 인식을 갖춘 소수와, 단지 개별적인 것에 대한 지식에 머무르는 다수의 사람으로 나뉘는지에 대해 설명할 수가 없다.

플라톤은 이를 해명하기 위해 '상기'라는 개념을 끌어들인다. 그에 의하면 영혼이 본래 충분한 인식을 갖추고 있음에도 불구하고 다시 태어날 때 무지한 상태처럼 보이는 것은 육체 때문에 생기는 현상이다. 육체는 순수한 정신 활동을 가로막는 감각의 감옥에 둘러싸여 있으므로 영혼이 결합하는 과정에서 갖고 있던 인식을 잊는다. 육체가 무지의 원흉인 이상 그 일부 기능이라 할 수 있는 감각을 동원해 하나씩 새롭게 배우는 과정으로는 앎에 도달할 수는 없다. 앎은 오직 상기, 즉 영혼이 본래 알고 있던 바를 기억해내는 방법을 통해서만 획득된다.

"그가 자신 속에서 인식을 되찾는 것이 상기하는 게 아니겠나? 그렇다면 이 아이가 지금 가지고 있는 인식은 그가 언젠가 획득했던 것이 거나, 아니면 언제나 가지고 있던 것이 아니겠나?"

배움은 다른 사람이 가르쳐서 이루어지는 방식이 아니라 모두 상기에 의해서만 가능하다. 누구든 용감하고 탐구하는 데 지치지 않는다면 본래 자신이 갖고 있던 것을 스스로 되찾지 못할 이유가 전혀 없다.

불멸하는 영혼으로
어디에 도달하려는가?

● 영혼의 불멸과 상기라는, 상당히 요란해 보이는 논리를 동원해 얻으려고 하는 인식의 목적지는 어디인가? 플라톤은 영혼 불멸을 논하는 앞의 내용에서 '탁월함'이라고 규정한다. 이는 언뜻 보기에 우리가 흔히 생각하는, 다른 사람에 비해 뛰어나다는 의미로 받아들여지기 십상이다. 만약 이 정도의 의미라면 조금 더 지식을 많이 쌓아야 한다는 지극히 평범한 충고에 지나지 않는다. 하지만 플라톤이 '탁월함'을 통해 강조하고자 하는 바는 이를 훨씬 넘어선다.

"비록 탁월함들이 많고 다양할지라도 모든 탁월함들은 동일한 어떤 하나의 형상을 갖는데, 이것 때문에 그것들이 탁월함들이고, 대답하는 사람은 이것에 주목함으로써 질문한 사람에게 탁월함인 바로 그것을 아마 훌륭하게 밝혀줄 수 있을 걸세."

일단 여러 가지 탁월함이 있다는 말은 어렵지 않게 이해될 일이다. 그에 의하면 남자의 탁월함, 여자의 탁월함, 아이의 탁월함, 어른의 탁월함 등 수많은 다른 탁월함이 있다. 현상적으로 보기에 다양한 탁월함이 있다 하더라도 이를 모두 서로 다른 종류라고만 치부할 수는 없다.

예를 들어 '건강'과 관련하여 생각해보면, 남자의 건강이나 여자의 건강, 혹은 나이 많은 사람이나 어린 사람의 건강이 어느 정도는 다른 특성이 있을 수는 있다. 남성과의 신체적인 차이에서 비롯되는 독특한 증상이나 출산과 연관된 병이 꽤 있다. 마찬가지로 오랜 세월을 살아오는 동안 불가피하게 생기는 노화 현상이 작용한 병도 젊은 사람의 신체와 적지 않은 거리가 있다.

하지만 겉으로 드러나는 특성이 다르다고 해도 건강의 본질적인 면을 부인하지는 못한다. 남자와 여자, 노인과 청년 모두 신체 각 기관의 기능이 튼튼하고, 각 기관을 연결하는 순환계·신경계·호흡계·소화계 등 생명체로서의 시스템이 전체적으로 조화를 이루고, 신체와 뗄 수 없이 연결된 심리가 안정되어 있을 때 건강하다고 말할 수 있다. 본질이라는 점에서 남자에게 있든 다른 어떤 것에 있든 건강은 동일성을 갖고 있다고 봐야 한다.

그런데 플라톤은 이러한 동일한 성격을 '어떤 하나의 형상'이라고 한다. 형상이란 감각을 통해 알 수 없는, 지적인 인식을 통해 도달하는 본질적인 것을 의미한다. 건강과 관련해서 보면, 건강이 사람마다 다르게 나타나지만 건강의 본질, 달리 표현해서 '건강 그 자체'라고 할 수 있는 것이 있다. 플라톤은 이를 '이데아'라고 한다. 인간의 감각으로 접근할 수 있는 물리적 사물들 외에 형상形相, 즉 이데아가 존재한다. 물리적 세계는 끊임없이 변화하지만, 이데아의 영역은 변화가 없고 영원하다. 그래서 이데아는 개별적인 사물이나 현상이 아니라 그 너머의 '~자체'로서 표현된다.

건강만이 아니라 "큼이나 힘도 그렇지 않은가?"라며 여러 영역으로 확대한다. 크기든 힘이든 온갖 영역에서 여러 탁월함을 꿰는 하나의 탁월함이 있다. 나아가서는 아름다움과 올바름 등도 모두 각각의 이데아를 갖고 있다. 플라톤은《파이돈》에서 아름다움을 매개로 하여 다음과 같이 설명한다.

"아름다움 자체 이외에도 아름다운 것이 있다면 그것은 아름다움 자체의 일부를 나누어 갖고 있는 한에서만 아름답다고 생각하지 않을 수 없네. 다른 모든 것도 마찬가지야."

　현상적으로 여러 가지 아름다운 모양이 있지만 그러한 개별적인 아름다움은 근원에 해당하는 아름다움 자체, 즉 아름다움의 이데아를 전제로 한다. 각각의 아름다운 모양은 아름다움 자체가 가지고 있는 것을 나누어 갖고 있는 모사물에 해당한다. 이데아의 일부만을 갖고 있기에 아름다움 자체는 아니고 단지 부분적으로 흉내를 내고 있을 뿐이다. 개별 사물들의 특성을 결정하는 형상, 즉 이데아는 본질이나 본체에 해당한다. 이에 비해 사물들은 완전한 이데아의 불완전한 모사물에 불과하다.

　이데아와 현실의 모사물은 주체와 대상이라는 일방적인 관계다. 오직 전자를 전제로 해서만 후자가 성립한다. 건강이든 아름다움이든 이데아에서 현실의 개별 사물이 갖고 있는 여러 종류의 탁월함이 나온다. 이상적인 본질에 해당하고 변화가 없는 이데아 세계로부터 자연이나 현실이 파생된 것이다. 감각을 통해 보거나 만질 수 있는 사물은 참된 실재인 이데아와 감각적으로는 인식되나 가상에 불과한 물질적 재료의 혼합물이다. 즉 현실의 사물은 초자연적 이데아가 수동적인 재료 속에 반영된 어두운 영상이다.

　플라톤에 의하면 이데아가 시각·청각·촉각 등 감각을 통해 확인되는 대상이 아니라고 해서 실재하지 않는다고 보는 것은 잘못이다. 이와 관련해서《파이드로스》에서 다음과 같이 설명한다.

> "색깔도 없고 모양도 없으며 만질 수도 없는 실체가 참으로 있는 것이니, 그것은 오로지 영혼의 인도자 이성에게만 보이고 참된 인식의 부류와 짝하는데, 그런 것이 그 구역을 차지한다네."

한마디로 이데아는 '있는 것'이다. 감각에 의해 확인될 수 없을 뿐, 참으로 존재한다. 다만 시간과 공간 속에서의 실재는 아니기 때문에 이데아의 실재성은 일종의 관념적인 것이다. 예를 들어 2+2=4라는 것과, 삼각형 내각의 합은 180도라는 명제는 시간이나 공간 속에 있지는 않지만 참으로 존재하듯이 말이다.

그가 보기에 이데아는 객관적으로 실재할 뿐만 아니라, 보다 정확히 말하자면 감각적 대상보다 더욱 확실하게 실재한다. 관념적인 현실이 다른 어떠한 현실보다 강하다. 왜냐하면 물질적인 세계는 언젠가 소멸해버리고 말지만 이 명제들은 언제까지라도 타당하기 때문이다. 이데아의 세계만이 참된 세계이고 눈으로 볼 수 있는 세계는 존재와 무의 한복판에 서 있는 모사물에 불과하다.

이데아는 감각 너머에 있기에 감각을 통해서는 이데아에 대한 앎이 불가능하다. 감각은 이데아의 일부를 모사하고 있는 사물이나 현상만을 본다. 그러므로 감각을 통해 할 수 있는 일은 오직 본질에 해당하는 이데아를 떠올리게 하는 역할에 머문다. 이데아는 오직 이성적 인식을 통해서만 다가설 수 있다.

그나마 이성을 동원하는 방법이 올바르지 못하면 이데아와 만날 수 없다. 소피스트는 인간의 정신 활동을 중시한다는 점에서 이성 중심의 철학이라는 점을 부인하기 어렵다. 하지만 소피스트는 앞에서 살펴보았듯이 상대론을 펼친다. 즉 아름다움은 하나가 아니라 여러 개이고, 어느 하나가 다른 것보다 절대적인 아름다움이라고 볼 수 없다고 한다. 그러므로 이들은 많은 아름다움을 보기는 하지만 아름다운 것 자체는 보지 못하고, 많은 올바름은 보되 올바른 것 자체는 보지 못한다. 이데아로 다가서려는 노력을 스스로 포기하기 때문에 진정한 인식이 아니라고 한다.

나아가서 여러 탁월함이 아니라 하나의 탁월함, 즉 탁월함의 본질을 탐구한다고 해서 곧바로 이데아를 인식하는 과제가 해결되는 것도 아니다. 플라톤은《메논》에서 이데아에 접근하기가 어려움을 토로한다.

"여러 탁월함을 꿰는 하나의 탁월함, 이것을 우리는 발견할 수 없네.
(…) 하지만 나는 할 수 있는 한 우리가 거기에 가까이 가도록 최선을

다할 것이네."

여러 탁월함의 본체에 해당하는 형상, 즉 이데아는 인간의
이성을 통해서도 발견할 수 없다. 스스로 아직도 탁월함의 형상
이 무엇인지 알지 못하는 현실을 안타까워한다.

하지만 그렇다고 해서 포기한다면 무지 상태에 머문다. 탁
월함 자체를 알기보다는 수많은 작은 부분으로 산산조각이 난 현
상만 만나며 살아야 한다. 이를 진정한 앎이라고 부를 수는 없는
노릇이다. 인간의 이성이 최종적으로 할 수 있는 일은 이데아가
무엇인지 적극적으로 고찰하고 탐구하는 과정이다. 이를 통해 최
대한 가까이 다가가도록 최선을 다하는 노력이 중요하다고 한다.

04 보편은
실체가 아니다

Aristoteles

아리스토텔레스
《형이상학》

이데아가
존재하는가?

● 아리스토텔레스^{Aristoteles, 기원전}

384-322는 고대 그리스 사상을 종합하고 체계화한 철학자로 잘 알려져 있다. 형이상학·논리학·윤리학·정치학·수사학은 물론이고 예술론·심리학·박물학·물리학·천문학·해부학·생리학 등에 이르기까지 다루지 않은 영역이 없다고 해도 과언이 아니다. 16세 때 플라톤 아카데미에 들어가 20년 동안 공부를 했다. 플라톤이 죽자 3년 동안 마케도니아의 젊은 왕자 알렉산더의 개인 교사로

지내다가 아테네로 돌아와 아폴론 신전 부근에 리케이온이라는 학교를 창건했다. 지금 남아 있는 저작의 대부분은 이 시절에 집필한 강의 노트다.

아리스토텔레스는 플라톤을 중심으로 한 기존의 주류 철학을 집대성하는 데 머물지 않는다. 플라톤이 지닌 지나친 관념적 요소를 비판하면서 합리적인 면을 강화한다. 플라톤이 일상적 경험과 감각에서 물러나 독립적이고 순수한 정신으로서의 철학을 추구했다면 아리스토텔레스는 전 영역에 걸쳐 경험적 사실의 탐구를 강조한다. 특히 이데아론의 허구성을 비판하는 데 상당한 주의를 기울인다. "보편은 실체가 아니다."라는 명제가 이데아론의 가장 중요한 근거에 대해 반박하는 내용을 담고 있다.

'보편'은 플라톤이 주장하는 '이데아'를 의미한다. 플라톤은 사물의 재료를 이루는 질료와 구분하여, 사물의 고유한 원리를 의미하는 형상을 중시하고 이를 이데아와 연결했다. 큼과 힘, 아름다움과 올바름 등이 현실에서는 여러 가지로 나타나지만, 공통적인 특징을 이루는 '그 자체'로서의 이데아가 있다. 그리고 나아가서는 '형상들'로 이루어진 세계, 즉 이데아 세계가 실재한다고 주장했다. 단지 관념 속에 머무는 원리 정도가 아니라 실제로 존재한다는 것이다.

아리스토텔레스는 이데아가 실체가 아니라며 전혀 다른 대답을 한다.

"보편적인 것이 실체일 수 없는 것은 먼저, 각 사물의 실체는 다른 사물에는 들어 있지 않는, 그 사물에 고유한 것이지만, 보편적인 것은 여러 사물에 공통된 것이기 때문이다. 여러 사물에 들어 있기 마련인 것이 바로 보편적인 것이다. (…) 그러나 실체는 한 사물에 고유한 것이기에 보편적인 것은 모든 사물의 실체일 수 없다."

그는 먼저 특수와 보편을 구분한다. 특수는 질료, 보편은 형상에 해당한다. 질료는 나무·돌·쇠 등처럼 사물을 구성하는 재료에 가깝다고 보면 된다. 질료가 곧바로 어떤 특정한 사물이 되는 것은 아니다. 책상을 예로 들어 설명해보자. 나무라는 질료만으로는 책상이 될 수 없다. 나무를 사용하는 현실의 사물은 책상·의자·책꽂이와 같은 가구, 망치·도끼·삽과 같은 도구의 손잡이, 혹은 목조건물 등 다양하다.

책상을 책상이게 하는 것은 질료만으로 성립할 수 없다. 책상으로서의 구체적인 기능을 포함하여 본질을 이루는, 사물을 바로 그 사물이게 해주는 형상이 결합되어야 한다. 질료가 어떤 사물을 가능케 하는 재료라면, 형상은 완결적인 사물로 현실화한다. 둘 중의 어느 하나만으로 완결될 수 없다. 모든 사물은 질료와 형상이라는 두 가지 측면을 지닌다. 즉 세계는 특수한 측면과 보편적 측면으로 나눠져 있다.

그런데 아리스토텔레스에 의하면 보편적인 것, 즉 이데아는 실체일 수가 없다. 실체는 어떤 사물에 고유한 것이지만 보편은 여러 사물에 공통된 것이기 때문이다. 개념적 설명만으로는 이해가 어려우니 보다 현실적인 이야기로 풀어가자. 동물의 예가 좋겠다. 동물이라고 하면 우리의 머릿속에 구체적으로 떠오르는 모양들이 있다. 하지만 엄밀하게 생각해보면 '동물'이라고 하는 동물은 없다.

적어도 우리가 실체라고 부르는 것은 개·고양이·돼지·소·말·호랑이 등 구체적인 형태와 재료를 가지고 있는 개별 존재다. 이들 각각의 공통적인 특징으로부터 '동물'이라는 보편적 규정이 만들어진 것이다. 즉 현실의 구체적인 형태는 다양할지라도 나무나 풀과 달리 스스로 갖고 있는 신체 기관에 의해 움직이면서 영양을 섭취하고 번식을 하는 등의 공통적 특징으로부터 나온 규정이다. 동물이라는 규정이 구체적인 개나 고양이와 결합될 때만 실체가 된다. 보편에 해당하는 동물이라는 규정만으로는 현실적인 존재로서의 의미를 갖지 못한다.

그가 보기에 플라톤은 이데아가 사물의 본질이라고 하면서도 정작 구체적인 사물에서 분리하는 어처구니없는 논리를 편다.

보편은 질료를 갖고 있는 현실의 사물을 통해서만 생겨나므로 보편 자체만으로는 실질적인 존재가 될 수 없다. 이데아가 경험적 사물의 본질이 되기 위해서는 사물 속에 들어 있어야 한다. 질료와 형상은 분리될 수 없고 형상은 질료를 통해 발현된다.

플라톤이 이데아라고 지칭한 형상이 질료에 해당하는, 보거나 만져서 알 수 있는 사물과 따로 떨어져서 존재하는 것이 아니라 이것들과 결합하여 존재한다. 그러니 개별적이고 구체적인 사물에서 떨어져 있는 보편 개념이 실체일 수가 없다. 보편은 여러 개별 사물의 공통점의 개념화인데, 어떻게 독립적 실체가 될 수 있냐는 것이다. 보편에 해당하는 이데아도 같은 운명에 처한다.

이데아는 인간의 머릿속에 있는 생각일 뿐이다. 이데아는 경험적으로 확인할 수 있는 사물에 '그 자체'라는 말을 붙여 경험적 사물을 영원한 무엇인가로 표현한 것에 불과하다. 책상에 '책상 그 자체'라고 하면 책상의 이데아가 되고, 말에 '말 그 자체'라 붙이면 말의 이데아가 되고, 마찬가지로 사람에 '그 자체'라는 말을 붙인 '사람 그 자체'가 사람의 이데아가 된다. 경험적 사물만이 아니라 상태나 가치에 해당하는 주제도 마찬가지다. 건강이나 아름다움, 혹은 올바름 등에 '그 자체'를 붙여 이데아라는 규정을 하는 데 불과하다.

더 우스꽝스러운 일은 이렇게 모든 사물 하나하나에 적용하다 보면 이데아가 이 세상에 있는 온갖 사물의 종류만큼이나 무수하게 많아져버린다는 사실이다. 심지어 사유 대상이 감각을 통해 직접 접하는 사물만이 아니라 아름다움이나 올바름처럼 가치 판단이 개입하는 주제도 포함되는데, 그러면 이데아의 종류는 생각할 수 있는 모든 주제로 늘어난다.

심지어 "사라진 것에 대해 무엇을 생각한다'는 논증을 따르다 보면 사라진 것들에 대한 이데아도 있게 될 것"이다. 존재라고 말할 수 없는 것들에 대해서도 이데아를 적용하게 되는 황당한 상황을 맞닥뜨린다. '사라진 것'이라고 하니 막연하겠지만 공룡처럼 멸종한 동물이나 죽은 조상을 떠올리면 쉽게 이해될 일이다. 우리가 생각하는 대상에는 현실에 존재하는 것만이 아니라 이미 사라진 것도 포함된다. 모든 사유의 대상은 이데아에서 파생된 것이라는 플라톤의 논리대로 하면 이미 사라진 것까지 포함될 텐데, 그러면 실체가 아닌 것에 대한 이데아로까지 확장되는 기이한 일도 가능하다.

그렇다고 아리스토텔레스가 보편을 부정하거나 소홀히 해야 한다고 주장한 것은 아니다. 구체적인 특징을 갖고 있는 개별적인 말이나 사람에서 출발하여, 현재에도 있고 지나간 날에도 있었으며 또 영원히 있을 것에 접근한다는 점에서 그는 존재의 개체성과 보편성을 함께 관찰하고자 했다.

현실은 이데아의
모사물일 뿐인가?

● 아리스토텔레스는 이데아에 의해 현실의 사물이 생성된다는 견해도 비판한다. 플라톤에게 우주를 비롯한 모든 자연물은 이데아에 의해 생성된 것이다. 현실의 사물은 이데아가 갖는 특징의 극히 일부를 나누어 갖고 생겨난 모사물이다. 모사물의 제작을 위해서는 본체가 있어야 하는데, 본체는 개별적·일시적인 것일 수 없었다. 개별적인 것이 개별적인 것을 낳거나 일시적인 것이 일시적인 것을 낳을 수 없기 때문이다. 본체는 언제나 존재하는 이데아여야 했다.

예를 들어 장미꽃의 아름다움 혹은 얼굴과 신체의 균형이 잘 잡힌 사람의 아름다움은 이데아의 모사물이기 때문에 단지 아름다움과 닮았을 뿐이고 아름다움 자체일 수는 없다. 아름다움의 원형은 별로도 존재하고 장미꽃이나 예쁜 사람은 그 일부만을 본뜬 데 불과하다. 이에 대해 아리스토텔레스는 이렇게 반박한다.

"소크라테스가 있든 없든 소크라테스를 닮은 사람이 태어날 수 있는 것이다. 영원한 소크라테스가 있다 하더라도 분명히 마찬가지다."

보편은 실체가 아니다

모사물은 본체가 있을 때만 생겨날 수 있다는 논리를 허물어뜨린다. 사람만 하더라도 비슷한 모습을 갖고 있는 사람이 적지 않다. 소크라테스는 상당히 못생겼다고 한다. 땅딸막한 키에 불룩한 배, 납작코에 두터운 입술, 튀어나온 눈에 대머리였다. 오죽했으면 제자인 플라톤이 자세히 보면 스승의 외모에도 찬양할 곳이 있기는 하다는 구차한 변명을 했을까. 아무리 특이할 정도로 볼품없는 외모였다고 해도 아테네 골목 어딘가에는 비슷한 모습을 가진 사람이 있었을 것이다.

소크라테스가 있어야 그와 닮은 사람이 생겨나는 것이 아니다. 소크라테스가 이 세상에 태어난 적이 한 번도 없든, 불멸하는 소크라테스가 있든 상관없이 닮은꼴은 얼마든지 생겨난다. 마찬가지로 아름다운 모습을 지닌 꽃이나 사람도 본체에 해당하는 무엇인가가 있든 없든 본뜨지 않고서도 이 세상에 나올 수 있다. 그러므로 아름다움의 원형이 실제로 존재하고 있어서 일부를 나누어 가질 때만 개별적인 아름다운이 생겨난다는 말은 시적인 비유일 수는 있어도 엄밀한 학문적 규정일 수는 없다.

아리스토텔레스에 의하면 자연의 사물은 이데아를 비롯하여 감각 너머의 그 무엇인가에 의해서가 아니라 자연물에 의하여 생긴다. 그는 생성을 두 가지로 구분한다. 하나는 자연물의 생성이고, 다른 하나는 인위적으로 제작된 생성이다. 먼저 자연물의 생성에 대해 설명한 대목이다.

"어떤 것이 생겨 나오는 것을 우리는 질료라고 부른다. 어떤 것을 생겨나게 하는 것은 자연물들의 일부다. (…) 어떤 것을 생겨나게 하는 것은 형상의 뜻으로 말해진 자연물인데, 이것은 생겨난 것, 예를 들어 아이와 형상이 같은 자연물이다. 왜냐하면 사람이 사람을 낳기 때문이다."

이 간단한 문장에서 생성을 세 가지 요소로 나누어 설명한다. 생성의 기반, 생성의 산물, 생성의 원인이다. 생성의 기반은 질료다. 왜냐하면 모든 자연물은 질료를 포함하고 있으며 그 안에 생성의 가능성을 품고 있기 때문이다. 자연의 산물 가운데 무게나 크기를 비롯하여 물질적인 근거를 갖고 있지 않은 것은 없다. 특정한 공간 안에서 위치를 차지하고 있고, 시간의 흐름과 함께 변화를 겪는 질료의 특징이 그대로 나타난다.

생성의 산물은 감각을 통해 확인할 수 있는 자연의 개체다. 개별적인 사람이나 식물과 같은 자연물 말이다. 생성의 원인은 형상이다. 하지만 여기에서의 형상은 이데아와 같은 초자연적이거나 초경험적인 그 무엇이 아니다. 이 형상 역시 자연물일 수밖에 없다. 식물에서 식물이 만들어지고, 동물에서 동물이 만들어지듯이, 결국 사람이 사람을 낳기 때문이다.

이 세 가지 요소가 있을 때 생성은 성립한다. 그런데 형상은 앞에서도 확인했듯이 자연물에 근거한다. 생성된 산물이 개별적이고 형상은 보편적인 성격을 갖지만 둘 다 자연물에 속해 있다는 점에서는 공통적이다. 예를 들어 생성의 산물인 '개인'은 외모나 성격 등이 서로 다르다는 점에서 개별성이 지배한다. 하지만 생성의 원인으로서 '사람'은 사람이 갖는 일반적인 공통점을 지닌다는 점에서 보편성이 지배한다. 세 요소를 단순화해서 생성을 설명하면, 보편이 질료를 매개로 개체를 낳는 것이다. 다만 보편은 오직 구체적 산물에 결합되었을 때만 실체에 관여한다.

세 가지 요소 모두가 자연물의 일부이거나 자연에 속한다. 결국 추상의 정도에서 차이가 날 뿐, 자연에서 자연이 만들어진다. 그래서 아리스토텔레스는 사람이 사람을 낳는다고 단언한다. 자연으로부터 독립한 이데아가 생성에 끼어들 자리는 없다. 자연물의 생성에서 이데아와 같은 독립적인 본체는 필요 없다. 사람의 이데아가 없어도 자연의 작용에 의해 사람은 태어난다.

다음으로 아리스토텔레스는 인위적인 제작에 의한 생성, 즉 인간의 기술이나 능력에 의해 만들어지는 것을 다룬다.

"질료가 없는 것에서 생겨난다. 왜냐하면 의술과 건축술은 건강과 집의 형상으로서 질료가 없는 것이기 때문이다. (…) 원리와 형상에서 비롯하는 것은 사유이고, 사유의 끝에서 비롯하는 것은 산출이다."

자연물의 생성에서 생성의 원인인 형상이 질료를 포함한다면, 인위적인 생성에서 형상은 질료를 포함하지 않는다. 예를 들어 대리석으로 조각을 한다고 생각해보자. 개별적인 조각 작품은 인위적인 생성의 산물이다. 이 조각은 대리석이라는 질료를 매개로 생성되고, 그 산물도 질료를 지닌다. 하지만 생성의 원인은 조각가의 창조적인 생각에서 출발한다. 그의 정신 속에 있는 어떤 구상과 이를 실현하는 기술이 형상으로서 역할을 하는데, 관념이나 기술, 능력 자체는 질료를 지니지 않는다.

그가 예로 든 의술이나 건축술을 생각해보면 보다 이해가 쉽다. 환자를 건강하게 만드는 의사의 기술은 분명 신체를 전제로 하지만 신체의 작용은 아니다. 오랜 탐구와 숙련을 통해 건강에 대한 해박한 지식을 갖게 된 의사의 앎에서 비롯된다. 건강에 대한 의사의 지식은 질료와 거리가 있다. 건축술도 마찬가지다. 집을 짓기 위해서는 철근이나 벽돌 등 구체적인 질료가 필요하다. 하지만 어떤 집을 지을 것인가는 건축가의 구상이 핵심 역할을 한다. 집에 관한 목수의 앎에서 생겨난다.

그러한 의미에서 자연물의 생성과 인위적인 생성은 형상의 질료 포함 여부에서 차이를 갖는다. 하지만 두 가지 생성 모두 미리 주어져 있는 질료를 매개로 한다는 점에서는 공통적이다. 그래서 아리스토텔레스는 이렇게 말한다.

> "아무것도 주어져 있지 않다면, 어떤 것이 생겨난다는 것은 불가능하다. 그렇다면 분명히 생겨날 것의 일부가 반드시 앞서 주어져 있어야 한다. 질료가 바로 그 일부다."

그러므로 생성되는 것은 반드시 질료를 가진 실체여야 한다. 플라톤처럼 더 고도한 이데아에서 하위 체계에 있는 다른 이데아의 생성은 애초에 성립할 수가 없다. 오직 형상의 이름으로 불리는 질료와 형상이 복합된 실체가 생겨날 뿐이다.

05 쾌락이
목적이다

Epikouros

에피쿠로스
《핵심 교설》

쾌락에 대한
발상의 전환

● 서양철학을 통틀어 가장 심한 편견과 왜곡의 대상이 된 철학자로는 쾌락주의자로 알려진 에피쿠로스Epikouros, 기원전 342-271가 꼽힌다. 대부분의 주류 철학이 쾌락을 극도로 혐오하는 마당에 인생의 가장 중요한 가치 혹은 철학의 화두로 쾌락을 제시하니 말이다. 헬레니즘 시기에 함께 활동했던 회의주의 철학자 티몬이 "자연학자들 가운데 가장 뒤처지고 창피함을 모르는 가장 개 같은 사내"라고 했을 정도다. 특히

도덕적 엄숙주의를 극단적으로 강조하는 중세철학을 거치면서는 거의 악의 화신으로 여겨졌다. 기독교 신학자들은 "술 취한 돼지들"이라며 비난을 퍼부었다.

에피쿠로스는 "쾌락이 목적이다."라며 그리스철학의 전통을 뒤흔드는 발상의 전환을 이룬다. 단지 고대철학에 머물지 않고 이후 서양철학 전체적으로 새로운 문제의식을 자극하는 역할을 한다. 왜 이 명제가 획기적인 발상의 전환에 해당하는지를 이해하기 위해서는 먼저 그리스철학자들이 쾌락에 대해 갖는 태도부터 살펴볼 필요가 있다.

그리스의 주류 철학은 시대를 막론하고 '쾌락'이라는 말만 들어도 알레르기 반응에 가까울 정도로 즉각적인 비난을 쏟아냈다. 자연철학에서도 가장 기피해야 할 욕구로 꼽는 경우가 많았다. 헤라클레이토스도 큰 반감을 갖는다. "사람은 취했을 때, 어디로 가는지 알지 못하면서 비틀거리며 철들지 않은 아이에게 이끌려 다닌다. 젖은 혼을 지녔으므로." 일단 술 자체에 대해 지극히 부정적이다. 술에 취하면 어린 남성을 향한 욕망으로 기울게 된다.

헤라클레이토스에 따르면 영혼에는 불과 물이라는 대립하는 두 요소가 작용한다. 불은 고귀하고 물은 비천하다. 영혼이 불만 소유할 경우에 갖는 '건조한 영혼'은 지혜롭고 선하다. 반대로 영혼이 습기를 지닐 때 쾌락을 추구한다. 불은 이성이고 물은 충동이다. 쾌락은 영혼을 습하게 만들어 타락으로 이끈다. 물의 속성인 충동과 욕망이 인간을 쉽게 물들이기에 스스로 벗어나기 어렵다. 그러므로 "가축들은 매로 때리면서 목장으로 몰고" 가듯이 강제적 규범에 의존하는 금욕주의가 필요하다.

자연철학 이후 서양철학의 가장 거대한 기둥이 된 플라톤은 일체의 쾌락에 혐오감을 드러낸다. 쾌락은 분별력을 잃고 비도덕적 행위에 빠지는 원인이다. 《티마이오스》에서 쾌락을 "혼에 있어서 가장 심각한 질병"인데, "바른 것을 전혀 볼 수도 들을 수도 없으며, 또한 미친 상태가 되어, 헤아림이라곤 전혀 가져볼 수가 없기 때문"이라고 한다.

그가 보기에 사람을 지배하고 인도하는 두 원리가 있다. 하나는 쾌락에 대한 타고난 욕망이고 다른 하나는 나중에 획득한 이성인데, 우리는 쾌락이나 이성이 이끄는 쪽으로 끌려간다. 이성을 따라 좋은 쪽으로 이끌리면 분별, 쾌락이 득세하면 무분별이라는 이름이 붙는다. 무분별 상태에서는 끊임없이 욕망을 제공하는 사람에게 집착한다.

그는 욕망과 이성의 줄다리기를 말과 마부로 비유한다. 영혼은 마부와 두 마리의 말로 되어 있다. 마부는 두 마리의 말을 동시에 이끈다. 두 마리 말 가운데 하나는 탁월하고, 다른 하나는 열등하다. 탁월한 말은 분별과 수치심이 있고 명예를 사랑하며 참된 의견을 동무로 삼기에 명령과 이치에 따라 인도된다. 열등한 말은 욕망 때문에 피가 뜨겁고 무분별과 거짓을 동무로 삼기에 채찍과 가시 막대기를 들어야 겨우 말을 듣는다.

열등한 말은 쾌락을 기억하며 날뛰기 때문에 동료 말과 마부에게 온갖 곤란을 안겨준다. 탁월한 말은 수치심을 갖고 자신을 억제한다. 마부는 열등한 말 때문에 고삐를 뒤로 거칠게 잡아당길 수밖에 없다. 두 말은 결국 엉덩방아를 찧는데, 한쪽은 대항하지 않고 기꺼이 따르지만, 다른 쪽은 무분별한 탓에 매우 못마땅해한다. 무분별한 말이 몇 차례 같은 행위를 반복하면서 마부는 고삐를 자꾸 힘껏 당기고, 말은 혀와 턱이 피로 물들고 넘어지면서 다리와 엉덩이에서 고통을 느낀다.

철학 경향에 따라 세계와 인간을 바라보는 관점이 다를지라도 쾌락에 관한 한 대부분 손사래를 쳤다. 누군가에게 쾌락의 그림자라도 비치면 전염병이나 악마라도 만난 것처럼 저주를 퍼부었다. 적어도 철학자의 주장이라면 쾌락을 최대한 멀리하는 일이 상식처럼 여겨지던 시절에 에피쿠로스는 공공연하게 쾌락을 가장 바람직한 목적으로 주장한 것이다. 발상의 전환이되, 단지 발상을 바꾸는 정도가 아니다. 아예 발상을 뒤집어엎는다는 점에서 파격 중의 파격이라 할 만하다.

여러 내용 중의 한 부분으로 던져본 치기 어린 주장이 아니다. "쾌락이 목적"이라는 명제에서도 알 수 있듯이 쾌락을 정신과 행위의 중심에 놓는다. 또한 정교한 논리로 뒷받침하고 실천적인 지침으로 정립함으로써 하나의 철학적 경향으로 자리 잡도록 만든다. 그렇기 때문에 이후 주류 철학에 반발하며 욕망을 재발견하려는 시도가 나타날 때마다 에피쿠로스는 영감을 제공해 왔다.

왜 쾌락이
목적인가?

● 우선 왜 인간의 정신과 행동이 쾌락에 근거해야 하는지를 밝혀내는 일이 중요하다. 워낙 저주에 가까운 악의적 공격이 많았기 때문에 에피쿠로스도 대부분의 저작이 사라지고 주로 단편으로만 전해진다. 그나마 남아 있는 《핵심 교설》을 통해 주요 내용을 확인할 수 있어서 조금 더 구체적으로 문제의식에 다가설 수 있다. 일단 쾌락의 의미부터 이해할 필요가 있다. 에피쿠로스는 쾌락의 의미를 고통으로부터 끌어낸다.

"축복받았으며 불멸하는 본성은 그 스스로 어떤 고통도 모르며, 다른 것들에게 고통을 주지도 않는다."

쾌락은 고통이 없는 상태다. 스스로 고통을 모르고 타인에게 고통을 주지 않는 상태는 축복에 해당한다. 고통의 부재는 불멸하는 본성이라고 표현할 정도로 신이 주는 축복으로서의 쾌락이다. 철학을 비롯하여 정신과 활동의 궁극적인 목적은 행복에 도달하는 데 있다. 누구나 상식적으로 알고 있듯이 불행에서 벗어날 때 행복에 가까워질 가능성이 열린다.

불행의 정체를 찾는 일이 우선인데, 불행은 고통으로부터 오고, 보다 정확히 말하자면 고통의 다른 이름이 불행이다. 고통은 악이고, 쾌락은 선이다. 행복이란 고통이 없는 상태이기에 일차적인 과제는 고통의 회피다. 쾌락의 정도도 고통의 정도와 연동된다. "모든 고통스러운 것들의 제거가 쾌락 크기의 한계"이기 때문이다. 고통이 줄어드는 데 비례하여 쾌락이 증가한다. 고통을 제거하기 위해서는 원인을 찾아야 한다. 에피쿠로스는 몇 가지 단서를 제공한다.

"인생의 한계를 배운 사람은 결핍으로 인한 고통을 제거하고 삶 전체를 완전하게 만드는 것이 쉬운 일임을 안다. 그래서 경쟁을 포함하는 행동을 필요로 하지 않는다."

　첫째, 육체나 마음의 결핍으로 인한 고통이 문제다. 그는 몇몇 단편에서 맛의 즐거움, 사랑의 쾌락, 듣는 즐거움, 아름다움을 보는 즐거움이 결핍될 때 생기는 고통을 지적한다. 생명체로서의 생존이 어려울 정도로 영양 섭취가 어렵거나 나아가서는 맛을 음미할 수 있는 조건이 결핍되어 있다면 행복을 느끼기 어렵다. 사랑의 감정을 공유할 수 있는 상대가 없는 상태, 나아가서는 시각이든 청각이든 미적인 즐거움을 느끼지 못하는 상태도 고통이다.

　무한정 많이 누린다고 좋은 것은 아니다. '계속 술을 마시고 흥청거리는 일'이나 '기름진 식탁에 차린 어류나 맛난 음식을 즐기는 것'을 좇을 때 쾌락에서 멀어진다. 이를 위해서는 최대한의 물질적 풍요가 전제되어야 하기 때문이다. 우리는 흔히 의식주나 사랑을 충족하기 위한 조건으로 부를 떠올린다. 하지만 재산 축적에 치중할 때 고통으로 향한다.

　물론 최소한의 인간다운 삶을 위한 정도조차 마련되어 있지 않다면 문제다. 하지만 이를 넘어 재산 축적을 인생 목표로 삼는 것도 문제다. 오히려 "무제한적인 부는 큰 가난"이다. 일생 동안 부를 쌓으려는 사람이야말로 스스로를 고통으로 몰아넣는다. 많은 재산을 쌓으려고 집착하는 과정이 중대한 결핍을 초래한다.

《단장》에 그 이유가 나온다.

"왜냐하면 군중이나 실력자들 밑에서 노예 노릇을 하지 않고서는 재
산을 얻기 어렵기 때문이다."

현대인들이라고 해서 예외가 아니다. 누구나 실감하듯이 실
력만으로 큰 부를 얻기는 어렵다. 직장에서 높은 연봉의 전제 조
건인 빠른 승진을 위해서는 이른바 '줄서기'를 잘해야 한다. 한국
사회에서 실력보다 '빽'으로 불리는 배경이 더 중요하다는 말에
고개를 끄덕이는 사람들이 훨씬 많은 게 현실이다. 전문직이라고
해서 사정이 크게 다르지도 않다. 대형 종합병원에서 책임자 위
치에 오르고, 대학에서 정교수가 되기 위해서는 줄을 잘 서야 하
고 그만큼 자존심을 포기하고 살아야 한다. 자유로운 삶은 많은
재산을 가질 수 없다.

그러한 의미에서 가장 큰 결핍은 자유의 상실이다. 인생을
자신의 선택에 따라 중심을 잡고 이끌어나가는 범위 내에서의
충족이 필요하다. 최대한의 충족이 아니라, 절대적 결핍이 아니
라면 만족을 느끼는 게 중요하다. 항상 적게 갖도록 노력하라는
말도 아니다. 필요 이상의 욕구를 갖지 않음으로써 자유를 잃지
않는 일이 중요하다. 그렇기 때문에 "자기만족의 가장 큰 열매는

자유"이고, 자기만족은 큰 선이다.

　둘째, 인생의 한계를 직시하지 못해서 생기는 근심이나 경쟁에 몰두하는 삶도 고통으로 향한다. '인생의 한계'는 무엇보다도 인간의 유한성, 즉 어느 정도의 세월이 흐른 뒤에 죽음을 맞이하고 또한 언제든지 죽음과 만날 수 있다는 사실이다. 에피쿠로스는 다시 《핵심 교설》에서 죽음의 두려움에서 벗어나라고 한다.

　"죽음은 우리에게 아무것도 아니다. 왜냐하면 분해된 것은 감각이 없기 때문이다. 감각이 없는 것은 우리에게 아무것도 아니다."

　죽음을 자신의 현실적 운명으로 깨닫지 못할 때 몇 가지 고통이 생긴다. 먼저 죽음에의 두려움에서 오는 근심이 행복을 가로막는다. 인간의 가장 큰 두려움을 꼽으라고 하면 대부분 죽음을 꼽는다. 필요 이상으로 걱정을 하고 평상심을 잃는다. 죽음이 찾아오기 전에도 미리 걱정하고, 주변 사람의 죽음을 겪으면서 심리적 고통에서 벗어나지 못한다.

　하지만 죽음 이후에는 인간을 이루는 모든 것이 사라진다. 어떠한 감각도 남지 않고, 어떠한 고통도 느끼지 않는다. 말 그대로 죽음은 아무것도 아니다. 살아 있을 때 죽음이 함께 있지 않고, 죽음이 오면 이미 존재하지 않기 때문이다. 마치 해가 뜨면 반드시 지는 시간이 오듯이, 또한 봄·여름·가을이 지나면 겨울이 찾아오듯이 죽음은 자연에서 흔히 마주하는 변화의 일부다. 자연의 본성을 이해한다면 죽음에 대한 두려움을 떨칠 수 있다.

다음으로 죽음을 자연스럽게 받아들이지 못할 때 경쟁에 몰두하는 삶에 빠지기 때문에 고통에 빠진다. 언제든지 죽을 수 있다는 사실을 현실로 인식하지 못하는 순간 사람들은 오늘의 행복이 주는 소중함을 절실하게 생각하지 않는다.

> "육체는 쾌락의 한계가 무한하다고 생각하며, 이처럼 무한한 쾌락을 공급하기 위해 무한한 시간을 필요로 한다."

죽음을 현실로 받아들이지 못하면 앞으로의 삶이 영원할 것 같은 착각에 빠진다. 무한한 욕구를 충족할 수 있는 무한한 시간이 있다고 여긴다. 오늘이 내일로 끝없이 이어진다는 생각이다. 그 결과 오늘의 한정된 시간이 얼마나 소중한지 제대로 이해하지 못하고 시간을 낭비하는 삶을 산다. 내일의 더 많은 욕구 충족을 위해 오늘은 경쟁에 쏟으며 산다. 내일의 충족을 위해 오늘을 희생한다.

욕망은 무한한데 삶의 한계로 이를 충족할 방법은 없으므로 고통이 발생한다. 내일의 욕구를 극대화하면 할수록 고통도 커진다. 쾌락을 통해 오늘의 행복을 찾아야 한다. 쾌락이 사람들에게 방탕해 보일지라도 이로 인해 죽음과 관련한 두려움에서 벗어나고 오늘의 소중함을 깨달을 수 있다면 이를 비난할 이유가 전혀 없다. 에피쿠로스는《단장》에서 내일이 아니라 오늘을 살라고 주문한다.

> "내일의 주인이 아닌 당신이여, 당신의 행복을 연기하라. 우리들 각자는 미루다가 인생을 낭비하며, 여가를 누리지도 못하고 죽는다."

쾌락이 목적이라는 명제는 인간 행위의 모든 판단 기준을 쾌락에 두어야 한다는 의미를 갖는다. 〈메노이케우스에게 보낸 편지〉에서는 이렇게 말한다.

> "쾌락이 행복한 삶의 출발점이자 끝이라고 우리는 말한다. 쾌락이 원초적이고 타고날 때부터 좋은 것이라고 인정하기 때문이다."

쾌락이 좋음은 애써 증명할 필요가 없다. 인간만이 아니라 동물이라 하더라도 고통을 회피하려는 경향을 갖는다. 태어나는 순간부터 자연스럽게 몸이 편해지고 즐거운 마음을 가지려는 쪽으로 향한다. 특별히 고등 동물에 해당하는 이야기도 아니다. 크든 작든 최소한의 감각을 갖고 있는 모든 생물은 이성을 동원할 필요도 없이, 누가 가르쳐주지 않아도 쾌락을 즐기고 고통을 피하려는 경향을 갖기 때문이다.

사람은 끊임없이 매 순간 무엇인가를 판단하며 살아간다. 철학의 기능이 선택과 기피의 기준을 마련하는 것일 때, 쾌락은 가장 중요한 기준이다. 선택과 기피 행위의 시작을 쾌락으로 삼고, 결과도 쾌락으로 수렴하는 삶이야말로 가장 적극적으로 추구해야 할 목적이다.

어떠한
욕망이어야 하는가?

● 에피쿠로스의 《핵심 교설》에 의하면 쾌락이 목적인 이상 쾌락 자체를 부정적으로 볼 이유는 없다.

> "어떠한 쾌락도 그 자체로 나쁘지는 않다. 하지만 많은 경우에, 쾌락을 가져다주는 수단이, 쾌락보다는 고통을 가져다준다."

쾌락이 사람들을 고통에서 벗어나도록 도와준다면 우리는

그러한 쾌락을 비난할 이유가 전혀 없다. 그러므로 주류 철학을 비롯한 수많은 철학이 쾌락 자체를 악의 화신처럼 여긴 것은 잘못이다.

하지만 쾌락을 가져다주는 수단이 반대로 고통의 원인이 되는 경우가 발생한다. '쾌락을 가져다주는 수단'이란 욕망을 의미한다. 사람들은 욕망을 충족해서 쾌락을 증진한다고 생각하기 마련이다. 하지만 욕망이라고 해서 다 동일한 효과를 내는 것은 아니다. 어떤 욕망은 쾌락을 가져다주지만 반대로 또 다른 어떤 욕망은 고통을 초래한다.

그는 욕망을 세 가지로 구분한다. 자연적인 동시에 필연적인 욕망, 자연적이기는 하지만 필연적이지는 않은 욕망, 자연적이지도 않고 필연적이지도 않은 욕망이다. 세 가지 욕망 가운데 자연적이지도 않고 필연적이지도 않은 욕망은 다만 헛된 생각에 의해 생겨난다. 여기에서 자연적이란 인간이 본래 갖고 있는 욕구, 즉 본능을 의미한다. 필연적이란 충족되지 않을 때 생명을 유지할 수 없는 것을 의미한다.

자연적이고 필연적인 욕망, 즉 본능이면서 생존에 필수적인 욕망은 식욕·수면욕·성욕을 비롯해 생명체로서의 필수적 유지에 필요한 것들이다. 배가 고프지 않도록 음식을 섭취하려는 욕구, 충분한 수면으로 피곤함에서 벗어나려는 욕구, 성행위를 통해 번식하려는 욕구, 나아가서는 생명을 유지하기 위해 홍수·가뭄·지진·태풍 등 천재지변이나 질병의 위협에서 벗어나려는 욕구 등이 해당한다. 이를 충족하려는 욕망이 고통을 줄이고 쾌락을 증가시킨다는 점은 상식적으로 이해될 일이다.

반대로 자연적이지 않고, 필연적이지도 않은 욕망은 헛된 욕망으로서 고통을 증가시킨다. 본능도 아니고 생존에 위협이 되지 않은 욕망으로는 끊임없이 부를 축적하고자 하는 금전욕, 사치품을 비롯한 고가의 상품으로 다른 사람에 비해 우월하다는 점을 드러내려는 과시욕, 수단과 방법을 가리지 않고 더 높은 지위에 오르려는 권력욕 등이 대표적이다. 앞에서 언급했듯이 이를 위해서는 극소수 권력자나 부자의 노예 노릇을 해야 하기에 자유를 잃는다. 에피쿠로스학파는 금전욕·과시욕·명예욕 등의 노예가 되어서는 안 된다고 보았다.

두 번째 욕망, 즉 자연적이기는 하지만 필연적이지는 않은 욕망은 본능에 해당하지만 생존을 넘어서는 과도한 욕구라고 봐야 한다. 식욕과 관련하여 앞서 언급한, '계속 술을 마시고 흥청거리는 일'이나 '기름진 식탁에 차린 어류나 맛난 음식을 즐기는 것'이 해당된다. 보통 사람들은 이를 위해 평생 일만 해야 하기에 스스로를 혹사한다. 에피쿠로스는 "단순한 맛이 우리에게 부자의 식사와 같은 쾌락을 준다."면서 검소한 생활을 강조했다. 그를 따르는 사람들은 고기와 술을 먹지 않고 빵과 물과 채소 등만을 먹었다고 한다.

가장 이해가 쉽지 않은 경우는 세 가지 욕망에 전형적으로 속하지 않고 경계에 걸쳐 있는 경우다. 특히 첫 번째 욕망과 두 번째 욕망의 경계에 있을 때 구별이 쉽지 않다. 인간이 발정기에 성행위를 하는 동물이 아닌 이상 본능으로서의 성욕을 번식만을 목적으로 한 행위로 제한하기 어렵기 때문이다. 실제로 대부분의 사람은 아기를 갖기 위한 목적이 아니라 하더라도 일상적으로 사랑하는 사람과 성애를 즐기고 싶은 욕구를 갖는다. 이를 본능이나 생존을 넘어서는 과도한 욕구라고 단정하기 어렵다.

그렇기 때문에 에피쿠로스도 성욕과 관련해서는 다소 모순되는 듯한 내용이 섞여 나온다. 어떤 내용에서는 성애가 주는 쾌락을 선에서 제외한다면 이 세상에 선에 포함될 수 있는 게 뭐가 있겠느냐고 한다. 하지만 또 다른 내용에서는 즐거운 삶을 낳는 것은 성적 쾌락이 아니라고 한다. 전체적으로 이해하지 않으면 상반된 엉뚱한 해석에 도달하게 된다. 그의 쾌락을 오직 물질적 향락주의 정도로만 여기거나 반대로 정신으로 한정해서, 마치 모든 육체적 쾌락의 부정으로 여기는 해석이다.

두 개의 엉뚱한 해석에서 벗어나려면 쾌락과 고통의 관계를 잘 고려해야 한다. 핵심은 어떤 욕망이 고통을 주느냐, 그 고통을 제거하느냐에 따라 달라진다. 만약 누군가가 성적 욕망에만 집착한 결과로 고통스러운 마음을 갖게 됐다면, 욕망을 극대화하면 할수록 고통도 커진다. 반대로 누군가가 성적 욕망으로 고통에서 벗어날 수 있다면 바람직한 쾌락 행위에 속한다.

결국 성적인 욕망 자체를 쾌락과 고통으로, 혹은 선이나 악으로 구분하는 것은 의미가 없다. 핵심은 고통에서 벗어나거나 고통을 줄이는 게 가능한지 여부다. 사랑이라는 주제로 좁혀서 보자면, 정신적 사랑이 무조건 옳고 육체적 사랑은 무조건 그르다고 볼 이유는 전혀 없다. 고통을 줄이고 쾌락을 증진하는 데 필요한 평가와 추론을 위해서 가장 중요한 것은 분별력이다. 스스로 고통과 쾌락의 정도를 평가해야 한다. 에피쿠로스에 따르면 분별을 통해 발생하는 문제에 대해 판단한 후, 선택과 거절 행위를 해야 한다.

06 하나로 시작되고 되돌아간다

●

Plotinos

플로티노스
《엔네아데스》

왜
하나인가?

● 플로티노스^{Plotinos, 205-270}는 흔

히 신플라톤주의라고 불리는 학파를 대표하는 철학자다. 플라톤

철학의 계승과 부활을 내세우며 로마제국에서 성행했던 철학 사

상이다. 기본적으로 현실의 사물들은 영원불변의 본체에 해당하

는 이데아 세계의 모사물에 불과하다는 이데아론을 토대로 한다.

여기에 동방에서 전래된 종교 사상을 결합해 신비적인 성격을

강화한다. 특히 근원적인 '하나'로부터 만물이 생겨난다는 논리

와 이성을 넘어서는 신비적 사유관은 이후 중세신학에 큰 영향을 미친다. "하나로 시작되고 되돌아간다."라는 명제에 그의 문제의식이 집약되어 있다.

먼저 '하나'에 대한 이해에서 출발해야 한다. 플라톤이 주장한 이데아들로 이루어진 세계의 정점에 만물의 궁극적 근원으로서의 '하나 ＊'를 놓는다. 플로티노스는 '하나'의 특징을 다음과 같이 설명한다.

> "제 스스로 또 원천적으로 존재하는 것은 항상 있어야만 한다. (⋯) 존재하는 것이 동일하게 머무르기 위해서는 육체적인 모든 움직임을 제거한 상태여야 한다."

'항상 있어야만', 즉 항상 존재해야만 궁극적인 존재일 수 있다. 이데아는 생성과 소멸 과정을 거치는 현실의 사물과는 달라야 한다. 동물이나 식물은 태어나고 일정한 시간이 흐른 뒤에는 사라진다. 처음에는 아주 약하거나 여린 상태였다가 짧지 않은 성장기를 거친 다음에야 제구실을 한다. 성장의 정점에 이른 후에는 점차 쇠락의 길을 걷는다. 결국은 사멸의 운명을 피할 수 없다. 영원히 변할 것 같지 않은 산이나 강조차 기간만 다를 뿐 변화의 소용돌이에서 벗어나지 못한다. 진정한 존재라면 상태가 변하거나 있다가 없어져서는 안 된다. 항상 있어야 하고 변화하지 않고 '동일하게' 머물러야 한다.

　나아가서는 '제 스스로' 있어야만 한다. 자기가 존재하기 위해 필수적으로 다른 존재가 있어야만 한다면 부수적인 존재일 수밖에 없기 때문이다. 어떠한 산출의 결과로 나중에 만들어진 개별적인 존재에 대해 진정한 존재라고 말하지 못한다. 예를 들어 식물은 수분이나 태양에 의존해야 한다. 인간을 비롯하여 동물 역시 생존을 위한 영양 섭취 때문에 필수적으로 다른 무엇인가에 의존해야 한다. 진정한 존재이기 위해서는 일체의 의존에서 벗어나 독립적으로 자신이 '원천'이어야 한다.

　생성과 사멸에서 자유롭고, 항상 동일한 상태를 유지하며, 자기 스스로가 원인이기 위해서는 '육체적인' 요소가 제거된 것이어야 한다. 즉 물질적인 존재 조건에서 벗어나야 한다. 왜냐하면 육체를 비롯하여 모든 물질적인 것은 생성과 소멸의 운명을 지니며 변화의 굴레에서 자유롭지 못하기 때문이다.

　또한 모든 물질적인 것은 개별적인 특징을 지닌다. 같은 사람이라 하더라도 이 사람과 저 사람이 모습이나 성격 등에서 서로 차이가 있다. 지구상의 모든 동물 종과 식물 종이 그러하다. 우리가 근원적인 존재라고 부를 수 있기 위해서는 개별 사물로서의 다양성을 넘어서야 한다.

"참된 의미에서 말하는 '존재'는 실제 '존재의 존재'를 가리킨다."

　다수로 무한히 확대된 개별적인 것들 사이에서는 나열만 존재하고 어떠한 체계적 질서도 없기 때문이다. 개별 존재의 차이를 넘어서기 때문에 모든 개별적인 것들의 근원 역할을 하는 존재를 '하나'라고 부르는 것이다.

　인식이 향할 곳이 개별적 존재가 아닌, 이데아처럼 '존재의 존재'라는 점에서 플라톤과 같다. 플로티노스는 이렇게 말한다.

　"일체의 육체적인 눈을 감아보자. 그러면 그대는 보게 될 것이다. '존
　재의 발상지'를! 또한 그 안에 꺼지지 않는 불빛을!"

　우리가 찾아가야 할 곳은 개체로서의 존재가 아니라 존재의 발상지다. 개별적 존재의 원인으로서의 근원적인 존재로 향해야 한다. 그리고 존재의 발상지를 찾아가는 여행은 육체적인 감각을 넘어서, 순수한 정신에 의존할 때 가능하다.

모든 것은
하나에서 시작된다

● 이번에는 하나에서 '시작된다'는 것이 무엇을 의미하는지 이해할 차례다. 근원적인 존재로부터 현실의 무수히 많은 개별 사물이 어떻게 만들어지는지를 해명해야 하는데, '시작'이란 하나에서 다수가 만들어지는 원리를 말한다. 플로티노스는 빛의 비유를 통해 다양한 세계는 '하나'로부터 유출을 통해 단계적으로 만들어진다고 한다.

"그것은 마치 빛의 경우 그 주변에 발산되는 광채를 보는 것과 같다."

그는 이를 유출 이론이라고 한다. 마치 한 점에서 빛이 시작되어 순차적으로 주변으로 퍼져나가듯이 세상 만물이 단계적으로 만들어졌다는 논리다. 완전한 것에 해당하는 근본 원리에서 불완전한 것에 해당하는 삶의 현실로 내려오는 길이다. 근원적 '하나'에서 첫 번째로 정신이 유출된다. 정신은 사유와 존재로 갈라지는데, 이 둘은 통일적으로 모여 있다. 그렇기 때문에 존재는 사유와 동일하다. 두 번째 유출로 정신에서 영혼이 나온다. 이어서 감각계가 뒤따라 유출된다. 영혼이 자연을 만들어낸다. 영혼의 가장 완전한 산출은 우주다. 영혼의 자연으로의 유출은 동물·

식물과 같은 생물로까지 개별화된다. 근원적인 '하나'로부터 이 세계를 구성하는 다양성이 산출되어 나온다.

'하나'로부터의 유출에는 플라톤의 이데아론이 강하게 결합된다. 먼저 "만일 사유가 정신 안에 내재하는 어떤 것을 지향한다면, 의당 그렇게 내재하는 것은 형상이요, 이데아 자체"다. '하나'로부터 유출된 정신을 이데아와 연관해서 설명한다. 정신은 플라톤의 이데아계와 마찬가지로 단지 원리만이 아니라 실재하면서 현실을 움직이는 힘이다.

'하나'에서 세상 만물이 단계적으로 만들어졌다는 이론은 워낙 신비주의적인 요소가 강하고, 또한 유일신에 의해 세계가 창조되었다는 기독교의 교리와 친근성이 높아서 이후 유대교와 그리스철학을 접목한 중세신학으로 가는 가교 역할을 한다. 먼저 핵심적인 개념에 해당하는 '하나' 자체가 유일신을 추구하는 기독교 교리와 친근성을 갖는다. 플로티노스는 '하나'를 유일하고 절대적인 존재로 규정한다.

"'하나'는 어떠한 장소와 시간 안에도 없으나, 자신에 의해 자신으로 항상 머물러 있다. 형상이 따로 없어 모든 형상에 앞서 존재하며, 운동 이전에 있고, 정지 이전에 있다."

'하나'라는 말을 '하나님'으로 바꾸면 거의 기독교에서 강조하는 절대적 신 개념으로 연결될 가능성을 제공한다. 플로티노스는 실제로 '하나'를 신이라는 말과 거의 구별 없이 사용하기도 했다. 하나, 즉 신은 사물, 인간의 영혼, 운동과 정지, 시간과 공간을 초월한다. 그러므로 신은 시간에 구애받지 않고 영원 속에 있다. 운동에서 벗어나 있듯이 신에게는 변화란 결코 없다.

유출 이론도 기독교와의 접촉면을 넓히는 데 크게 작용한다. 기독교 교리에 의하면 신은 자신의 모습을 본떠서 인간을 만들었다. 하지만 비슷한 모습임에도 불구하고 신과 인간은 지위 면에서 전혀 다른 존재였다. 이를 이론적으로 설명하기에 유출 이론은 안성맞춤이었다.

플로티노스는 '하나'와 유출을 통해 생긴 사물과의 관계를 다음과 같이 규정한다.

"갈라져 나온 것은 모두 본래의 자신과 다르기 때문이다. 그래서 갈라져 나온 강함은 본래 머물렀던 강함보다 약해지고, 따뜻함도 본래의 따뜻함보다 약해지며, 능력도 본래의 능력보다 약해지고, 아름다움도 본래의 아름다움보다 덜해진다."

모든 근원적 능력은 오직 '하나', 즉 신만이 가지고 있다. 유출 과정을 통해서 만들어진 것들은 부분적으로만 흔적을 지닌다. 그렇기 때문에 "창조적인 능력은 만들어진 물질보다 앞서 존재" 한다. 창조 능력은 신에게만 있다. 인간은 신을 닮게 만들어졌지만 전혀 다른 능력을 지니기에 신에게 복종해야 한다는 기독교 교리를 합리화하기에 적합하다. 그는 유출을 통해 만들어지는 영혼도 세계영혼과 개별영혼으로 구분한다. 이데아로서의 세계영혼은 항상 저 위에 실재적으로 존재한다. 그러면 개별영혼은 어떻게 구원받을 수 있는가? "개별영혼은 만일 그들 앞에 이미 존재하는 것을 염두에 둘 때 비로소 해탈"한다. 인간의 영혼은 신에 의한 세계영혼을 통해서만 구원받을 수 있다.

하나로
되돌아가야 한다

● 마지막으로 왜 다시 하나로 '되돌아간다'고 하는가? 이 명제의 가장 중요한 내용이고 플라톤과 구별되는 핵심 부분이다. 플로티노스가 가장 강조하고자 했던 점은 '하나'를 위해 정신이 어디로 향해야 하는가의 문제였다. 그는 이렇게 말한다.

"존재의 회복은 진정한 자신을 되찾아 나아갈 때 가능하다. (…) 자아의 존재 실현은 '하나'가 될 때 가능하지, 무작정 확대되는 관점에서 가능한 것은 아니다."

철학의 과제는 플라톤처럼 이성이 육체의 감옥에서 벗어나 어딘가에 실재하는 이데아를 향하는 것이 아니다. 그런 식으로는 '하나'로 돌아갈 수 없다. 정신이 나아가야 할 방향은 자기 자신이다. 각 개인이 자기 안에서 개별을 넘어서는 '하나'로 됨으로써 자아의 존재 실현으로 나아간다.

심지어 운동과 정지도 객관적 사물이 아니라 우리 각자 내부의 생각 속에 존재한다. "운동은 생각하는 한 거론되고, 정지는 동일한 생각 안에 머무르는 한 거론된다." 세계의 운동이나 정지도 생각 안에서만 의미를 지닌다는 점에서 인식 주체로부터 독립한 객관적인 현상이 아니라 실질적으로는 우리 내부에 존재한다. 그러므로 운동에 대한 이해도 자신의 내부로 향하는 과정 속에서 획득된다.

마찬가지로 시간도 객관적인 세계의 운동이 아니라 우리 내부에 속해 있다.

"시간은 우연히 뒤따른 결과나 부산물이 아니다. (…) 시간은 오히려

하나로 시작되고 되돌아간다

영혼 안에서 관찰되는 까닭에 영혼 안에서 그리고 영혼과 함께 엮여 있다."

　시간은 자연의 법칙에 따른 결과가 아니다. 양적인 측정 대상도 아니다. 오직 우리의 생각 속에서만 감지되므로 인간 내부에 속한다.

　지금까지 전개된 논리의 귀결로 당연히 영혼은 육체로부터 독립해 있다. 영혼은 육체와 무관하다. 육체는 어떠한 영혼의 근거도 가지고 있지 않다. 영혼은 스스로 움직인다. 인간의 생명 현상도 영혼의 운동에서 비롯된다. 모든 것이 비롯되고 운동하는 곳도, 다수의 개별적인 사물을 벗어나 '하나'가 될 수 있는 곳도 인간의 내부다. 일치해야 할 대상은 인간 외부에 존재하는 감각 대상이나 자연의 법칙이 아니다. 자기 자신과의 일치를 이루어 내야 한다. 자기 안에서 '하나'를 찾아내고 이를 순수한 자신으로 드러냄으로써 실제적인 진리에 도달한다.

　플로티노스는 하나로 되돌아가는 통로인 정신의 내용에서도 플라톤과 구별된다. 플라톤은 이데아에 가급적 가깝게 다가서기 위해서는 이성이 가장 중요하다고 보았다. 하지만 플로티노스는 이성의 한계를 지적하며 신비주의적인 요소를 적용한다.

"자신의 순수함에로 되돌아가야 한다. 왜냐하면 생각에 꼬리를 물고 보태어진 우리의 앎이란 실제 덧붙여졌다는 점에서도 항상 장애 요소가 되기 때문이다."

플라톤에게 이성의 특징은 근본적 인식에 도달할 때까지 논리적으로 캐묻는 것이었다. 플로티노스가 보기에 이러한 이성은 "꼬리를 물고 보태어진" 앎에 해당한다. 이성은 기존의 것에 새로운 것을 계속 덧붙인다는 점에서 정신이 갈수록 더 복잡해지는 과정이다. '하나'로 향하기 위해서는 정신도 사유의 과정 속에서 점점 '하나'를 닮아 순수해져야 하는데, 합리적인 이성은 반대의 길로 간다는 지적이다. 그러니 오히려 이성은 진리로 나아가는 데 장애 요소가 되어버린다. 그가 원하는 것은 정신의 순수함 안에서 자신의 참모습을 발견하듯이 참된 자아를 찾는 일이다.

그러면 어찌해야 하는가? 그는 "신 곁에서는 그저 침잠하라!"고 한다. 여기에서 침잠은 외부 세계의 개별성에서, 점점 더 복잡해져가는 이성적 논리의 그물에서 벗어나라는 의미다. 정신의 침잠은 정신에서의 이탈이 아니라 "자기 자신 외에 다른 것들로부터 촉발된 실현 능력을 중지하는 것"이다. 다른 것들로부터 촉발된 실현 능력이란 외부적인 자연과 인간에 의한 사건을 대상으로 구분하고 체계화하는 일체의 합리적 사고 능력을 의미한다. 그러니 진리에 도달하기 위해서는 기존의 이성 능력을 중지해야 한다.

이성을 대신하여 직관이 정신의 가장 중요한 부분을 차지해야 한다. "만일 직관이 믿을 만하지 못하다고 한다면 자신에 대해 아는 일이 도대체 가능할 수 없지 않은가!" 정신을 육체와 감각으로부터 정화하고, 합리적 이성의 논리적 체계를 중지하는 일이 필요하다. 감성과 이성을 넘어서 사유가 없어지는 상태인 직관의 힘을 강조한다. 의식을 넘어서는 경지에서 '하나'로서의 신과 직접 교류할 수 있다. 감각과 이성을 중심으로 한 의식을 넘어, 직관을 통한 자기 성찰을 통해 일종의 해탈에 도달하고자 한다는 점에서 다분히 신비주의적인 요소를 짙게 풍긴다.

07 지성이 스스로 빛이 될 수 없다

Augustinus

아우구스티누스
《신국론》

'지성'을 중시하는 플라톤의 전통을 잇다

● 아우구스티누스^{Augustinus, 354-430}

는 중세 기독교 신학을 정립한 인물로 잘 알려져 있다. 기독교의 뿌리라 할 수 있는 유대교는 특정한 민족적 색채가 너무 강하고 엄격한 율법 중심이어서, 서로 다른 문화 위에 서 있는 유럽과 주변 지역에서 받아들이기 어려운 한계가 분명했다. 유대인의 종교가 아닌 유럽인의 종교로서의 위상을 지니기 위해 유대교 교리와 전통을 넘어서는 새로운 문화적 수혈이 필요했다.

유럽인에게 가장 익숙하고 권위를 지니고 있는 사유 체계는 단연 그리스철학이었다. 아우구스티누스는 그리스철학과 유대교를 접목해 세계종교로서 기독교 교리를 세웠다. 현재 우리가 알고 있는 기독교 교리의 주요 논리와 체계 대부분이 그에 의해서 만들어졌다고 해도 과언이 아니다. 하지만 그리스철학 모두가 그러한 역할을 할 수 있는 것은 아니었다. 영혼의 구원이라는 종교적 특징과 긴밀하게 연결되어야 하고, 다신교 전통 위에 있었던 그리스 문화와는 달리 유일신을 지향하는 기독교의 구미에 맞는 철학 경향이어야 했다.

이를 위해 세계를 물질 중심으로 이해하는 경향이나 상대론적인 경향과 명확히 갈라서야 했다. 다시 말해서 개별 사물이나 육체로부터 분리된 영혼을 중시하고, 특히 다양한 존재를 넘어 본질적인 존재가 독립적으로 실재한다는 점을 뒷받침해줄 철학이 필요했다. 유물론이나 상대론 경향과의 싸움에서 가장 가까운 지원군 역할을 할 수 있는 그리스 철학자가 바로 플라톤이었다. 대신 비판적 수용과 수정 과정이 필요했는데,《신국론》에서 제시한 "지성이 스스로 빛이 될 수 없다."라는 규정이 이러한 문제의식을 집중적으로 담고 있다.

먼저 '지성'의 의미를 정확히 이해하는 데서 출발해야 한다. 언뜻 지성 자체를 비판하는 듯하지만 엄밀하게 보면 오히려 '지성'이 빛이 될 수 있다는 점을 전제로 한다. 다만 스스로에 의해 빛이 되지는 못한다는 논리다. 지성은 영혼과 긴밀하게 연결된다는 점에서 영혼에서 존재의 근원을 찾는 플라톤 철학과 생각을 공유한다.

> "플라톤학파 철학자들은 눈에 보이는 세계뿐만 아니라, 모든 영혼을 창조한 하느님을 인정하고, 또 지성적인 영혼에 자신의 불변하고 비형체적인 빛을 비춰줌으로써 축복을 내리는 하느님을 인정한다."

지성적인 영혼이란 인간의 영혼을 의미한다. 지성에는 눈에 보이는 세계와는 달리 불변하는 신의 빛이 담겨 있다. 먼저 눈에 보이는 물질의 세계는 신의 창조물이긴 하지만 빛을 갖고 있지는 못하다는 점에서, 자연에서 근본 원리를 발견하려 한 자연철학과 선을 긋는다. 영혼이 정욕에 의한 억압으로부터 해방되어, 영혼 스스로를 타고난 활력에 따라 영원으로 높이는 길을 중시한 플라톤 철학이야말로 신이 결합할 수 있는 근거를 제공하기에 기독교 교리와의 친근감이 가장 높다.

플라톤이 직접 유일신을 주장하지는 않았지만, 유일신으로 연결될 논리적 가능성을 제공했기 때문에 기독교가 적극적으로 받아들여야 할 철학이었다. 오직 변치 않는 이데아만이 진정으로 존재하고 물질과 감각은 거짓에 불과하다고 본 이데아 실재론이야말로 새로운 신학을 체계화하는 데 가장 적합한 무기를 제공했다. 아우구스티누스는 플라톤을 다른 모든 철학자가 자리를 양보해야 할 최고의 이교도 철학자로 꼽았다. 이데아가 실재한다는 논리는 '창조 행위 이전의 창조자의 사상'이었다.

그가 보기에 플라톤 철학 중에서도 더욱 적합한 발상은 플라톤학파의 플로티노스가 제공한다. "하느님의 불변성과 순일성"을 뒷받침하기 위해서는 먼저 '불변성'과 관련하여 생성과 소멸이라는 변화에서 벗어난 이데아 논리가 필요하다. 플라톤의 이데아론은 기독교 입장에서 충분히 활용할 만한 발상이지만 결정적인 결함도 있다. 다수의 이데아, 심지어 아리스토텔레스의 비판을 빌리자면 개별 사물의 수만큼이나 많은 이데아가 존재할 수 있다는 결함이 있다. 유일신 종교인 기독교로서 다수의 이데아와 신을 등치하는 것은 곤란한 문제다.

이 때문에 불변성과 함께 '순일성'이 필요하다. 순일성을 총족하기 위해서는 여러 개의 이데아나 존재로 나열되는 것이 아니라, 이데아의 이데아, 다양한 존재의 근원이 되는 존재여야 한다. 최고의 것은 개별적인 존재를 초월하는 근원적 존재로서의 '하나'라고 본 플로티노스의 주장이야말로 안성맞춤이다. 플라톤보다는 플로티노스의 신플라톤주의가 더 매력적으로 느껴졌음은 당연하다.

플로티노스 철학과 기독교 교리가 단순 접합을 통해 이어질 수 있는 성질은 아니었다. 상당한 변형을 거친 후에야 기독교 교리화할 수 있는 철학이었다. 아우구스티누스는 한편으로는 플로티노스를 적극적으로 수용하면서, 다른 한편으로는 비판 과정을 거쳐 기독교에 맞게 변형하는 작업을 한다.

플로티노스의 '빛'을 통해
기독교신학을 정립하다

● 다음으로 '빛'의 비유를 통해 그가 말하고자 하는 바에 접근해야 한다. 아우구스티누스가 수용한 플로티노스 철학의 가장 중요한 부분이 유일신을 정당화할 수 있는 최고의 이데아로서의 '하나'였다면, 다음으로는 유출 이론이 중요한 역할을 한다. '빛'은 바로 유출 이론의 중요한 비유에 해당한다. '하나'가 근원적 존재라는 것만으로는, 즉 유일무이한 존재로서의 신이 존재한다는 논리만으로는 기독교의 가장 중요한 교리인 창조론이 설명되지 않는다.

특히 창조 문제에서 플라톤 철학은 기독교 입장에서 받아들이기 곤란한 점이 있다. 플라톤에게 창조는 근원이 되는 물질을 가상하고, 신이 여기에 형상을 주는 방식이다. 이데아에 해당되는 형상이 일차적이고 우선적이지만 무無에서 시작되지는 않는다. 존재하는 질료에 형상이 작용하면서 세상이 만들어진다. 플라톤에게 신은 기독교에서 주장하는 초월적인 조물주가 아니라 질료를 이용해서 세상을 만든 기술자요 건축가다.

하지만 기독교 교리에 의하면 여호와가 무로부터 세상을 창조했어야 했다. 이데아 중의 이데아, 이데아의 화신이라고 할 수 있는 신이 세상에 질서를 부여하는 행위를 하는 데 머물지 않고 세상에 존재하는 일체의 물질도 창조했음을 뒷받침할 철학이 필요했다.

아우구스티누스가 보기에 이를 설명하는 데 가장 효과적인 논리를 제공하는 것이 바로 플로티노스의 유출 이론이다.

"플로티노스에 의하면 원천은 혼과 다르며 오히려 창조자인 빛이며, 세계 혼은 지성적인 빛을 받고 스스로도 지성적인 빛을 뿜어낸다는 것이다."

앞 장에서 우리는 플로티노스가 한 점에서 빛이 시작되어 순차적으로 주변으로 퍼져나가는 비유를 통해 '하나'에서 출발하여 세상 만물이 만들어지는 과정을 접한 바 있다. '하나'로부터 정신과 영혼이 나오고, 뒤이어 감각과 자연이 만들어진다. 근원적인 '하나'로부터 이 세계를 구성하는 다양한 개별 사물이 나온다.

영혼은 시원에 해당하는 한 점의 빛인 신으로부터 나온다. 인간 지성이 가지고 있는 빛도 유출되어 나온 빛에 근거한다. 플로티노스는 이를 거대한 천체에 비유하여 설명한다. 예를 들어 달은 현상적으로 빛나지만 스스로 빛의 출발이 아니다. 달은 태양 빛을 반사해서 빛을 낸다. 신은 태양과 같다. 인간의 혼은 '하나'로부터 빛을 받아 나누어 갖는다. 그리하여 스스로도 지성적인 빛을 뿜어낸다.

'하나'가 모든 존재의 원인이고, 단계적으로 모든 이데아와 개별 사물이 창조되었다는 주장은 기독교의 신에 의한 창조론과 만날 수 있는 좋은 토양을 제공한다. 나아가서 신비주의적인 요소를 지닐 수밖에 없는 종교의 입장에서는 그리스철학의 고질병인 이성 중심주의에서 벗어날 수 있는 길을 플로티노스가 열어 준다. 감각과 이성 모두를 넘어선 직관의 힘을 주장함으로써 종교적 사고 체계가 결합될 수 있는 여지를 넓혀준다.

마지막으로 왜 지성이 '스스로' 빛이 될 수 없는지를 이해할 차례다. 아우구스티누스는 성서의 〈요한복음〉에서 플로티노스와 비슷한 비유를 찾아내어 연결한다.

"하느님께서 보내신 요한은 증언하러 왔다. 빛을 증언하여 자기를 통해 모든 사람이 믿게 하려는 것이었다. 요한은 빛이 아니라 빛을 증언하러 왔을 따름이다."

세례자 요한의 지성에 깃들어 있는 빛은 스스로에게서 비롯되는 것이 아니다. 참되고 근원적인 빛인 신에게서 광명을 받아 빛을 낼 뿐이다. 그러한 의미에서 지성이 스스로 빛이 될 수 없다.

그가 보기에 유출 이론은 신의 섭리를 설명하는 데도 유용하게 연결된다.

"플로티노스는 섭리를 알맞게 표현했다. 연약한 꽃송이와 잎사귀의 아름다움처럼 섭리는 보이지 않고 말로 표현하기 어려운 아름다움을 지니신 가장 높은 하느님에게서 나와 이 땅 위의 가장 낮은 곳 아주 작은 것에까지 두루 섭리가 미침을 증명한다."

세상의 사물에 깃들어 있는 아름다움은 스스로에 의한 것이 아니다. 개별 사물의 아름다움이 아름다움의 이데아의 일부분을 나누어 갖고 있을 때 비로소 효과가 나타나듯이 궁극의 아름다움을 지닌 신에 의존한다. 신의 아름다움은 보이지도 변하지도 않지만, 빛의 유출처럼 세상 만물에 끊임없이 스며든다. 신의 창조가 아니라면 그토록 정교한 아름다움을 지닐 수 없다. 지성이 스스로 빛이 될 수 없듯이, 인간이나 세상 만물이 스스로 아름다울 수도 없다.

플로티노스를 넘어 독자적 신학을 향하다

● "지성이 스스로 빛이 될 수 없다."라는 명제는 죄와 구원에 대한 문제의식까지 담는다. 아우구스티누스가 보기에 신학을 안정적 토대 위에 올려놓기 위해서는 플로티노스의 활용을 넘어서는 과정도 필요한 작업이었다. 특히 기독교 입장에서는 죄와 악에 대한 종교적 논리가 필요한데, 이와 관련하여 플라톤학파 철학에는 지나칠 수 없는 중대한 결함이 적지 않았기 때문이다. 그 가운데 중요한 몇 가지만 다루자.

첫째, 인간이 타락하고 죄를 짓는 원인의 규명에서 큰 차이를 보인다. 근원적 존재인 신이 세상의 모든 개별 존재를 창조했다는 플로티노스의 논리대로라면 악을 비롯하여 나쁜 것들도 신이 만들었냐는 의문이 제기될 수 있다. 하지만 선 자체인 신이 악을 만든다는 것은 기독교 입장에서 인정될 수 없다. 그렇다고 해서 악이란 이 세상에 없다고 규정할 수도 없는 노릇이다. 현실에

악이 만연해 있음을 누구도 부정할 수 없는 상태에서 그러면 악은 어떻게 생겨났느냐는 문제에 답을 해야 했다.

이와 관련하여 플라톤을 비롯하여 플라톤학파는 육체와 영혼으로 구분한 후 인간의 본질을 영혼에서 찾았던 소크라테스의 주장을 흔들리지 않는 기반으로 삼았다. 육체는 욕망을 불러일으켜 인간을 악덕과 타락으로 이끄는 주범이었다. 아우구스티누스는 육체를 타락과 죄의 원인으로 보는 견해를 비판한다.

> "플라톤학파는 영혼이 몸으로 인해 욕망·공포·기쁨·슬픔의 감정을 지닌다고 믿는다. (…) 죄와 악을 대함에 있어 육체의 본질을 비난함으로써 창조주를 욕되게 해서는 안 된다. 육체는 그것대로 선하기 때문이다."

기독교 입장에서는 육체를 죄의 원인으로 볼 때 성서의 내용을 스스로 부정하는 꼴이 된다. 〈창세기〉를 읽지 않은 사람이라 하더라도 신이 아담과 이브를 창조한 이야기 정도는 알고 있다. 신이 자신의 모습을 본떠 인간의 육체를 만들었다는 내용 말이다. 플라톤학파의 주장대로라면 신이 악을 만들었다는 논리가 되어버린다. 신의 절대적 선함과 전능함을 부정하는 결과가 된다. 게다가 신은 예수를 사람의 육체를 가진 모습으로 이 땅에 보냈다. 신은 악덕의 창조자가 아닌 만물의 창조자이므로 인간을 바르게 지어냈다는 점에서 육체는 그것대로 선하다고 봐야 한다.

아우구스티누스는 자유의지에서 죄의 원인을 찾는다.

> **"인간은 스스로 잘못된 길로 빠졌고, 벌을 받아서 타락하고 죄 많은 자를 낳기에 이르렀다. (…) 자유의지를 잘못 사용한 죄로 재난이 잇따르고, 썩은 뿌리에서 시작한 듯이 최초의 타락으로부터 끊임없이 추락하며 불행으로 이끌려가고 있다."**

악은 신으로부터 멀어진 데서 생겨난다. 피조물인 인간이 자신의 뜻에 따라 창조주에게서 자유로이 멀어질 때, 신의 법칙에서 벗어나려 할 때 생긴다. 선악과를 따먹지 말라는 신의 명령을 어기고 뱀의 유혹에 넘어감으로써 신으로부터 멀어졌다. 인간의 타락과 죄악이 생겨난 순간이다. 타락과 악의 근원은 자유의지, 즉 인간이 자기 뜻대로 하려는 생각에서 찾아야 한다. 그러므로 자유의지와 분리될 수 없는 인간의 지성이 자신의 힘으로 빛이 될 수는 없는 노릇이다.

둘째, 인간이 타락과 죄악에서 벗어나 구원에 이르는 길을 제시하는 데서도 결정적인 차이가 있다. 플로티노스는 '하나'로 되돌아가는 길에서 구원의 가능성을 찾았다. 정신이 나아가야 할 방향은 자기 자신이었다. 각 개인이 자기 안에서 '하나'를 찾아냄으로써 실제적인 진리에 도달할 수 있었다. 참된 자아를 찾는 자기 성찰을 통해 '하나'에 도달함으로써 '하나'와 일치할 수 있다고 보았다.

　하지만 아우구스티누스 입장에서는 인간은 신에게 순종하는 존재여야지, 신과의 일치를 목적으로 해서는 안 된다. 더군다나 일치를 통해 스스로 신적인 경지에 이를 수 있다는 플로티노스의 주장은 철저하게 배격되어야 한다. 창조자와 피조물은 확고한 위계질서 아래에서 지배자와 피지배자의 관계다. 구원은 자신이 아니라 신에게서 찾아야 한다.

> "우리가 많은 죄로부터 정화되는 것은 우리 덕목과 능력 때문이 아니라 하느님의 자비와 관용 덕분이다."

　나아가서 신의 자비심과 용서를 얻기 위해서는 인간이 신과 직접 소통하는 방식도 허용되지 않는다.

> "중개자 그리스도를 통하여 이 은혜가 우리에게 허락되었다."

　인간은 반드시 죽음을 맞기에 비참할 수밖에 없다. 우리는 인간이면서 신이기도 한 중개자를 찾아야 한다. 자신의 죽음과 부활을 통해 인간에게 구원의 길을 제시한 예수를 매개로 해서만 인간은 구원에 이를 수 있다. 그러므로 지성은 스스로의 힘이 아니라 신에 의해, 그리고 예수를 통해 죄에서 벗어나 구원에 도달한다. 지성은 여기에 기여하는 한에서 빛에 다가서고 또한 빛의 일부를 나누어 갖는다.

셋째, '하나'의 의미도 상당히 달라진다. 플로티노스에게 '하나'는 신이기는 했지만, 인격적 의미를 지니는 것은 아니었다. 인격적 성격을 띠게 되는 순간 현실의 개별 존재와 연결되기 때문이다. 만약 '하나'가 존재라면 존재가 존재를 만든 꼴인데, 이는 논리적으로 성립할 수 없다고 보았다. '하나'는 존재를 초월해야 했고, 특히 인격화된 신이 아니어야 했다.

하지만 기독교 성서에 의하면 인간은 '당신의 형상을 따라' 만들어졌다. 또한 신의 아들인 예수도 인간의 모습으로 이 세상에 나타났다. 이 때문에 아우구스티누스는 《고백록》에서 인격화된 존재로서의 신을 강조한다.

> "영혼은 육신에 생명을 준다. (…) 너에게 생명을 주는 이가 있으니, 그것은 네 하나님, 곧 생명 중의 생명이시다."

영혼은 물질이 아니기 때문에 물질로서의 육체에 생명을 주는 역할을 한다. 하지만 인간이 인간을 창조할 수는 없다. 인간은 영혼과 육체가 섞여 있기 때문이다. 그러면 영혼을 포함하고 있는 인간은 어떻게 창조되는가? 인격적인 성격을 지니고 있지만, 인간과는 달리 어떠한 물질이나 공간적 한계로부터도 자유로운 신에 의해 창조될 수 있다는 논리를 제기한다.

또한 플로티노스에게 '하나'는 개별이나 다수로 이해될 여지가 전혀 없는 상태였다. 그렇기 때문에 '하나'로 되돌아가는 곳이 바로 자신이었다. 개인으로서의 자신은 어떠한 논리로도 둘이나 다수가 될 수 없는, 내용이나 형식 모두에서 오직 하나여야 했다. 하지만 오직 하느님만을 신으로 여기는 유대교와 달리 기독교는 예수를 신으로 인정한다. 게다가 성령에도 신격을 부여한다.

당연히 하느님과 예수와 성령 모두가 신이라고 하면 유일신 종교가 아니라 다신교 아니냐는 의문이 뒤따를 수밖에 없다. 아우구스티누스는 다시 《신국론》에서 '삼위일체'라는 논리적 설정을 통해 이에 대해 해명한다.

"낳으신 분과 태어난 분을 우리는 성부와 성자라고 부르며, 두 분은 그 성령과 함께 하나뿐인 하느님이시다. (…) 이 세 분이 하나뿐인 하느님이시며 삼위일체다."

성부·성자·성령을 달리 부르기는 하지만 본질적으로는 '하나'이기 때문에 유일신 종교에서 벗어난 것은 아니라는 논리다.

인간은 영혼과 신체의 합성이다

Thomas Aquinas

토마스 아퀴나스
《존재자와 본질에 대하여》

왜 신학이 인간에 대한 관심을 확대하는가?

● 토마스 아퀴나스^{Thomas Aquinas,}

1225-1274는 아우구스티누스 중심의 교부 신학에 뒤이어 중세 후반 기를 풍미한 스콜라 신학을 대표한다. 스콜라 신학은 10세기 전후에 발생하여 13세기경에 전성기를 맞이한다. 중세신학은 그 시대의 철학이기도 하다. 신학 내부에서 아우구스티누스에서 아퀴나스로의 변화는 주류 철학의 변화로 나타난다. 《존재자와 본질에 대하여》에서 제기한 "인간은 영혼과 신체의 합성이다."라는

명제는 새로운 발상의 핵심 부분을 담고 있다.

먼저 '인간'에 주목하는 이유부터 살피는 일이 중요하다. 아우구스티누스의 명제에서도 '지성'을 언급했으나 사실상 논의의 중심에 인간을 놓은 것은 아니었다. 인간을 다루더라도 스스로에 의해서는 빛으로 다가서거나 부분적으로 빛의 일부를 갖지 못하는 한계에 초점을 맞추었다. 아퀴나스는 신학자인 이상 최종적으로 신과의 관계 속에서 인간을 이해한다. 또한 인간이 신의 피조물이라는 점을 잊지 않는다. 하지만 그는 인간의 한계 이전에 인간의 독자적 본질을 탐구한다.

아퀴나스의 시도는 현실의 인간에 대한 관심을 반영한다. 아우구스티누스에게 인간은 신이 흙으로 모습을 빚고 입김으로 혼을 불어넣은, 또한 아담과 이브 이후 원초적인 죄인으로 살아가는 존재다. 이러한 인간은 우리가 주변에서 흔히 볼 수 있는 개별적인 사람이 아니다. 숱한 피조물이나 죄인 중의 하나일 뿐이다. 무작위적이고 추상적인 인간이다. 하지만 아퀴나스의 명제에서 인간은 현실에서 삶을 영위하는 구체적인 존재로서의 인간을 의미한다.

인간에 대한 사람들의 상식적인 생각을 일정하게 수용하려는 문제의식이다. 기독교 교리가 보다 상식에 가까워지도록 합리성을 강화하는 작업은 당시 기독교가 맞닥뜨리고 있던 현실 변화와 깊은 연관을 갖는다. 중세 초기의 기독교는 정치권력의 통치 이념과 맞물리면서 지배 세력으로부터 대중에게로, 즉 위로부터 아래로 강제된 면이 더욱 강했다. 교회가 유럽에서 확고하게 자리 잡고 의심할 여지 없이 최종적인 승리를 거두기 위해서는 필연적으로 기독교의 대중화, 특히 아래로부터의 상승이 과거보다 더 확대될 필요가 있는 상황이었다.

기독교가 중세의 지배적 종교가 되고, 수백 년을 경과하면서 점차 사람들의 마음에 파고들기는 했지만 충분히 만족할 만한 수준은 아니었다. 중세 중기를 거치면서 기독교 대중화를 위한 다양한 시도가 이어진다. 각 지역의 공동체적인 정서와 토착 문화와 결합될 때 대중화는 위력을 발휘한다. 이를 해결하기 위해 각 지역에서 기독교 포교에 결정적 역할을 한 인물을 성인聖人으로 추대하고 성인의 뼈를 숭배하는 성골 숭배 관습을 만들어 낸다. 성지 순례를 관례화함으로써 기독교는 각 지역 토착 정서와의 융합을 강화한다.

이 시기에 거대한 순례식 성당의 건립 바람이 분 것도 비슷한 맥락으로 이해할 수 있다. 대부분 교회 내부와 외부를 돌아볼 수 있는 통로를 만들어놓았다. 눈을 압도하는 성당의 거대한 규모와 화려한 장식은 순례자들이 신의 영광을 느끼게 하는 데 효과적이었다. 대성당을 통해 겪은 경이로움과 신비로움은 종교적 체험이 되어 신앙의 열정을 불어넣었다.

하지만 성당이나 성인의 유물처럼 외적인 효과만으로 기독교 대중화를 뒷받침할 수 없었다. 교리 자체가 자연스럽게 대중에게 받아들여져야 했다. 중세 초기에는 소수의 교부를 중심으로 한 폐쇄적·수직적 위계 체제에 의존하여 기독교에 복종시키는 것이 가능했겠지만, 기독교 대중화가 확대될수록 교리에 대한 대중적 공감과 이해가 필요해졌다. 프란체스코회와 도미니크회 평신도 운동은 이에 대한 대응이었다. 평신도 운동의 확산으로 인해 과거와 같은 일방적·수직적 교리 전달로는 대중적 공감과 복종을 끌어내기 어렵게 되었다. 대중적 공감을 위해서는 대중의 상식에 접목된 신학이 필요했다.

그러려면 무엇보다도 인간에 대한 보다 현실적이고 상식적인 이해가 필요하다. 신이라는 존재는 본래 보이지 않기 때문에 신비적인 요소를 지닌다 해도, 적어도 종교라는 틀 내에서는 하등 거북할 게 없다. 신에 대한 설명에 관한 한 성직자의 권위도 상대적으로 훨씬 더 수월하게 자리 잡는다.

하지만 인간에 대한 이해는 그리 호락호락하지 않다. 왜냐하면 숭배하지만 직접 대면한 적이 없는 신비로운 신과 달리 인간이란 바로 자신과 주변의 가까운 사람들이 포함되기 때문이다. 매일 수많은 사람과 긴밀한 관계를 맺고 살아간다. 대화를 나누고 함께 식사하고, 웃거나 싸우기도 한다. 그리고 어떻게 태어나고 성장하며 또한 늙어가는지에 대해 누가 가르쳐주지 않아도 잘 안다. 스스로 어느 정도는 겪어서 안다고 여기는 주제이기에 인간에 대한 신학적 설명은 상식적인 견지에서 납득이 가지 않으면 언제든지 의심이 자라난다.

오히려 지식인이라면 고도로 추상적인 논리를 통해 설득하고 받아들이도록 하는 일이 수월하다. 하지만 논리적인 훈련을 받지 않은 사람들, 교육은커녕 평생을 땅만 파며 살던 사람들은 논리가 아니라 경험과 상식을 통해 인간을 이해한다. 일자무식 농부라 해도 끄덕거릴 수 있는 신학적 설명이 뒷받침되지 않는다면 기독교가 대중의 감정에 파고 들어가는 데 상당한 한계를 가질 수밖에 없다. 아퀴나스의 명제가 일차적으로 현실의 '인간'에 주목하는 것은 이러한 사정이 밑바탕에 깔려 있다.

영혼과 신체의
'합성'이 갖는 의미

● 이제는 본격적으로 "영혼과 신체의 합성"이 왜 인간을 설명하는 상식적인 내용인지를 확인할 차례다. 일단 현상적으로는 인간이 영혼과 신체로 이루어져

있다는 말이니 어려울 것은 없다. 그런데 이렇게 이해하면 아우구스티누스와 별 차이가 없게 된다. 아우구스티누스도 신이 인간을 창조할 때 영혼과 육체 모두에 직접 관여했다고 주장했음을 기억할 것이다. 영혼도 신체도 모두 신의 창조 작업에 속한다. 신이 둘을 모두 주었으니 인간은 이 둘이 섞여서 존재한다는 뜻이 되니 아퀴나스와 다를 내용이 없어진다.

'합성'이라는 단어를 눈여겨보아야 한다. 합성은 사전적인 의미로 보면 둘 이상의 것을 합쳐서 하나를 이룬다는 것이다. 서로 다른 성격의 것이 결합하는 상태다. 다시 말해서 아퀴나스에게 영혼과 신체는 하나의 기원과 성격을 갖는 두 가지의 결합이 아니다. 아우구스티누스처럼 특성은 다르되 신이 주었다는 점에서 동일한 기원을 갖는 것이 아니라 본래 전혀 다른 데서 출발한 두 가지가 만난 것이다.

현란한 논리의 장난 같지만, 당시 기독교 대중화라는 절체절명의 과제를 앞에 둔 상황에서 매우 중대하고 실질적인 문제였다. 신이 흙으로 신체를 빚고 영혼을 불어넣어 인간이 만들어졌다는 설교를 들었을 때 당시 사람들이 어떤 생각을 했을지 생각해보면 보다 쉽게 이해가 간다. 영혼은 감각을 통해 직접 확인할 수 있는 영역이 아니기에 적어도 기독교 신자라면 신이 영혼을 인간에게 주었다는 말에 대해서는 어렵지 않게 수긍할 가능

성이 크다.

하지만 신체는 전혀 다르다. 감각을 통해 늘 확인되는 대상이다. 무엇보다도 스스로 어머니의 자궁에서 자라나고 태어났음을 안다. 소·돼지·말과 같은 동물도 어미의 몸에서 태어난다. 동물이 동물의 몸을 낳고, 인간이 인간의 몸을 낳는다는 점을 경험을 통해 너무나 잘 안다. 그런데 신이 만들었다고 하니 의아스러운 마음이 떠나지 않는다.

아담과 이브가 인간의 조상이기에 결국 현실의 신체도 그 조상을 만든 신이 만든 것이라는 논리도 어설프기는 마찬가지다. 상식적으로 생각할 때 신체는 바로 위의 부모님 세대로부터 직접적인 영향을 받아 만들어진다. 조상과 무관하지는 않겠지만 간접적인 영향일 뿐이다. 수백 년, 혹은 수천 년 전의 조상이 내 몸을 직접 만들었다고 여기기는 어렵다. 당장 우리의 생김새만 해도 아버지와 어머니의 특성이 섞인다.

게다가 인간의 몸은 얼마나 복잡한가. 살갗은 얼마나 부드럽고 눈썹은 얼마나 섬세한가. 눈은 사물을 보기 위해 얼마나 다양한 기능이 담겨 있는가? 혹시라도 도축을 위해 동물의 내장이라도 본 사람이라면 각 장기가 얼마나 복잡하게 만들어져 있는지를 안다. 그러므로 이를 거친 흙을 손으로 빚어 만들었다는 발상이 쉽게 납득이 되지 않는다.

기독교가 대중의 상식에 부응하여 폭넓게 퍼지기 위해서는 이러한 의문에 보다 합리적인 답을 주어야 했다. 아퀴나스는 형상과 질료의 구분을 통해 이에 대한 답을 내놓는다.

"합성 실체의 경우에는 형상과 질료가 발견되며, 이는 인간에서 영혼과 신체가 나타나는 것과 같다. 그런데 이 두 가지 중 어느 하나만을 본질이라고 말할 수 없다. (…) 질료의 현실성인 형상을 통하여 질료는 실재적인 존재와 구체적인 어떤 것으로 된다."

합성 실체는 신체와 같은 물질과 비물질적인 정신이 결합한 존재를 말한다. 인간이 대표적으로 여기에 속한다. 그는 영혼과 신체를 형상과 질료로 연결한다. 인간은 질료로서의 신체와 형상으로서의 영혼이 결합하여 생겨난다. 인간에게 이 둘 중의 어느 하나만을 본질이라고 말할 수 없다. 그런데 형상과 질료가 결합함으로써 비로소 실체가 된다는 논리를 아리스토텔레스에게서 접했던 기억이 있을 것이다.

플라톤은 영혼을 인간의 실체로 이해했다. 신체는 영혼을 구속하는 감옥이고, 영혼을 타락시키는 역할을 할 뿐이라고 보았다. 아우구스티누스는 영혼이 인간에게 일차적이라는 점을 인정하면서도 신체를 악의 근원으로 보는 견해에는 반대했다. 영혼과 신체 모두 신에 의한 창조의 산물로 보았다. 아퀴나스는 아리스토텔레스의 관점을 수용함으로써 플라톤은 물론이고 아우구스티누스의 논리를 넘어서고자 한다.

아퀴나스에 의하면 영혼은 신체의 형상이자 능동성이다. 신체는 땅이나 바다와 같은 자연 물질의 일부로서 주어져 있는 것이다. 인간은 질료로서의 신체에 형상으로서의 영혼이 결합한 존재다. 신은 직접적으로는 영혼에 작용한다. 그런데 영혼만으로는 인간일 수 없다. 신체와의 '합성'을 통해서만 인간은 실체가 된다.

결국 아퀴나스의 논리를 끝까지 밀고 나가면 인간은 신과 자연의 결합을 통해 만들어진 존재다. 그는 생명의 탄생을 논하면서도 형상과 질료의 결합을 적용한다. 개별 생명의 시발점이 자궁 내의 피라고 규정한다. 자궁의 피에 신, 하늘의 영혼들, 천체, 아버지와 그 정액 등이 작용하여 생명이 탄생한다고 설명한다. 비물질적인 '하나'에서 모든 것이 만들어진다는 플라톤학파에서 벗어나 물질의 역할을 인정한다. 상식의 세계 안에서 살아가는 대중의 입장에서 생각할 때 아우구스티누스의 논리보다는 훨씬 더 수월하게 납득이 될 수 있는, 상대적인 면에서 보다 더 합리적인 논리를 제공한다.

이는 전통적인 신학 이론의 반발을 불러일으킨다. 영혼이 소멸하는 질료와 결합되어 있다면 기독교 교리를 정당화해주는 영혼 불멸설이 위협을 받기 때문이다. 영혼이 신체가 죽어도 사라지지 않는 독립된 실체여야 죽음 이후에 신의 나라에 들어갈 수 있기 때문이다. 이런 점을 의식해서인지 그는 영혼은 신체에 직접 결합한 지성이라고 이해하면서도, 다른 한편으로 인간 영혼의 불멸을 부정하지는 않았다. 각각의 인간은 영혼 안에 자신의 고유한 지성을 소유하며, 영혼은 파괴되거나 소멸할 수 없는 영원한 것이라고 주장한다.

인간과 신의 구분을 통한 철학과 신학의 타협

● 인간을 영혼과 신체가 합성된 실체라고 했으니, 그렇지 않은 실체도 있다. 아퀴나스는 질료 없이 형상만으로 이루어진 '단순 실체'가 있다고 한다.

> "어떤 것이 다른 것의 존재 원인으로 관계하는 경우에, 원인이 되는 것은 다른 것 없이도 존재할 수 있지만, 그 역은 성립하지 않는다. 질료와 형상의 관계는 형상이 질료에다 존재를 수여하는 관계이므로, 형상 없이 질료가 존재하는 것은 불가능하지만 질료 없이 형상이 존재하는 것은 불가능하지 않다."

단순 실체란 질료와 형상의 합성이 아니라 질료 없이 '단순하게' 존재한다는 의미다. 원인 논리를 끌어들여 단순 실체를 정당화한다. 현실의 존재는 인과 법칙에 의해 존재의 원인이 있어야 한다. 또한 존재는 움직임을 갖는데, 움직이는 모든 것은 어떤 것에 의해 움직일 수밖에 없다. 합성 실체가 합성 실체의 원인일 수 없고, 합성 실체들에게는 반드시 다른 원인이 있어야만 한다는 필연성으로부터 원인으로서의 단순 실체 존재가 정당화된다.

결과로 산출된 것은 원인이 있어야만 존재할 수 있지만, 원인은 결과 없이도 존재할 수 있다. 합성 실체의 원인이 합성 실체일 수 없다면, 원인은 합성 실체와는 다른 구성 부분을 가진, 우월한 지위에 있는 존재여야 한다. 원인이 되는 존재는 질료와 형상 중에 어느 하나만을 가진 존재여야 하는데, 둘 중에 우월한 것은 형상이다.

아퀴나스에 의하면 모든 인과관계에는 최초 작용이 있어야 한다. 또한 현실에는 수많은 우연적 존재가 있는데, 우연은 오직 필연으로부터만 나온다. 필연적 존재가 없다면 우연적인 존재도 있을 수 없다. 단순 실체 내에서도 최초의 필연적 원인이 있어야 한다.

"그 가운데서도 제1의 단순 실체는 신이다."

인간은 영혼과 신체의 합성이다

최초의 필연적 원인으로는 신 말고는 설명할 수 있는 방법이 없다는 점에서 신의 당위성을 설명한다. 신이 모든 존재와 변화의 원인이다. 신은 최초의 원인이며, 순수한 활동이며, 가장 참되고 완전한 존재이며, 절대적인 본질이며, 만물의 근원이요 끝이다.

아퀴나스는 합성 실체로서의 인간과 단순 실체로서의 신을 구분함으로써 자연학을 내부에 품고 있는 철학과 신학이 타협할 수 있는 근거를 마련한다. 기존의 아우구스티누스 신학에 비해 자연에 대한 합리적인 설명 가능성을 더 풍부하게 포함하고 있다는 점에서 대중의 상식과 만날 수 있는 접촉면이 획기적으로 넓어진다.

아퀴나스는 아리스토텔레스의 발상과 논리에 적지 않게 의존한다. 아리스토텔레스 철학이 대중의 상식적 공감을 이룰 수 있도록 신학을 합리화하는 과제에 가장 적절한 철학적 무기를 제공한다. 플라톤과 상당한 친근성을 갖고 있는 아우구스티누스 전통을 방법론적으로 극복할 수 있는 새로운 대안적 가능성을 제공한다. 그리하여 플라톤학파의 좁은 틀에 갇혀 있었던 교부철학을 넘어 조금은 더 폭넓은 시야를 확보하게 된다.

09 더 많이 미칠수록 더 행복해진다

Erasmus

에라스뮈스
《우신예찬》

왜 더 많이 미치라고 하는가?

● 에라스뮈스Erasmus, 1466-1536는 르네상스를 대표하는 사상가다. 르네상스라는 말은 재생 또는 부활을 의미하는데, 역사적으로는 중세와 근대 사이에 서유럽에서 일어난 문화 운동을 일컫는다. 재생이라는 의미를 부여한 것은 고대 그리스·로마 문화를 이상으로 삼아 부흥하고자 했다고 보았기 때문이다. 하지만 단순히 고대 문화를 되살리는 시도에 머물지 않는다. 특히 "더 많이 미칠수록 더 행복해진다."라는 에라

스뮈스의 문제의식은 중세는 물론이고 그리스 이후의 전통적인 사고방식을 뒤흔들어 버린다.

그가 비슷한 맥락으로 제시한, "사람은 덜 현명할수록 더 행복하다."라는 말을 통해 하나씩 실마리를 풀어보자. 미친다는 것은 세상에서 바람직한 상태로 권하는 현명함과 대립하는 상태다. 학문을 통해 현명해진다는 믿음이 그리스철학 이래 확고한 믿음으로 자리 잡고 있었다. 그러므로 미치라는 말은 학문의 굴레에서 벗어나라는 주문이기도 하다. 에라스뮈스는 노골적으로 학문에서 도망가라고 한다.

> "황금시대를 산 순박한 인류에게는 어떠한 학문도 없었다. (…) 가장 행복한 사람은 학문으로부터 가장 멀리 도망가 오로지 자연만을 주인으로 여기는 사람들이다."

인류에게 가장 빛나는 시대는 일체의 학문이 없이 오직 자연의 본능에 의존해서만 살아가던 때다. 식욕과 수면욕, 그리고 성욕 등 본능적 욕구를 충족하기 위한 의사 표현만으로도 충분히 만족하던 시기다. 타인에게 자신을 이해시키는 것 외의 용도로는 언어를 사용할 일이 없었으니 복잡한 문법에 시달리지 않았다. 경쟁적 의견이 서로 대립하는 논쟁이 없었으니 논리학이 필요 없고, 법적인 소송이 없던 때였으니 수사학도 필요 없었다.

하지만 본능의 한계 안에서 사는 동물과 달리 인간은 학문이 생기면서 본능의 한계를 넘으려 애쓰기 시작했다. 초기에는 학문의 종류도 많지 않았고, 여기에 얽매여 사는 사람도 소수에 불과했다. 하지만 메소포타미아 문명이나 그리스 문명을 거치면서 점차 학문이 인간의 정신은 물론이고 일상의 삶을 지배하게 되었다. 그가 "지성으로 인한 수많은 고통이 생겨났다."라고 하듯이 학문이 고통의 원인이 되어버렸다.

왜 학문 혹은 지성이 인간을 고통으로 몰아넣는가? 지성의 화신처럼 불리는, 이른바 '현자'들이 어떠한 삶을 살고 있는지를 떠올리면 어렵지 않게 이해될 일이다. 당연히 유아기와 청소년기를 학문 연구에 다 써버렸을 것이다. 흔히 인생의 황금기라고 불리는 시절을 밤을 새우며 고뇌 속에서 살았을 뿐만 아니라 이후의 삶도 오늘의 즐거움과는 무관하게 딱딱한 글이나 논리 속에서 지냈다고 봐야 한다. 자신에게 엄격하고 까다롭기 때문에 스스로 즐거운 시간을 누리지 못했을 가능성이 크다.

자신만이 아니라 다른 사람들의 정신을 혼란스럽게 만들고 삶의 즐거움을 빼앗는다. 에라스뮈스는 보다 직접적으로 철학자의 경우를 언급한다.

"자신에 대해서도 잘 알지 못하면서 보편적 개념, 형상, 제1 원소, 본
질, 개성 원리 등 모든 어려운 문제에 대해 잘 알고 있다고 주장한다.
(…) 알파벳을 아무렇게나 늘어놓으며, 무식한 사람들에게 눈을 멀게
만드는 가루를 뿌린다."

　　자기 삶에 닥친 문제도 해결하지 못하면서 마치 타인이나
인류의 삶에 대해 해답을 갖고 있다는 듯이 충고를 일삼는다. 현
실 문제에 도움을 줄 수 없는 온갖 개념어를 만들거나 뒤죽박죽
섞어서 사람들을 혼란스럽게 한다. 몇몇 사소한 과학적 발견이라
도 있으면 독단적 태도로 세계 원리를 터득한 듯 행세한다. 이성
으로 모든 것을 해결할 수 있다고 보는 태도, 즉 이성의 이름으로
자행되는 절대화나 지적 오만이 나타난다. 신학자도 지성의 어두
운 그림자에 갇혀 있기는 마찬가지다.

"그들의 문체는 신조어와 기상천외한 용어로 가득하다. 나름의 방식
으로 신비한 이야기들을 설명한다."

　　신비주의로 포장된 지성을 통해 모든 문제를 해명할 수 있
다고 믿는다. 세계의 창조, 인간의 원죄, 처녀의 몸에 잉태된 예수
등 신비한 이야기로 가득하다. 신학 논쟁도 최초의 물질은 무엇

이었나 하는 문제, 연옥의 불이 물리적인 것인가 아닌가 하는 문제, 성부에 의한 성자의 출생을 둘러싼 문제처럼 사람들의 구체적인 삶과는 한참 거리가 멀다.

　에라스뮈스에 의하면 철학은 물론이고 신학도 인간의 정신과 삶을 교란 시키고 있다. 이성이 종교에서 독립한다고 해서 부정성이 사라지는 것도 아니다. 무엇보다 철학이든 신학이든 이성의 이름으로 강요되는 엄숙주의가 큰 문제다.

　　"이성은 의무라는 명령을 목이 쉴 때까지 울부짖는다. 그러나 울부짖
　　는 이성의 소리는 욕설과 비난에 덮여버리고, 이성은 결국 교수형을
　　당하러 형장으로 가는 왕처럼 침묵하게 되며 정복되고 만다."

　이성이 인간을 자유롭게 하기보다는 온갖 의무에 가둔다. 의무라는 억압적인 틀에 옭아매는 것은 기존의 신앙주의만이 아니다. 신학을 대신하는 이성도 스스로를 절대화하고 도덕의 이름으로 온갖 의무를 강제한다. 정신과 생활의 전 영역을 지배하는 의무의 족쇄가 즐거움을 앗아가고, 본능에서 나오는 자연스러운 욕망을 죄악이며 미친 짓이라고 규정한다.

　하지만 학문을 통해 강조된 현명함, 즉 지성이야말로 인간을 혼란과 고통에 빠트리는 주범이다. 오히려 미친 짓이라고 지

탄받던 본능적 욕망이야말로 인간을 행복으로 인도하는 가장 중요한 출구라는 주장이다. 더 많이 미칠수록, 즉 이성을 최소화하고 감정과 욕망을 최대화할수록 행복의 가능성이 커진다.

어떠한
광기여야 하는가?

● 다음으로 미친다고 할 때 어떤 광기인지가 문제다. "그 광기가 내 영역에 속해 있기만 하다면"이라고 한정을 두는 점을 고려할 때, 모든 광기가 행복으로 인도하는 것은 아니다. 에라스뮈스에 의하면 광기에는 두 가지 종류가 있는데, 먼저 해로운 광기를 경계해야 한다.

> "복수의 여신이 지옥에서부터 풀어낸 광기는 인간의 마음속에 전쟁에 대한 열광, 황금에 대한 꺼지지 않는 갈망, 치욕적이고 잘못된 사랑, 부모 살해, 근친상간, 신성모독 등을 집어넣을 때마다 또는 무서운 횃불로 죄인의 의식을 괴롭힐 때마다 생겨난다."

광기는 자연적 욕망에 기초하는데, 욕망이라고 해서 모두 행복과 연결되지는 않는다. 의외로 대표적인 욕망이라고 알려진 것 중에 적지 않은 부분이 포함된다. 특히 현대인들은 황금에 대한 꺼지지 않는 갈망, 즉 더 많은 부를 축적하고자 하는 욕구를 최고의 욕망으로 꼽는다. 인류에게 문명이 자리 잡은 이후 대부분의 사람이 인생의 모든 가치를 포기하면서까지 돈을 향해 전력 질주한다는 점에서 광기라는 말이 딱 어울린다.

하지만 돈을 향한 욕망이 판을 치는 상황에서는 타인을 밟고 올라서는 일을 당연하게 여기고, 심지어 타인에게 해를 끼치는 행위조차 거리끼지 않는 경우가 적지 않다. 진정한 사랑이나 우정을 찾을 수 없다. 주위에는 조화나 배려보다는 지배와 복종의 분위기가 지배한다. 그렇기 때문에 전 인생을 돈에 투자한 사람들은 건조하게 살아가고 외롭게 죽음을 맞이한다. 돈을 향한 무제한적인 욕망은 행복에서 멀어지게 하는 가짜 욕망이다.

전쟁에 대한 열광도 불행을 키운다. 전쟁에 열광하는 태도는 권력욕과 긴밀한 관련을 갖는다. 특정한 집단이 다른 집단을 배타적으로 지배하려는 욕망을 가질 때 전쟁에 대한 열광이 타오른다. 하지만 패자든 승자든 수많은 사람이 처참한 죽음을 맞이한다. 그보다 많은 사람이 평생을 불구의 몸으로 살아야 한다. 혹은 가족의 일부가 그들의 곁을 영원히 떠나기에 슬픔에 싸여 살아야 한다.

나머지 사례로 든 몇 가지도 이해 못할 내용은 아니다. 사랑에 대한 욕구도 구분해야 한다. 스스로나 혹은 상대방에게 치욕을 안겨주는 애욕이라면 행복을 갉아먹는다. 일방적인 강요나 상대를 소유하고자 하는 태도라면 둘 중의 한 사람은 굴종 상태에 빠진다. 또한 범죄 행위와 연관된 욕구 역시 피해자만이 아니라 가해자도 인간성을 파탄에 이르게 한다는 점에서 불행으로 가는 지름길이다. 다음으로 에라스뮈스는 행복으로 이끄는 광기에 대해서도 소개한다.

> "이것은 내게서 흘러나오는 아주 바람직한 기운으로, 달콤한 환상이
> 고통스러운 걱정에서 인간의 영혼을 자유롭게 해방하여 갖가지 다양
> 한 형태의 쾌락을 만들 때마다 넘쳐 나온다."

자신에게서 흘러나오는 기운이란 인간의 본능이나 본성에 해당하는 쾌락을 의미한다. 사실 금전욕이나 권력욕은 본성이라고 보기 어렵다. 인류가 지구상에 자리 잡은 대부분의 기간 동안 원시공동체 생활을 했다. 현재도 아마존 열대림을 비롯하여 세계 곳곳에서 원시공동체 생활을 하고 있는 원주민이 그러하듯이 공동 생산과 공동 분배 방식이다. 사적 소유 자체가 없기에 배타적인 금전욕은 성립하지 않는다. 무한정한 부 축적 욕구는 사유 재산 제도 정착 이후에 생겨난, 즉 본성이 아니라 인위적으로 만들

어진 욕구다. 전쟁이나 권력에 대한 열광도 사유 재산 제도가 생겨난 시기에, 소수 세력이 대다수 사회 구성원을 강압적으로 지배하면서 생겨났다는 점에서 본성과는 거리가 멀다.

　밀가루와 포도주 제조법과 삶의 방편을 언급하면서 "삶보다 더 감미롭고 귀한 것이 또 있을까?"라고 한다. 일단 식욕·수면욕을 비롯하여 생존에 연관된 본능적 욕구 충족이 필수적이다. 그런데 단지 살아남는 일에 머물지 않고 포도주처럼 인생을 즐기는 일도 의식주 이상으로 중요하다.

　"눈과 귀, 영혼이 온전하게 웃음과 농담, 유쾌한 말의 유희를 즐기지
　못한다면, 넘쳐나는 감미로운 요리로 배를 채운들 무슨 소용이랴?"

　고통과 부담을 덜기 위한 쾌락이라면, 통념이나 기존 도덕률에 의해 미친 짓으로 규정된 행위라 해도 행복을 증진하는 광기에 해당한다. 술이 있는 자리에 향연이나 여흥이 빠질 수 없다. 술과 함께 이성에 의한 긴장에서 벗어나 노래와 춤을 즐기고, 무언극이나 주사위 놀이 등 온갖 놀이가 포함된다. '우스꽝스러운 짓거리'가 포함될수록 더욱 인간들을 매혹한다는 점에서 세상의 상식이나 도덕적 굴레에 속박될 필요가 없다. 비록 세상 사람들이 정상이 아니라고 손가락질을 해도 슬픔이나 권태에서 벗어나

즐거움을 위한 쾌락이라면 누리라고 한다.

우리는 이성에 의해 억압당하고 있는 욕망을 충만하게 되살릴 때 진정한 행복이 가능하다. 그리하여 에라스뮈스는 플라톤 이후로 오랜 기간 타락과 죄의 상징이 되어버린 디오니소스를 부활시킨다.

"디오니소스는 왜 아름다운 머릿결을 가진 젊은이일까? 축제와 춤,
노래와 놀이를 즐기고, 현자가 되기를 전혀 바라지 않으며, 그가 좋아
하는 의식은 오로지 익살과 농담으로 가득 차 있기 때문이다."

왜 행복에
주목하는가?

● 마지막으로 왜 '행복'에 초점을 맞추는지를 살필 차례다. 인생 목표를 현실의 행복에 두는 것 자체가 당시로서는 매우 중대한 변화다. 중세의 종교적 인생관에 의하면 현세에서의 행복 추구는 헛된 시도다. 모든 인간이 본래 죄인인 이상 현세의 삶을 속죄에 온전히 바쳐야 한다. 감각적 욕망을 통한 쾌락을 철저히 거부하고 신의 계시 안에서 금욕적인 삶을 살아야 한다. 행복은 현세가 아니라 죽은 후 하늘나라에서

구원을 받을 때나 가능하다. 하지만 에라스뮈스에 의하면 예수를 대신한다는 교황조차 가장 불행한 사람일 수 있다. "밤샘과 단식, 눈물, 기도와 설교, 연구와 금욕 그리고 헤아릴 수 없이 많은 불편하고 힘든 일들을 해야 할 것"이기 때문이다.

소크라테스에서 플라톤으로 이어지는 그리스 주류 철학은 이성을 통한 진리에의 도달이 행복에 이르는 길이라고 가르쳤다. 하지만 오히려 이성에 의한 인위적 강제가 인류에게 재앙을 만들어내기도 한다. 철학자들의 희망과는 달리 당시 그리스 시민들조차 학문에서 행복을 찾는 일을 비웃었던 듯하다.

> "학문이라는 말은 '모든 악행을 만들어낸 사람', 즉 '악마'라는 단어에
> 서 나왔다. 말하자면 그리스어로 악마라는 말은 학자를 의미한다."

대부분의 철학자나 신학자들이 주장한 바와는 달리, 그들의 가르침을 따르며 살았던 사람들조차도 근심과 불안, 고통 속에서 인생을 보낸다. 인간이 인간에게 저지르는 온갖 악행에 의한 고통은 더 말할 나위도 없다. 평범한 삶의 과정에서도 고통의 그림자에서 벗어나기 어렵다. 힘겨운 탄생, 어려운 교육, 유아기에 겪는 위험한 상황, 청년기에 부과되는 힘겨운 노동, 노년기의 고통스러운 생활, 사는 동안 찾아오는 질병 등 수많은 근심에 시달린다.

에라스뮈스는 행복에 대한 발상의 전환을 촉구한 것이다. 학문에 의한 진리가 아니라 구체적인 삶에서 직접 경험하는 행복이어야 한다. 내세의 삶이 아니라 오늘의 삶을 행복하게 만드는 데 전력을 다해야 한다. 이를 위해 관심의 대상을 추상적인 진리나 신이 아니라 자신의 삶으로 돌리라고 한다.

"자기 자신을 증오하는 사람이 타인을 사랑할 수 있는지, 자신과 싸우는 사람이 타인과 조화를 이룰 수 있는지, 자신에게 부담을 지우는 사람이 타인에게 편안한 사람이 될 수 있는지, 한번 말해보라. 그렇다고 주장하려면 당신들은 나보다 더한 미치광이가 되어야 할 것이다."

주류 철학의 권고처럼 육체적 본능을 증오하거나 신학자들의 가르침처럼 스스로를 죄인으로 여기지 말고, 있는 그대로의 인간을 귀중하게 여기라고 한다. 자연적 존재로서의 인간 자신을 존귀한 존재로 인식해야 한다. 진정한 행복에 도달하기 위해서는 육체와 연관된 자연적 감정과 본성에 의존할 필요가 있다. 철학자와 신학자들이 '경솔'이나 '무지'로 비난하는 본능적 쾌락도 불행을 덜어주고 인생의 달콤함을 맛보게 한다면 회피할 이유가 없다. 행복에 대한 발상의 전환을 매개로 인간에 대한 발상의 전환으로 나아간 것이다.

인간의 이성과
감성의 원리를 밝히다

근대철학과 현대의 여명

10 나는 생각한다, 고로 존재한다

●

Rene Descartes

르네 데카르트
《방법서설》

'나'로부터
근대를 시작하다

● 르네 데카르트^{Rene Descartes,} 1596-1650를 흔히 서양 근대철학의 아버지라고 부른다. 근대 이후 서양 문명은 과학적으로 계산할 수 있고 예측 가능한 사고방식이라 할 수 있는 합리적 이성을 토대로 하여 발전했다. 많은 사람이 근대 이후 합리적 이성을 이성의 전부인 것처럼 이해한다. 대부분의 현대인은 근대 유럽에서 정립된 이성 개념에 기초하여 세계와 인간을 바라보는 사고방식에 대단히 익숙해져 있다. 데카

르트가 포문을 연 합리론이 근대 이성을 구축하는 교두보 역할을 했기에 그를 서양 근대철학의 아버지라고 한다. "나는 생각한다. 고로 존재한다."라는 명제는 서양철학을 근대 이전과 이후로 구분하는 기준이다.

먼저 '나는'이라는 주어에 주목해야 한다. 자연철학자들은 자연 '만물'을 주어로 하여 세계 원리를 규명하고자 했다. 소피스트는 물론이고, 소크라테스와 플라톤으로 이어지는 그리스 주류 철학은 대체로 '인간'을 주어로 삼았다. 이러한 주어 변화는 철학의 관심을 자연에서 인간으로 전환했다는 점에서 중대한 전환이다. 하지만 '인간'은 집합적인 의미에서의 사람이지, 개별적인 존재로서의 개인과는 상당한 거리가 있다. 설사 개인을 다루더라도 전체로서의 인간에서 출발하여 그 일원으로서의 개인에 대한 관심 정도에 머문다.

데카르트는 '나'를 주어로 삼음으로써 집단에서 개인을 떼어낸다. 인간에서 개인으로의 접근이 아니라 개인 자체로 시작한다. 독립적인 '나'를 전제로 하여 존재의 본질을 끌어낸다는 점에서 원자화된 인간 이해를 보여준다. 원자는 물질을 구성하는 기본 입자다. 각각의 원자는 원자핵과 그 주위를 도는 전자로 독립적 구조를 갖추고 있다. 각 원소가 특성을 잃지 않는 완결적인 구조를 갖추고 있다는 점에서 다른 원자가 있어야만 존립할 수 있는 단위가 아니다. 마찬가지로 그에게 '나'는 다른 사람이 있는가의 여부와 상관없이 스스로 완결적인 존재로서의 개인을 의미한다.

왜 '인간'은 생각한다가 아니라 '나'는 생각한다는 명제를 통해 굳이 원자화된 인간을 등장시켰을까? 상식적으로 생각할 때 인간은 타인과의 관계 속에서 살아가는 데 말이다. 우리는 흔히 인간을 '사회적 동물'이라고 규정하는 데 익숙하다. 자신의 경우만 뒤돌아봐도 이 세상에 태어나는 순간부터 타인과의 관계 안에 있었다. 부모를 비롯한 가족과의 일차 관계 속에서 생존에 필요한 초보적인 생각과 행위를 배운다. 학교나 직장에서 만난 이차 관계를 통해 보다 폭넓게 세상과 만나는 규칙을 습득한다.

현실의 인간이 개인과 개인의 관계 위에서 생각하며 행동하고 살아간다는 점을 누구도 부정하지 못한다. 단순히 일상생활에 필요한 상식이나 처세 방식을 배우는 데 머물지 않는다. 사회에서 개인에게 요구하는, 무엇이 옳고 그른지 판단하는 기준도 받아들인다. 예를 들어 인간 사회에서 흔히 도덕이나 정의로 부르는 가치들도 관계에서 발생한다.

그런데 과연 유아기에 부모로부터, 청소년기에 학교에서 교사나 친구로부터, 나아가서 청년기에 다양한 사회적 관계로부터 습득한 기준이 진리에 해당하는지에 대해 곰곰이 생각해볼 필요가 있다. 대부분의 부모는 객관적인 태도로 자녀를 대하지 않는다. 옳고 그름, 정의와 부정의를 떠나 자식의 이익을 잣대로 삼는다. 애초에 진리와는 거리가 멀 가능성이 크다. 초등·중등·고등학교에 이르는 청소년 시기에 접하는 교사의 가르침 가운데 상당 부분도 교과서라는, 편향의 여지가 큰 틀에 얽매여 있다. 직장 관계라면 치열한 경쟁에서의 우위를 인생의 가장 중요한 가치로 주입하기 십상이다.

데카르트가 보기에 집단을 비롯하여 인간관계에서 나타나는 정신 작용은 워낙 통념이나 편견에 오염되어 있기에 확실한 인식을 제공하기 어렵다. 게다가 타인의 내적인 정신 상태를 인식하는 일이 매우 어려울 수밖에 없기에 불확실성에 노출된다는 점도 문제다. 타인의 생각은 오직 그 사람의 말이나 행동을 통해서 알 수 있는데, 지나치게 가변적일 뿐만 아니라 최종적으로 진위 여부의 확인도 난감한 일이다. 심지어 말이나 행동은 얼마든지 속이거나 감추어질 수 있다는 점에서 투명하지가 않다.

결국 확실성을 가지고 진리를 규명할 수 있는 것은 나 자신의 정신이다. 그렇기 때문에 '나'는 생각한다는 명제에서 데카르트 철학의 모든 내용은 시작한다. 이성은 결국 개인으로서의 나에게 속하고, 이를 정확하게 사용할 때 인간으로서의 본질에 가까워질 수 있다. 독립적인 '나'를 통해 진정한 의미의 자유를 되찾고 세상의 주인으로서 모든 것을 규명하고 소유할 수 있다는 근대적 주체 선언이다. 인간은 관계 속에서 규정되는 존재가 아니라 고립되고 원자화된 존재로 한정된다.

'생각한다'가
의미하는 것

● 다음으로 "나는 생각한다."에서 '생각'이 방법론적 회의를 나타낸다는 점은 잘 알려져 있다. 의심이 진리에 접근하는 수단 성격을 지니기 때문에 방법론적 회의라고 한다. 방법론적 회의는 기존에 진리라고 여겨지던 모든 것에 대해 끝까지 의심함으로써 더 이상 의심할 수 없는 상태에 도달함을 목표로 삼는다. 모든 것을 의심할 때 그 대상은 무한정 확대될 수밖에 없다. 무엇을 의심해야 할지를 보다 분명하게 정해야 한다. 데카르트는 모호하고 불확실한 생각을 초래하는 근원적인 의심의 대상으로 감각, 윤리적 가치 판단, 상상력 등을 꼽는다. 무엇보다 감각이 문제다.

"감각은 종종 우리를 기만하므로, 감각이 우리 마음속에 그리는 대로 있는 것은 아무것도 없다고 가정해야 한다."

Rene Descartes

우리는 자신이 직접 보고 듣거나 만진 대상에 대해 가장 큰 확신을 갖는다. '내가 직접 본 거라니까!'라거나 '분명히 내가 들었어!'라며 흔들리지 않는 신뢰를 보낸다. 아주 어린 시절부터 주변 사물에 대한 인상을 감각을 통해 받아들였기에 익숙하다. 감각은 오랜 기간 축적되면서 정신 활동에 가장 폭넓게 영향을 미친다.

문제는 일반적인 정보 획득 방법인 감각이 우리를 속인다는 점이다. 동일한 사물을 보더라도 사람에 따라 서로 다른 인상을 갖는다. 나아가서 같은 사람이 동일한 사물을 접하더라도 시간과 공간에 따라 다른 느낌으로 다가온다. 제일 확실하다고 여기는 시각 경험조차 한정된 현상만을 지시해줄 뿐 모든 정보를 주지는 못한다. 청각·촉각·미각·후각은 더 심하다. 게다가 길이·크기·색과 같은 초보적인 정보조차 주관적인 인상에 갇혀 있는데, 인간들 사이에서 벌어지는 사건이나 사회적 현상처럼 보다 복잡한 정보라면 더 말할 나위가 없다. 그렇기 때문에 감각에 의존한 사고를 배제하고 철저히 이성적인 사고에 기초해야 한다는 결론에 이른다.

데카르트는 감각만큼이나 중요한 의심 대상으로 윤리적 가치 판단을 꼽는다. 언뜻 보기에 진지하고 깊이 있는 것처럼 느껴지므로 의존하기 쉽다. 하지만 지혜나 윤리적 가치 판단도 관습적인 경험과 연관성이 깊다. 인간이 오랜 기간 공동체 생활을 하고, 다양한 개인의 경험이 축적되면서 일종의 삶의 지혜나 윤리적 가치 판단이 형성된다. 그런데 사회적 경험은 아무리 축적돼도 진리로 나아갈 가능성이 거의 없다. 사회적 경험과 공동체적인 관습은 사회 각 계급이나 계층의 이해관계를 직접적으로 반영하기 때문에 객관적·절대적인 기준이나 원리로서의 성격을 가질 수 없다.

지혜나 윤리적 가치 판단은 관습적인 경험과 행동의 축적에 정신이 섞여 있다. 직접 경험이나 감각보다는 정신적인 요소가 더 많이 개입되어 있는 혼합물이다. 하지만 더 많은 정신이 결합되어 있다고 해서 더 명확한 것은 아니다. 정신적 요소가 상당히 있어도 진위를 가려내기가 어렵다면 지식이 늘어나는 것이 아니라 오히려 지식을 갉아먹는 역할을 한다. 오직 의심할 수 없는 영역에만 정신 활동을 집중해야 한다. 아무리 의심해도 더 이상 의심할 수 없는, 근원적이고 확실한 대상으로 좁히자고 한다.

감각이나 경험과 연관이 적은 정신 활동이라고 해서 무조건 신뢰할 수 있는 것은 아니다. 문학을 비롯하여 예술에서 중요한 역할을 하는 상상력도 당연히 문제다. 통념적으로 생각할 때 상상력은 감각과는 다르게 육체적 경험과 상당한 거리를 두고 있는, 그러한 의미에서 순수한 정신 활동의 일부라고 생각할 수도 있다.

하지만 엄밀하게 볼 때 상상도 감각이나 경험에서 벗어날 수 없다. 우리가 흔히 기발한 상상력이라고 느끼는 발상들을 떠올리면 어렵지 않게 이해될 일이다. 역사적으로 문학이나 미술에서 상상력을 자극한 대표적인 소재가 지옥의 모습이다. 직접 경험한 사람이 없기에 지옥의 끔찍함을 온갖 상상력을 동원해 묘사한다. 하지만 불지옥을 비롯한 갖가지 고통 상황은 현실의 역사에서 여러 차례 확인되어왔던, 끔찍한 처형이나 재난 경험 가운데 일부를 모아놓았다고 봐야 한다.

현대사회로 와서도 사정은 그리 다르지 않다. 예를 들어 공상과학 영화나 만화에서 상상력을 최대한 발휘하여 한 번도 가보지 않은 우주의 생명체를 묘사하는 경우를 종종 접한다. 분명 전체로는 전혀 본 적이 없는 괴상한 모습이지만 하나하나 뜯어보면 현존하든 아니면 공룡처럼 멸종했든 동물의 특징 가운데 일부를 과장하여 조합한 느낌이 강하다.

감각이 상상력에 물체의 상을 새기는 방식으로 작용한 것이다. 감각과 관계를 맺고 있는 이상 상상력의 모든 요소는 물질 혹은 물질과 연관된 대상에 대해 인지하는 역할을 한다. 그렇기 때문에 데카르트는 상상을 감각을 기초로 하여 우리가 만들어낸 인위적 관념이라고 보았다. 더군다나 신화적인 상상력이나 문학적 상상력은 사람들에게 신비적인 주문을 하기 때문에 과학적인 논증이나 입증 가능한 인식을 심각하게 방해한다. 정신이 확실성을 가지려면 될 수 있는 대로 주의하여 상상력을 멀리해야 한다.

인간 존재에 대한
근대적 발상

● 데카르트는 감각과 가치 판단, 상상을 다 의심스러운 관념으로 배제하고, 순수한 이성의 영역만을 정신 활동의 기반으로 삼아야 한다고 주장한다. 무엇이 일체의 감각이나 가치 판단을 제거한 순수한 이성을 보장해주는가? 데카르트는 여러 학문 분야를 비교하며 설명한다.

감각과 감정의 배제라는 점을 고려할 때 물리학·천문학·의학조차도 의심스럽다. 물질적인 요소를 전제로 하는 학문이기 때문이다. 물리학은 물질의 운동, 천문학은 우주, 의학은 인간의 육체 등 구체적인 물질을 전제로 한다. 그러므로 어느 정도 순수한 의미에서의 이성적·논리적인 요소가 아니라 자연적이고 감각적인 요소가 개입될 우려가 있다. 순수하고 철저한 이성적 사고에는 미흡한 점이 있는 것이다.

데카르트의 결론은 수학이다. 추리의 확실성과 명증성 때문

Rene Descartes

이다. 어떤 상황에서도 변하지 않는 진리의 세계를 수학은 보여준다. 그러므로 모든 학문은 수학과 기하학에 기초해야 한다. 철학의 제1원리로 제시한 "나는 생각한다. 고로 존재한다."라는 명제의 결론이다. 이를 통해 '명석함과 판명함'이 가능해진다. 이러한 확고한 인식 수단을 통해서만 진리에 도달할 수 있다. 그가 강조하고자 하는 바는 연구할 대상이 수학과 기하학뿐이라는 것이 아니다. 진리에 올바르게 가기 위해서는 수학적 논증과 대등할 정도의 확실성이 없는 것과는 씨름해서는 안 된다는 점이고, 연역적·수학적 사고 방법을 사용해야 한다는 의미다.

본질적으로 이성이 갖는 방법론적 성격의 규명이다. 이로 인해 후대의 철학자 가운데 데카르트의 이성, 즉 근대 이성을 '도구적 이성'으로 규정하는 경우가 많은데, 적절한 정식화다. 그의 이성관이 이성이 추구해야 하는 보편적인 가치와 같은 목적이 사라지고, 방법론적·수단적인 차원을 중심으로 한다는 점에서 도구적 이성이라는 규정이 타당하다.

데카르트는 그리스철학 이후의 이성 개념을 변경했다. 올바름이나 덕을 인간의 인식과는 무관하게 객관적인 것으로 전제하는 객관주의적인 이성관을 모래와 진흙 위에 세워진 데 지나지 않는 호화롭고 장려한 궁전에 불과하다는 이유로 부정한다. 이성을 불확실한 목적이나 대상에서 구출하여 진리에 도달하기 위한 체계화된 방법의 문제로, 도구적 이성으로 전환하는 일을 자신의 과제로 삼았다.

마지막으로 "고로 존재한다."는 것은 합리적 이성을 인간 존재의 근거로 삼는다는 의미다. 데카르트에 의하면 정신은 막연하고 추상적인 그 무엇이 아니라 존재를 규정하는 실체성을 지닌다.

> "나는 내가 하나의 실체요, 그 본질 내지 본성은 오직 생각하는 것이요, 또 존재하기 위하여 아무 장소도 필요 없고, 어떠한 물질적인 것에도 의존하지 않는 것임을 알았다. (…) 설사 신체가 없다 하더라도 어디까지나 온전히 스스로를 보존한다."

정신은 신체와는 다르게 독립적인 실체에 해당한다. 신체를 갖고 있지 않으며, 세계도 없으며, 내가 있는 장소도 없다고 상상할 수 있지만, 그렇다고 해서 내가 전혀 존재하지 않는다고 생각할 수는 없다. 반대로 내가 다른 것의 진리성을 의심하려고 생각하고 있다는 사실 자체에서 내가 존재한다는 것이 아주 명백하고 확실하게 귀결된다. 여기에서 신체나 장소가 없다고 상상할 수 있다는 것은 모양·연장·운동·장소 등 물체의 실체성 자체를 부정하는 논리가 아니다. 단지 그렇게 가정할 수 있다는 의미이고, 정신이 독립적 실체로서의 지위를 갖는다는 점을 강조하기 위한 비유적·논리적 설정이다.

정신은 엄청나게 많은 상태와 성질을 가지고 있다. 분류와 추론 능력이 동원되어야 하는 수많은 요소로 가득 차 있다. 객관적 사물은 거기에 그냥 있는 것이지만, 정신은 수시로 변하면서 우리에게 어떤 판단을 요구한다. 정신은 관찰과 분석을 해야 할 것이 많다는 점에서 더 분명하게 존재하고 확실성을 지닌 실체다. 또한 그만큼의 확실성을 지닌 정신으로부터 개인으로서 인간의 본질이 규명될 수 있다면, 인간은 자기 활동의 자유 원인이 될 수 있고, 의도하거나 의도하지 않거나 하는 절대적 능력도 가질 수 있는 존재다. 합리적 이성에 의해 자유의지를 지니는 존재라는 점에서 근대적 인간관의 선언이다.

11 선악 인식은 기쁨·슬픔의 감정이다

Baruch Spinoza

바뤼흐 스피노자
《에티카》

선악 판단의 기준은 무엇인가?

● 근대 합리주의 철학자인 바뤼흐 스피노자^{Baruch Spinoza, 1632-1677}는 윤리관과 관련하여 데카르트의 문제의식을 계승하는 동시에 한계를 찾아내 더 진전시킨다. "선악 인식은 기쁨·슬픔의 감정이다."라는 명제는 어떤 점에서 합리론 전통을 잇고, 또한 어떤 점에서 넘어서는지를 잘 담고 있다.

'선악 인식'의 의미를 이해하는 데서 출발하자. 무엇이 선하고 악한지에 대한 판단으로서 윤리학에서 가장 중요하게 여기는 과제다. 선악 인식의 토대를 이성이 아닌 감정으로 규정하는 데서 합리론의 문제의식을 받아들인다. 앞에서 데카르트가 윤리적 가치 판단을 의심 대상으로 여겼음을 기억할 필요가 있다. 정신의 본령이라 할 수 있는 순수한 이성에서 출발하는 판단이 아니기에 절대적 진리의 영역이 아니라고 보았다. 그러므로 정신은 불확실한 감각 경험이나 윤리적 시각에서 벗어나 추리의 확실성과 명증성을 보장하는 수학적 사고 방법을 사용해야 했다.

스피노자도 윤리적 판단은 이성의 역할이 아니라고 한다. 덕을 객관적인 진리의 영역으로 전제하는 그리스 주류 철학이나 중세철학에 대한 비판이다. 소크라테스에게 선이나 덕은 확고한 이성 위에 세워지는 가치였다. 그의 윤리관을 상징하는 대표적인 명제가 "덕은 곧 앎"이다. 악한 행위는 무지에서 나온다. 정의·절제·용기 등의 덕에 반대되는 부덕은 불의·방종·비겁이 아니라 무지다. '앎'은 그가 진정한 지식으로 부르는 이성 활동에 해당한다. 도덕을 관습에서 이성으로 전환한 것이다.

소크라테스 이전의 윤리는 상당 부분 그리스 신화를 매개로 하여 공동체 관습을 강제한 행동규범이었다. 호메로스의 《일리아스》와 《오디세이아》를 비롯하여 각종 신화를 교육의 주요 수단으로 삼았다. 아이든 청년이든 신이나 영웅 이야기에서 뽑아낸 분별력이라든가 절제·용기 등을 통해 윤리적 판단과 행위를 습득했다. 그런데 소크라테스가 보기에 신화를 통해 정당화되는 기존의 관습적 도덕률은 도저히 신뢰할 수 없었다.

그리스 신화에 의하면 제우스는 아버지 크로노스와, 크로노스는 아버지 우라노스와 무력으로 맞선다. 부모와 자식이 서로 싸우거나 죽이는 일이 흔하다. 심지어 제우스를 비롯하여 주요한 신들은 남자든 여자든 배우자 이외의 상대와 수시로 간통을 한다. 윤리적인 측면에서 혼돈과 무규범 상태일 뿐이었다. 그렇기 때문에 윤리적 절제는 관습이 아니라 오직 이성에 의해 내적으로 획득되고 실현된다고 주장한 것이다. 덕과 앎의 일치는, 진정한 앎이 절대적 진리에 기초한다는 점에서 절대론적 윤리관의 정립을 의미하기도 한다.

하지만 스피노자는 선악 인식과 같은 윤리적 판단은 이성이 아니라 감정의 영역이라고 주장한다. 첫째, 선악 인식의 대상이 되는 행위 가운데 상당 부분이, 자유로운 선택이라고 생각하는 판단 가운데 상당 부분이 사실은 자유가 아니라 감정적 충동에 의한 것이기 때문이다.

"사람들이 자유라고 확신하는 근거는, 자신의 행위를 의식하지만 그 행위의 결정 원인에 관해서는 무지하기 때문이다. 그뿐 아니라 정신의 여러 결정은 충동 이외의 다른 아무것도 아니다."

Baruch Spinoza

사람들은 흔히 자신의 행위를 정신의 자유로운 작용이라고 생각한다. 하지만 스피노자에 의하면 이보다는 행위의 결정 원인이 더 중요하다. 이러한 행동은 대부분 자신의 본능을 억제하지 못해서 생긴 결과라고 봐야 한다. 즉 신체와 감정에 긴밀하게 연결된 충동이 주로 작용한다.

이성의 눈길은 우연적 현상이 아니라 필연적 원리로 향한다. 또한 순간적·일시적인 인상을 넘어서 장기적이거나 영원한 차원에서 접근한다. 이성은 사물을 필연과 장기적인 전망에 따라 지각한다는 점에서 충동과는 전혀 다르다. 그런데 윤리적 판단 대상이 되는 인간 행위의 상당 부분은은 우연적이거나 일시적이므로 이성 영역에 속해 있다고 볼 수 없다는 것이다.

왜 기쁨과 슬픔의
감정인가?

● 둘째, 선악 인식에 관련된 기준이 '기쁨·슬픔의 감정'에 속하기 때문이다. 스피노자는 감정의 역할을 더 적극적으로 인정하고 감정의 구체적인 정체를 파악한다는 점에서 데카르트의 한계나 부족한 부분을 넘어서려 한다.

"감정의 본성과 힘에 관하여, 또 감정을 제어할 때 정신이 어떤 역할을 하는지에 관하여 명확하게 밝혀낸 사람은 아무도 없다. (…) 데카르트는 오로지 위대한 정신적 통찰력만을 보여주는 데 그쳤다."

　데카르트는 감각과 윤리적 가치 판단을 배제하고 오직 이성에 의해서만 절대적 진리에 다가선다는 점에서 정신적 통찰력에 관한 한 탁월함을 보였다. 하지만 '감정의 본성과 힘'에 관한 탐구에는 부족하거나 비어 있는 부분이 상당히 많기에 한계도 분명하다. 그렇기 때문에 선악 인식에서 감정이 어떻게 작동하는지를 제대로 밝혀내지 못했다는 것이다.

　스피노자는 욕망과 정념 자체를 더 적극적으로 인정한다. "욕망이란 인간의 본질 자체다." 인간의 모든 정념은 자기 보존이라는 충동과 관련되어 있어서 완전히 벗어날 수는 없다. 문제는 어떤 욕망인가의 문제이고, 또한 부정성을 지닌 욕망일 때 얼마나 과도한가의 문제다. 용기와 관용도 일종의 욕망이다. 용기와 관용의 반대 상태, 즉 절제·금주·침착함이라는 용기와 겸손·자애 등의 관용 상태에서 벗어나 있을 때 부정적인 욕망이 자라난다. 또한 스피노자에 의하면 선악 인식에서 감정의 작동은 기쁨과 슬픔을 기준으로 하여 이루어진다.

"우리의 존재 유지에 이바지하거나 방해되는 것, 바꾸어 말하면 활동 능력을 증대하거나 감소하며 촉진하거나 저해하는 것을 선 또는 악이라고 한다. 그러므로 어떤 것이 우리를 기쁘게 하거나 슬프게 하는 것을 아는 한, 그것을 선 또는 악이라고 한다."

인간은 생명체로서의 자신을 유지하고 보다 왕성한 활동을 하는 데 기여하는 상황에서 기쁨을 느끼고, 반대의 경우에 슬픔을 느낀다. 그리고 자신을 기쁘게 하는 것에 대해서는 선, 슬프게 하는 것에 대해서는 악이라고 느낀다. 인간의 온갖 감정이 기쁨과 슬픔에 따라 구분된다. "모든 감정은 기쁨·슬픔·욕망에 귀속된다." 각 사물이나 상황은 우연에 의해 기쁨과 슬픔 혹은 욕망의 원인이 된다.

예를 들어 사랑은 기쁨을 주기에 사랑하는 대상을 현실에서 소유하고 유지하고자 한다. 반대로 증오는 슬픔을 주기에 제거하려 한다. 욕망도 이에 따라 형성된다. 명예욕은 사랑하거나 증오하는 것을 다른 사람으로부터 승인받으려는 노력이다. 마찬가지로 애호는 기쁨의 원인이 되는 대상으로부터, 혐오는 슬픔의 원인이 되는 대상으로부터 생기는 감정이다. 희망이란 그 결과에 대하여 어느 정도 의심하고 있는 미래 상황에 대한 관념에서 생기는 불안정한 기쁨이다. 반대로 공포는 미래 상황에 대한 관념에서 생기는 불안정한 슬픔이다. 안심은 의심의 원인이 제거된 미래나 과거의 상황에서 생겨나는 기쁨이고, 절망은 그 반대의 상황에서 생겨나는 슬픔이다. 낙담은 희망에 어긋나게 일어난 과거의 대상에서 나타나는 슬픔이다. 비하란 사람이 자기의 무능이나 허약을 고찰하는 데서 초래되는 슬픔이다. 치욕은 어떤 사람에게 비난받으리라는 생각에 동반되는 슬픔이다.

모든 감정은 기쁨과 슬픔에서 형성되거나 파생되어 나온다. 외부 자극에 의해 만들어진다는 점에서 수동적이다. 그러므로 감정은 우리를 자극하는 대상의 종류만큼이나 많다. 자극하는 대상의 종류만이 아니라 상태도 다양하고, 또한 받아들이는 방식도 다르기 때문에 어떤 개인의 감정이 다른 개인의 감정과 일치할 수 없다.

"서로 다른 인간은 동일한 대상에 의하여 서로 다른 방법으로 느껴질 수 있으며, 동일한 인간도 동일한 대상에 의하여 서로 다른 때에 다른 방식으로 느껴질 수 있다."

어떤 사람이 사랑하는 대상을 다른 사람은 증오하기도 한다. 또한 어떤 사람이 무서워하는 대상을 다른 사람은 친근하게 생각하는 일이 일어난다. 같은 사람도 동일한 대상에 대해 시간과 공간의 차이에 의해 다른 감정이 생겨난다. 이전에 미워하는 것을 지금은 사랑하는 경우가 적지 않다. 예를 들어 처음에는 호감이라고는 전혀 발견할 수 없던 사람에게서 점차 애틋한 사랑의 감정이 솟아나는 경우를 얼마든지 발견한다. 마찬가지로 과거에는 무서워서 감히 시도하지 못했던 일들을 다른 조건에서 즐겨 시도하기도 한다. 어릴 때 부모님의 손을 붙잡고 놀이공원에 갔을 때는 두려워서 엄두도 내지 못했던 놀이기구를 청소년이 되어서 설레는 마음으로 즐겼던 기억을 가진 사람이 많을 것이다.

그런데 각자는 자기 감정에 따라 무엇이 선이며 악인지를 판단하기 때문에 선악 인식은 사람에 따라 다양하고, 또한 시간과 공간의 변화에 따라서 같은 사람에서도 다르게 나타나게 된다. 즉 감정 자체가 외부 자극에 의존하는 혼란된 관념이기에 선악 인식은 불안정할 수밖에 없고, 또한 사람에 따라 혹은 상황에 따라 달라지기에 상대적인 경향을 보인다.

이성은 감정에 무엇을 해야 하는가?

● 마지막으로 데카르트의 견해는 '감정을 제어할 때 정신이 어떤 역할을 하는지'에 대해서도 문

선악 인식은 기쁨·슬픔의 감정이다

제가 있다. 정신이 감정에 관해 절대적인 지배권을 소유할 방법을 제시하려 했지만 의미 있는 효과를 거두기 어렵다. 데카르트는 이성을 통해 참된 인식을 가짐으로써 정념을 통제할 수 있다고 보았다. 이성에 의한 엄밀한 판단이 정념의 본질을 정확히 이해하면 외부에서 오는 갖가지 유혹도 마음을 해칠 수 없다는 것이다. 하지만 스피노자가 보기에 이는 무력한 결과로 끝난다.

> **"선과 악에 대한 인식은 참이라는 것만으로는 어떠한 감정도 억제할 수 없다. 다만 그것이 감정이라고 생각되는 한 감정을 억제할 수 있다."**

스피노자도 이성의 중요성과 정신의 독립성을 기본적으로 인정한다. 이성의 지도에 따라 생활하는 인간보다 더 유익한 개체는 자연 안에 존재하지 않는다. 정신적 존재로서의 자기 본성에의 일치가 인간에게 가장 유익하기 때문이다. 인간 본성의 법칙에 따라 행동할 때 다른 사람의 본성과 일치할 수 있기 때문에 사회 윤리가 형성될 수 있다.

하지만 이성에 의해 참된 인식을 찾았다 해도 감정이 억제되지는 않는다. 인간은 자유로운 존재일 수 있지만, 독립적 정신을 지니고 있기에 저절로 자유로운 존재로 연결되는 것은 아니다. 정신 자체로는 절대적 자유의 근거가 될 수 없다. 정신의 자유에 속한다고 믿는 행동 대부분이 사실은 본능을 억제하지 못해서 생겨난 결과에 불과하다. 인간의 사고와 행위를 결정짓는 인간 본성의 법칙에 대한 이해가 중요하다. 다른 존재와 같이 인간도 자신의 본능을 보존하기 위해 행동한다.

이성이 오직 자기 보존이라는 인간 본성의 법칙에 따라 작동할 때만 인간은 자유롭다. 나아가 이성이 작동할 때조차 자신의 한계를 직시해야 한다.

"이성이 감정을 지배함에 있어서 무엇을 할 수 있으며 또 무엇을 할 수 없는가를 결정할 수 있으려면 우리 본성의 능력과 함께 무능력도 알아야 하기 때문이다."

기본적으로 욕망이 과도해지지 않도록 조절할 수 있는 힘은 이성에서 온다. 문제는 이성을 통해 욕망을 조절하더라도 어쩔 수 없는 무능력을 마주해야 한다는 점이다.

"감정에 지배를 받는 사람은 자기의 권리 아래 있는 것이 아니라, 운명의 권리 안에 있으며 스스로 보다 좋은 것을 알면서도 보다 나쁜 짓을 따르도록 종종 강제될 만큼 운명의 힘에 사로잡혀 있기 때문이다."

인간의 행동은 본성상 감정에서 벗어나지 못한다. 그러므로 합리적 이성을 통해 선을 인식해도 행동은 감정으로 이끌리고 육체적 욕망에 사로잡힌다. 좀 더 좋은 것을 보고 올바르다고 인정하면서도 실제로는 좀 더 나쁜 것을 따른다.

그러므로 이성이 직접 감정을 통제하는 데는 무능력하다. 그러면 어찌해야 하는가? 스피노자에 의하면 감정은 감정을 통해 억제될 때 충분한 효과를 발휘한다.

"선악 인식이 감정인 이상, 그리고 그 감정이 억제되어야 할 감정보다 더 강력하다면 감정을 억제할 수 있을 것이다."

이성이 주도력을 발휘하되 직접 감정을 지배하는 것이 아니다. 이것이 저것보다 참되거나 옳다는 이성적 인식만으로는 감정과 행동이 뒤따르지 않기 때문이다. 감정을 조절할 수 있는 힘은 같은 뿌리를 가지고 있는 감정에서 온다.

어떤 감정으로 어떤 감정을 다스려야 하는가? 당연히 선과 악에 조응하는 기쁨과 슬픔의 감정 사이에서의 관계다. 어느 것이 선하다는 판단과 규정에 머물지 않고, 선과 연관된 기쁨의 감정으로 슬픔의 감정을 통제할 때 악을 약화할 수 있다. 예를 들어 미움·노여움·경멸 등의 감정은 그것이 나쁘다는 자각이나 충고

선악 인식은 기쁨·슬픔의 감정이다

만으로는 사라지지 않는다. 거꾸로 사랑이나 관용의 마음을 키움으로써 조절이 가능하다.

자신을 배신하고 해를 입힌 사람에 대한 미움이나 증오를 가졌던 경험을 떠올리면 이해가 빠르리라. 누군가를 지속적으로 미워하는 감정을 갖고 살아가는 게 바람직하지 않다는 점은 누구나 잘 안다. 이 때문에 배신한 사람만이 아니라 인간 자체에 대한 불신이 깊어가고, 나아가서는 자기 내면의 안정도 파괴되기 십상이다. 또 다른 기회를 통해 특정한 사람에 대한 애정과 신뢰를 가질 때 치유의 길이 열린다.

악에 대한 두려움 때문에 선을 행하려는 사람은 실패에 이르게 된다. 기쁨에 속하는 감정을 통해 슬픔에 속하는 감정을 대신하는 방법이 이성이 감정에 작용하는 가장 유력한 길이다.

"기쁨에서 생기는 욕망은 다른 조건들이 같다면, 슬픔에서 생기는 욕망보다 강력하다."

사람들은 본성상 기쁨처럼 능동적인 감정에 이끌리려는 경향을 갖는다. 게다가 이성은 기쁨과 여기에서 자극을 받는 욕망과 긴밀한 관계를 갖는다. 이성으로부터 생겨나는 욕망에 의해서 우리는 직접적으로 선을 추구하고, 간접적으로 악을 회피한다.

12 아는 것이 힘이다

Francis Bacon

프랜시스 베이컨
《신기관》

무엇이
'아는 것'이 아닌가?

● 영국 경험론 철학의 선구자 프랜시스 베이컨Francis Bacon, 1561-1626은 "아는 것이 힘이다."라는 명제로 잘 알려져 있다. 하지만 잘 알려져 있다고 해서 반드시 내용을 잘 아는 것은 아니다. 경험론의 핵심 문제의식을 담고 있는 명제임에도 불구하고, 대체로 지식의 중요성을 강조하는 말 정도로 치부하기 일쑤다. 만약 그 정도의 의미라면 굳이 하나의 철학 경향을 대표하는 명제라고 부르기 민망한 일이다.

굳이 뻔해 보이는 '아는 것'을 앞세우는 이유가 무엇일까? 철학을 비롯하여 모든 학문이 이미 오래전부터 앎에 대해 누누이 강조해왔는데 말이다. 새삼스럽게 철학적인 진단으로서 '아는 것'을 강조하는 것은 천 년 이상에 걸쳐 축적된 기존의 지식을 진정한 앎이라고 보기 어렵기 때문이다. 무엇이 '아는 것'인지를 분명하게 하기 위해서는 먼저 무엇이 '아는 것'이 아닌지를 구별해야 한다. 베이컨이 보기에 기존 철학에서 가장 큰 영향력을 발휘해왔고 그만큼 가장 큰 해악을 끼친 관점은 추상적인 본질을 찾으려는 경향이다.

> "철학이 이토록 병들게 된 것은 목적인이라는 개념 때문이다. 외연에 속한 개체들의 원인을 찾을 생각은 하지 않고 가장 보편적인 것의 원인을 찾으려는 생각이야말로 미숙하고 경박한 철학자의 전형적인 사고방식이다."

'목적인目的因'이란 어떤 사물이나 현상이 생겨난 궁극적인 원인을 가리키는 말이다. 개별 사물이 어떻게 생겨났고, 무슨 원리에 의해서 움직이는지에 대한 직접적이고 구체적인 탐구보다는 현상 너머의 최종적이고 추상적인 원인으로 달려가 버리는 경향이 문제다. 예를 들어 내가 이 세상에 존재하게 된 직접적인 원인을 찾으려면 어머니의 자궁을 떠올려야 하고, 어떻게 그 안에 생명이 깃들게 되었는지를 밝히려면 부모의 성행위가 임신으로 이어지는 과정을 밝혀내는 데 초점을 맞춰야 한다.

하지만 그동안 철학자들은 개체로서의 '개인'의 원인이 아니라 '인간'을 세상에 있게 한 궁극적인 원인으로 치달아 버렸다. 심지어 세상 만물이 생겨나게 된 원인으로 눈길을 돌렸다. 흔히 사물의 질료보다 '형상'에 초점을 두는 탐구 방식, 플라톤의 '이데아'라든가 플로티노스의 '하나'가 모두 목적인에 해당한다. 베이컨은 "사물의 형상은 인간의 정신이 만들어낸 허구"라며 개체에서 확인할 수 없는 허구에서 본질을 찾으려는 일체의 시도를 비판한다. 형상과 같은 목적인의 탐구는 '아는 것'이 아니다.

형상으로 향하는 경향은 무엇이든 추상화하려고 하는 인간의 지성도 어느 정도 영향을 주었다. 현실의 다양하고 끊임없이 변화하는 현상을 치열하게 파고드는 노력보다는 무언가 고정불변의 것을 찾으려고 한다. 때문에 질료로부터 곧바로 형상이라는 추상으로 넘어가 버리는 그리스 주류 철학이 사람들의 욕구를 충족하기에 용이했고, 철학에서 쉽게 지배력을 행사했다고 봐야 한다.

베이컨은 개체에 속해 있는 질료 자체에 집중하라고 한다.

"자연을 질료로부터 추상화하기보다는 자연을 구성 요소로 분해하는 편이 더 낫다."

그에 따르면 진정 사물에 대해 탐구하고자 한다면 형상이 아닌 질료의 세부 요소로 파고들어야 한다. 질료의 구조와 구조의 변화, 질료의 활동, 질료의 운동 법칙 등을 탐구해야 한다. "사물이 '무엇으로부터' 생겼나 하는 정적인 원리"가 아니라, "사물이 '무엇에 의해' 일어나고 있나 하는 동적인 원리"를 고찰과 탐구의 대상으로 삼아야 한다.

그리스철학 이래 인간의 본질을 '영혼'에서 찾으려는 주류 철학의 사고방식도 결국 목적인에 대한 집착 때문이다. 인간의 질료인 육체에서 벗어나 영혼이라는 추상적 영역에서 존재의 본질을 찾았다. 그리스철학에서 중세철학을 거쳐 근대 합리론에 이르기까지 영혼은 인간에 대한 이해, 나아가서는 철학의 가장 중요한 개념이었다.

베이컨은 영혼 개념을 매개로 세계의 배후에 존재하는 원인을 증명하고자 했다. 세계의 궁극적 원인과 연결하기 위해서도 추상적인 영혼에서 존재의 근거를 찾는 것이 손쉬운 방법이었다. 신학도 마찬가지다.

"신앙과 종교적 숭배심 때문에 신학과 전통을 끌어들이고, 심지어 고

차적인 영혼과 귀신에게서 학문을 구하려 든다."

베이컨이 보기에 영혼을 물질과 구분되는 실체로 규정하

는 발상이야말로 추상으로 도망가서 철학을 병들게 만든 주범이

다. 그렇다고 해서 정신의 중요성을 무시하는 것은 아니다. 정신

을 영혼처럼 경험에서 분리된 독립적 실체로 이해함으로써 생겨

난 폐단에 대한 비판이다. 학문에 유의미한 정신 개념은 추상적

인 영혼이 아니라, 지각·인상·관념처럼 직접 확인과 탐구가 가능

한 개념이어야 한다. 정신의 유용한 기능이나 능력에 주목해야

한다. 정신을 경험에서 분리하는 영혼 개념은 인간 이해를 방해

하는 가장 해로운 경향으로서 '아는 것'이 아니다.

기존 철학에도 경험론적인 요소를 가진 경향이 있기는 하

지만, 베이컨에 의하면 오히려 '아는 것'에 더 큰 해를 주는 면이

있다.

"이들은 몇 번의 실험을 주의 깊게 열심히 해본 다음, 대담하게도 이를

근거로 철학 체계를 수립하는데, 모든 것을 그 실험에 맞추려 든다."

주변에서 흔히 볼 수 있는 몇 안 되는 사례, 혹은 몇 번의 실

험을 통해 확인된 결과를 근거로 곧바로 일반적 원리로 나아가는 방식이다. 지극히 한정된 경험과 실험 안에서 성급하게 이론을 만들기 때문에 조잡한 학설에 머문다. 그리고 현실의 풍부하고 다양한 현상을 이 학설에 꿰어 맞춘다.

이들은 접근하는 방법만 다를 뿐, 일반적 명제로 비약하여 그곳에서 안주하려는 경향에 영합한다는 점에서 목적인을 따랐던 철학과 비슷한 발상 위에 있다. 사람들은 어떤 주제를 집요하게 천착하는 일에는 쉽게 피로를 느끼기 때문에 끈질긴 탐구를 포기하고 성급하게 도출된 일반 명제에 안주하려는 경향이 있다. 관념론이든 과거의 투박한 경험론이든 이 경향을 이용하여 자신의 영향력을 확대했다. 하지만 그 자체로는 올바른 방법인 경험과 실험에 대한 불신을 광범위하게 키워낼 수도 있다는 점에서 해로운 측면이 있다. 이 역시 진정한 앎을 향한 길을 가로막고 철학을 병들게 한다는 점에서 '아는 것'이 아니다.

베이컨은 일체의 '아는 것'이 아닌 철학과 철저하게 단절할 것을 주장한다.

"낡은 것에 새것을 더하거나 잇대어 깁는 방식으로 학문이 크게 진보할 수 있다고 생각한다면 착각이다. (…) 혁신은 근본에서부터 이루어져야 한다."

기존의 방식 안에서 새로운 발견이나 탐구를 보완하여 축적한다고 해서 진보하는 것은 아니다. 제자리걸음을 하거나 설사 진전이 이루어진다고 하더라도 사소한 수준에 그친다. 발상과 방법 자체에 근본적인 변화가 있어야 '아는 것'에 도달할 수 있다.

무엇이
'아는 것'인가?

● 이번에는 '아는 것'이 무엇인 지를 살필 차례다. 철학은 자연철학을 일차적 기반으로 해야 한다. "자연철학이야말로 모든 학문의 위대한 어머니"이기 때문이다. 자연을 사용하고 자연에 대해 해석하는 일이 인간에게 가장 중요하다. 우리는 자연의 질서를 관찰하고 이해한 만큼 무언가를 할 수 있을 뿐이다. 그 이상은 알 수도 없고, 할 수도 없다. 그 어떤 기술이나 학문도 자연철학이라는 뿌리와 단절되면, 아무리 열심히 연마해 이용후생에 힘쓰려 해도 좀처럼 성장할 수 없다. 자연철학이 각 학문에 적용되고, 학문들이 다시 자연철학으로 돌아가지 않는 한 학문의 어떤 위대한 진보도 기대할 수 없다.

이를 위해서는 지성의 도구를 갖추어야 한다. 도구를 사용하면 손의 활동이 증진되듯이 정신도 도구를 사용하면 지성이 촉진된다. 영혼의 중요성이나 정신의 능력을 찬양한다고 해서 해결될 일이 아니다. '아는 것'은 정신이 올바른 수단과 절차를 갖추어야 획득될 수 있다. 베이컨은 진리를 탐구하는 과학적 방법을 제안한다.

> "감각과 개별자에서 출발하여 지속적·점진적으로 상승한 다음 궁극적으로 가장 일반적인 명제까지 도달하는 방법이다. 지금까지 시도된 바 없지만 이것이야말로 진정한 과학적 방법이다."

그에 따르면 감각을 이용하여 개별 사물이나 현상에 대해 관찰하는 경험에서 출발해야 한다. 감각을 이용한 경험은 사물을 인지하는 수동적인 활동에 머물지 않는다. 자연에 대한 더 나은 해석은 오직 적절하고 타당한 실험에 의해 가능하다는 점에서 능동적인 활동에 주목해야 한다. 감각을 이용한 경험은 실제로 이루어진 실험의 범위 안에서만 우수한 논증 재료가 된다. 감각은 실험을 판단할 수 있을 뿐이고 실험만이 자연에 대한 판단 근거를 제공한다.

실험은 생성과 소멸처럼 사물이 '무엇으로부터' 생겼는지를 연구하는 작업, 즉 목적인을 찾으려는 작업과 관련이 없다. 실험은 사물이 '무엇에 의해' 일어나는지를 탐구하는 데 쓰인다. 예를 들어 물체가 응집하려는 경향, 물체가 갖는 고유의 자연적 부피나 장력 때문에 원래의 상태로 돌아가려는 경향, 물체가 서로 비슷한 것끼리 한 덩어리를 이루려는 경향처럼 현실의 사물이 '무엇에 의해' 구성되고 변화가 나타나는지를 밝히는 작업이야말로 의미 있는 접근이고 실험이 적용될 수 있는 대상이다.

이러한 경향을 실험을 통해 증명할 수 있다면, 밀도가 높은 것들은 지구 주변으로 모이고 밀도가 낮은 것들은 하늘 주변으로 모인다는 결론을 이끌어냄으로써 보다 일반적인 원리로 나아갈 가능성이 생긴다. 인간에게 직접 연관된 자연 현상을 규명하고 우리에게 유용하도록 적용한다는 점에서 자연학의 의미 있는 대상이 된다.

또한 '감각과 개별자에서 출발'하는 방법은 이데아나 수학적 공리처럼 보편적 원리를 중심으로 현실 사례를 설명하는 연역적 접근에 대한 비판, 귀납적 접근에 대한 주장이기도 하다. 하지만 개별 사물에 대한 실험으로부터 곧바로 일반적인 명제에 도달하는 것이 아니라 '지속적·점진적으로 상승'이라는 절차를 전제하는 점이 중요하다.

귀납법은 한두 번의 실험이 확실한 결과를 보여주었다고 해서 일반적 결론에 이르는 방법을 의미하지 않는다. 수많은 개별 사례가 일목요연하게 수집·정리된 상태로 놓여 있다 하더라도,

성급하게 도출된 결론으로 비슷하다고 생각되는 다른 사례에 무분별하게 적용할 경우에는 그릇된 결과를 가져온다. 투박한 경험론, 성급한 귀납법은 보통 소수의 사례, 손쉽게 얻을 수 있는 사례, 특히 두드러진 사례만 가지고 판단하기에 맹목적이고 어리석은 결론에 도달한다. 단 한 가지라도 반증 사례가 나타나면 결론이 당장 무너질 위험성이 있다.

실험과 원리 사이에 말 그대로 지속적·점진적인 과정이 필수적이다. 개별 사물에서 출발하여 일반 명제에 도달한 다음, 그것을 제1원리로 삼아 중간 수준의 공리를 이끌어내야 한다. 인간의 지식이 중간 수준의 공리에 만족할 수 없기 때문에 더 만족스럽고 유용한 결론에 도달하기 위해서는 더 심화된 공리 단계로 나아간다. 개별 사례에서 저차원 공리로, 이어서 중간의 몇 단계를 거쳐 점차 고차원 공리로 올라간 다음, 마지막으로 가장 일반적인 공리에 도달하는 방법이다. 지금까지 제대로 시도된 적이 없는데, 진정한 과학적 방법이라는 점에서 향후 인식이 추구해야 하는 가장 확실한 길이다.

일반 공리가 마지막 단계는 아니다. 경험론의 가장 중요한 문제의식은 현실에의 실천적인 적용에 있다. 베이컨은 현실과 원리 사이의 상호 작용에 방점을 찍는다.

"우리가 가는 길은 평지가 아니라 오르막이 있고 내리막도 있어서 공리까지 올라갔다가 다시 내려와 성과에 이르는 것이다."

　　귀납을 개별 사물에서 일반 원리로 나아가는, 구체에서 추상으로 나아가는 길만으로 한정하지 않는다. 물론 점진적인 상승 과정을 통해 최고 수준의 공리를 이끌어내는 일은 중요하다. 하지만 학문이 진정으로 확실한 토대 위에 서고 궁극적으로 현실에서 유용성을 지니기 위해서는 추상에서 다시 구체로 하강하는 과정이 필요하다. 베이컨은 이를 오르막과 내리막이라는 표현을 통해 정확히 표현하고 있다. 가장 고도한 공리에 도달한 다음에는 다시 개별 사례에 적용하면서 공리의 정당성과 현실성을 검증한다. 이를 통해 공리가 공리에 머무르지 않고 현실에 유용한 적용의 과정으로 들어간다.

'힘'이란
무엇인가?

　　　　　　　　　　　● 마지막으로 명제의 결론이라 할 수 있는, '힘'이 의미하는 바가 무엇인지를 이해해야 한다. 베이컨에 의하면 '힘'은 아는 것을 통해 인간 생활의 풍부함과 윤택

함이라는 성과를 만들어내는 일이다.

"결과와 성과야말로 철학의 진리성을 보장하는 보증인이자 증명인이다. 그리스철학과 그로부터 분화된 개별 학문에서는 오랜 세월이 지났음에도 불구하고 인간 생활을 윤택하게 하거나 개선하는 데 도움이 될 만한 실험은 단 하나도 찾아보기 어렵다."

서양의 주류 철학은 '무엇이 진리인가?'라는 물음에 답하고자 했다는 점에서 공통점을 지녔다. 베이컨의 경험론은 물음 자체를 '무엇이 유용한가?'로 전환함으로써 근대철학의 새로운 방향을 제시한다. "실용의 영역을 잣대로 이론적인 부분을 규정"해야 한다. 철학을 통한 앎이 직접 인간 생활을 개선하는 데 기여하는가의 여부가 핵심 기준이다.

생활 개선으로 연결되는 실용은 주로 기술 발전으로 초점이 모아진다. 문명이 발달한 유럽과 아직 원시적인 생활을 하는 지역의 가장 큰 차이는 생활 수준에서 나타난다.

"이러한 엄청난 차이는 토지가 기후 때문이 아니라 오직 기술 때문에 생긴 것이다."

'아는 것'이 기술을 매개로 현실의 생활 수준을 바꾸는 '힘'이 된다. 우리가 흔히 인류의 3대 발명이라고 부르는 인쇄술·화약·나침반을 떠올리면 쉽게 이해가 간다. 인쇄술은 수많은 사람이 지식의 성과를 공유할 수 있게 만들었고, 화약은 전쟁에서 획기적인 우위를 보장하는 가장 중요한 역할을 했다. 나침반은 신대륙 발견에서 극적으로 나타나듯이 항해의 범위를 완전히 바꾸어놓았다. 과학적 지식의 결과로 만들어진 이 세 가지 발명보다 인간 생활에 더 큰 힘과 영향을 미친 것은 없었다.

　　기술은 인간의 삶에 헤아릴 수 없이 많은 변화를 이루어낸다. 그러므로 철학이 진정으로 인류에게 기여하기 위해서는 유용성을 지닌 성과가 진리를 판가름하는 기준이 되어야 한다. 사변적 성격이 강했던 서양철학 전통에 대한 도발적 문제 제기이자 근대 이후 현대철학에 이르기까지 큰 영향을 준 새로운 방향의 제시다.

　　또한 베이컨에 의하면 '힘'은 자연에 대한 지식을 통해 자연을 지배함을 의미한다.

> "자연에 대한 인간의 지배권은 오직 기술과 학문에 달려 있다. 자연은 오로지 복종함으로써만 복종시킬 수 있기 때문이다."

자연에 복종함으로써만 복종시킨다는 말이 모순처럼 들리기 십상이다. 여기에서 자연에 복종한다는 것은 철저하게 자연 현상에서 출발하여 지속적·점진적인 상승을 거쳐 일반 원리에 도달하는 과정을 말한다. 철학이 자연에 근거하여 앎에 도달해야 한다는 강조다. 이렇게 획득한 '아는 것'이 자연을 복종시키는 힘으로 발휘된다.

과거의 많은 철학자는 자연을 지배하거나 정복하려는 기대를 갖지 말라고 충고했다. 하지만 이러한 주장은 "인간의 능력에 재갈을 물리고, 절망을 가르친다."는 점에서 문제다. 인간이 절망하게 되면 장래의 희망이 꺾일 뿐만 아니라 활력을 잃고 자연을 지배하려는 노력도 포기하게 된다. 자연에 대한 정복의 포기는 자연에 의한 인간 지배로 귀결된다. 자연은 인간에게 반항하도록 만들어지지 않았다. 과학적 지식으로 자연을 지배함으로써 일용할 양식은 물론 다양한 분야에서 인간에게 유용하도록 해야 한다.

그가 보기에 인간 역사에서 확인할 수 있는 대표적인 세 가지 야망을 비교하더라도 자연을 정복하고 지배하려는 야망은 고귀한 성격을 지닌다. 예를 들어 권력에 대한 야망, 즉 자신의 세력을 나라 안에서 확대하려는 야망은 개인의 이익을 추구한다는 점에서 천박하다. 제국을 건설하고자 하는 야망, 즉 자기 나라의 권력을 인류 전체에 확대하려는 야망은 민족이나 국가의 이익을 추구한다는 점에서 상대적으로 품위는 있지만 여전히 탐욕적 성격에서 벗어나지 못하는 한계가 있다. 하지만 자연을 정복하고자 하는 야망은 특정 개인이나 집단이 아니라 인류 전체의 이익을 증진한다는 점에서 더할 나위 없이 건전하고 고귀하다.

"아는 것이 힘이다."라는 경험론 명제는 근대의 과학적 방법 선언이다. 그의 문제의식은 이제 현대인에게 가장 익숙한 사고방식이 되었다. 우리는 아는 것, 즉 지식이라는 말을 접하면 가장 먼저 과학기술에 연관된 지식을 떠올린다. 또한 지식의 가치 여부나 정도의 기준을 생활 개선에 기여하는 실용성에서 찾는다. 현대인의 정신을 떠받치는 뿌리 가운데 적지 않은 부분이 베이컨에게서 영양분을 공급받고 있다.

존재하는 것은
지각되는 것이다

George Berkeley

조지 버클리
《새로운 시각 이론에 관한 시론》

존재는
객관적인가?

● 경험론에 대해 많은 사람이 갖고 있는 오해가 있다. 무엇보다도 경험을 외부 사물에 대한 객관적인 감각 체험으로만 이해하는 것이다. 외부 사물을 접할 때 주관적인 접근을 철저히 배제하고 오직 있는 그대로 객관적인 태도를 견지하는 것을 떠올린다. 근대 경험론 철학자의 한 사람인 조지 버클리George Berkeley, 1685-1753는 이러한 상식이 얼마나 큰 오해인지를 단번에 알게 해준다. "존재하는 것은 지각되는 것이다."

라는 명제는 경험론에 주관적인 시각이 얼마나 깊이 결합될 수 있는지를 잘 보여준다.

사물은 공간 속에서 거리·크기·위치 등의 특성을 지닌다. 그런데 경험을 통해 사물을 접할 때 우리는 거리·크기·위치 등이 물체에 속하는 성질이라는 통념을 갖는다. 주관적 이해와는 무관하게 객관적이거나 실제적인 것으로 이해한다. 대체로 경험을 통해 개별 사물에서 원리에 이르는 귀납 과정을 객관에서 주관으로의 한 방향이라고 생각한다.

근대 경험론 내에서도 이러한 견해가 적지 않은 영향력을 발휘하고 있었다. 사물과 인간 정신의 상호 관계에서 상대적으로 사물 쪽에 무게 중심을 두는 경향이 적지 않았다. 인식을 외부 물체에 의해 우리에게 새겨지는 감각 인상, 그리고 그러한 인상의 기억으로부터 주어진 것으로 이해한다. 모든 인식의 출발점인 감각이 외부 물체에 의해 만들어진다.

물체의 거리나 크기, 움직임이 신체 기관에 자극을 주어 감각을 갖게 된다. 물체의 운동과 연관된 시간과 장소, 거리 개념도 외적인 물체의 작용으로 생겨난다. 거리가 먼 장소에 있는 물체는 희미하고 작은 모습을 통해 거리 감각을 우리에게 만들어낸다. 이렇게 물체에서 비롯된 감각 인상들이 기억이라는 방식으로 우리의 인식을 형성한다. 감각 대상의 성질들이 감각 기관을 자극해서 관념을 만들어내는 것이다. 예를 들어 물체의 고체성이 공간을 채움을 알게 됨으로써 공간이라는 관념을 갖게 된다. 공간 개념과 길이·크기 등의 연장 개념은 감관을 통해 발견할 수 있는 물체의 한 성질이다.

　물체에 고정된 성질만이 아니라 활동이나 운동에 연관된 동적인 현상도 물체를 통해 감각으로 전해진다고 여긴다. 예를 들어 색·소리·냄새·맛은 물질적 성격을 지니지 않지만, 감각 기관에 작용함으로써 산출되는 것은 마찬가지다. 물체 자체에 있는 크기·모양·운동에 의한 힘, 즉 일종의 작용인데, 이를 우리가 색·소리·맛이라 부른다는 것이다.

　그러므로 우리에게 감지되는 모든 것은 이미 대상 속에 객관적으로 있다. 대상과 감각을 통해 우리에게 형성되는 인상은 동일하다. 인식은 오직 물체의 원인과 특성, 그리고 물체의 성질과 발생에 관계하고, 물체가 없으면 철학이 없다는 의미에서 철학은 주어진 것에 해당한다. 외부의 물체에 대해 인간과 정신은 수동적인 지위에 속한다.

　버클리에 의하면 전통적인 기하학 시각이 여기에 해당한다.

"첫눈에 우리에게 기하학을 시각적 연장에 관련된 것이라고 생각하게 하는 몇 가지 이유가 있다. 기하학의 실천적인 부분과 사변적인 부분 양쪽에서 눈을 끊임없이 사용하는 것이 우리가 그렇게 생각하도록 부추긴다."

우리는 당장 눈을 이용하여 산이나 들판과 같은 현실의 사물을 접한다. 봉우리가 뾰족한 산을 보면서 삼각형을, 너른 들판의 논이나 밭을 보면서 여러 종류의 사각형을 떠올린다. 해나 달을 보면서 원을 머릿속에 그린다.

기하학의 각종 도형도 마찬가지로 생각하는 경향이 있다는 설명이다. 다시 말해서 기하학에 대한 통념은 길이·크기와 같은 물질의 성질에서 출발하여 사각형·삼각형 등의 관념이 생겨났고, 이를 근거로 수학적인 계산을 하게 되는 식이다. 도형이라는 관념을 물질에 의해 수동적으로 만들어진 것으로 본다. 사물이나 현상을 우리의 주관에서 독립한 객관적인 존재로 전제하고 이로부터 정신 활동의 근거를 찾는다.

하지만 버클리는 물체가 아니라 '지각'에서 '존재'의 근거를 찾음으로써 경험론 내부의 물질 중시 경향에 반발한다. 경험론에 비물질주의를 접목한다. 거리·크기·위치 등을 객관 사물에 고정된 속성으로 보고 이를 귀납의 출발점으로 삼는 방식은 오류를 자초하는 지름길이다. 귀납은 물체의 성질이 아니라 지각에서 출발해야 한다. 일차적인 것은 지각이라는, 우리들이 갖고 있는 감각 관념이지, 대상의 물질적 성질이 아니다.

주관적인 경험 자체를 절대화한다. 크거나 작은 것, 신속함과 완만함 등은 정신의 외부에 독립적으로 존재하는 물질의 성질일 수 없다. 왜냐하면 이것들은 전적으로 상대적이며 감각 기관의 형태 또는 상태가 변화하는 것처럼 그렇게 여러 가지로 변화하기 때문이다. 다시 말해서 물질 자체 내에는 거리·크기나 운동이 없다. 크기나 운동은 대상에서 오는 것이 아니라 관념, 즉 경험적 지각에서 온다. 그 관념은 정신 속에 존재하거나 정신에 의해서 지각되며, 참으로 정신 스스로가 형성하는 관념과 같다.

거리는 감각보다
경험에 의해 지각된다

● 주관적인 '지각'을 존재의 근거로 보는 이유는 무엇인가? 일단 여러 감각 중에서 가장 중요하고 일상적인 작용을 하는, 시각을 통해 접근해보자. 버클리는 눈으로 확인하는 거리, 즉 물체와 물체 사이의 거리, 나와 물체 사이의 거리 개념이 왜 물체의 객관적인 성질에 속하지 않는지를 설명한다.

George Berkeley

"거리는 감각 기관보다는 오히려 경험에 의해서 지각된다. (…) 예를 들어 내가 집·들판·강처럼 다수의 대상을 지각할 때, 그것들이 상당한 공간을 차지한다고 경험해왔으며, 그 때문에 그것들 너머로 내가 보는 대상이 아주 멀리 있다는 판단이나 결론을 내리는 것이다."

많은 사람이 상식처럼 생각하는, 물체와 물체 사이의 거리라는 관념이 물체 자체에서 온다는 생각을 뒤집는다. 즉 물체가 주는 정보를 감각이 수동적으로 받아들여 형성된 관념이 아니다. 오히려 반복되는 경험을 통해서 우리 내적으로 형성된 거리 감각이 작용한다. 주관적인 경험의 축적이 없었다면 멀리 있는 물체의 작아 보이는 모습이라든가 희미하게 보이는 모습이 어느 정도의 거리를 의미하는지 판단할 수 없다.

우리가 실제로 겪은 예를 통한 설명이 훨씬 더 쉬운 이해를 도울 듯하다. 청소년 시기에 처음으로 등산했던 경험을 떠올려보라. 대신 동네 작은 뒷산이 아니라 어느 정도 거리에 대한 풍부한 경험을 할 수 있을 만큼 규모가 있는, 북한산·설악산·지리산에 올랐던 경험 말이다. 산의 진입로에 들어서면 주변의 나무나 바위가 당장 크게 보이고 하나하나 손에 잡힐 듯 선명한 모습으로 다가온다. 산 중턱을 올려다보면 나무의 개별적인 모습은 사라지고 우리의 시야에 숲이라는 덩어리로 들어온다. 그리고 산등성이나 굴곡을 통해 산의 외관을 확인할 수 있다. 당연히 진입로 쪽에서 바라본 산꼭대기의 봉우리는 작고 희미하다.

그런데 과연 근경·중경·원경으로 구분할 수 있는 산이 우리에게 얼마나 거리에 대한 관념을 심어주고 있을까? 등산 경험이 없었을 때는 산꼭대기가 얼마나 먼 거리인지 감이 잡히지 않는다. 심지어 실제로는 매우 멀리 있는 봉우리임에도 불구하고 조금만 걸어가면 도달할 수 있을 것 같은 인상을 준다. 저 앞에 보이니까 조금만 더 올라가면 금방 정상에 오르리라 생각하지만 가도 가도 끝이 없어서 힘이 빠졌던 기억을 갖고 있다.

그렇게 몇 번의 힘든 경험을 하고 나서야 대략의 거리 감각이 생겨서 어림짐작을 하게 된다. 비행기에서 지상을 바라보면서 갖게 되는 거리 감각도 마찬가지다. 비행기가 목적지 주변에서 저공비행을 할 때 도시 모습이 눈에 들어온다. 처음에 비행기를 탔을 때는 고층 빌딩조차 작게 보이는 지면과 자기가 탄 비행기까지의 거리가 얼마나 되는지 전혀 감이 오지 않는다. 여러 차례 경험을 해야 비행기가 어느 정도 높이에 있는지 짐작이 간다.

우리는 이미 어릴 적부터 수많은 물체나 현상을 경험하면서 여러 경로를 거쳐 거리 감각을 습득해왔다. 그렇기 때문에 그동안의 주관적 경험에 대한 기억은 사라지고, 본래 거리에 대한 감각이 사물 자체로부터 온다는 착각을 갖는다. 그러므로 거리에 대한 감각이 물체의 속성에서 비롯되는지, 아니면 주관적 경험에서 오는지를 판단하기 위해서는 시각장애인의 경우를 상정해볼 필요가 있다.

"그는 첫눈에 본 어떤 것도 높거나 낮으며, 상이 정립하거나 거꾸로 선다고 생각하지 않을 것이다."

처음으로 눈을 떠 세상을 본 사람은 위와 아래, 높음과 낮음과 같은 시각적 분별력을 갖지 못한다. 나아가서 자기가 보는 광경이 자신과 아무런 관련 없이 그저 외부 사물로만 마음 바깥에 있다고 생각하지도 않을 것이다.

대상의 위치는 저절로 외부에서 우리 내부로 주어지는 것이 아니다. 개별 사물이 다른 사물과의 관계에서 나타나는 거리나 위치 등에 대한 반복 경험이 지각을 형성하고 일상적인 판단이 만들어진다. 크기에 대한 관념도 마찬가지다. 보통 우리는 어떤 물체의 크기를 생각할 때 몇 인치나 몇 미터쯤 되어 보인다는 관념을 갖지만, 처음부터 물체의 성질에서 곧바로 제공되지 않는다. 인치나 미터는 "대상을 측정하고 크기를 어림하는, 확립되고 공인된 길"로서 어린 시절부터 반복 경험에 의해 크기 감각으로 형성되었다.

수를 세는 일도 다르지 않다. 선천적 시각장애인은 첫눈에 다른 사람처럼 시각적 사물을 세지 못한다. 특정 사물의 개수를 세기 위해서는 하나의 이름으로 묶을 수 있는 대상을 분별할 수 있어야 하는데 처음으로 눈을 뜬 시각장애인에게는 불가능한 일이다. 게다가 좌·우, 위·아래와 같은 개념은 물론이고 수도 마음의 창조물이기 때문이다.

버클리는 이러한 근거를 통해 거리·위치·크기 등의 관념이 주관적 경험의 산물이라는 주장을 펼쳤다. 물체의 성질과 분리된 주관적 경험을 강조하는 논리는 극단적 현상론으로 귀결된다. 물체의 성질에서 현상이 나타난다는 통념을 거부하고, 물체의 성질을 배제한 후 경험을 통해 바로 현상에 접근하는 과정에만 주목한다.

극단적 현상론 논리 아래에서는 어떤 물체가 보이는 결과에 대해 원인을 추적해나가는 정신 작용은 의미가 사라진다. 원인과 결과의 관계가 아니라 '표시' 정도의 의미에 머문다. 예를 들어 내가 보고 있는 불은 내가 불에 접근할 때 느끼는 고통의 원인이 아니라, 나로 하여금 주의하도록 경고하는 표시일 뿐이다. 이와 동일한 방식으로, 내가 듣고 있는 소리는 주변에서 물체들이 부딪힘으로써 발생하는 결과가 아니라, 그 표시일 뿐이다.

지각의 독자성을 통해
영혼 개념을 되살리다

● 인간이나 동물·식물과 같은 추상 관념도 개별 사물에 의해서 만들어지는 것이 아니다. 추상 관념이란 현실에 있는 사물이 아니라, 정신의 추상화 작업에 의해 만들어진 개념이다. 경험론 내부에서 객관성 중시 입장은 추상 관념을 사물의 공통된 모습이나 기능에서 도출된 결과로 이해한다. 여러 사물 사이에서 공통점과 차이점을 관찰한 후, 비슷한 모습이나 기능을 가진 특징들을 모아서 추상 관념을 형성했다는 것이다.

앞에서 예로 든 인간이나 동물의 개념을 떠올리면 쉽게 이해가 간다. 개별 사람에게서 공통 요소를 추출한 후 동물과 구별하여 '인간'이라는 추상 관념을 만들었다고 생각한다. 완전한 직립이라든가 정신의 역할 등 사람의 두드러진 특징을 공통점으로 모아 '인간'이라는 말을 붙인다. 집·산·강 등의 개념도 이러한 과정을 거쳐서 만들어졌다고 그들은 주장한다.

또한 개별 사물에서 중간 단계의 추상 관념을 거쳐 보다 고차적인 추상 관념으로 나아간다고 여긴다. 다양한 형태를 가진 개별 동물들을 각 특징에 따라 조류·포유류·어류·곤충 등의 중간 단계 추상 관념을 만들고, 최종적으로는 이들의 공통 요소를 추출하여 '동물'이라는 더 높은 단계의 추상 관념을 형성한다.

하지만 버클리가 보기에 추상 관념의 근거를 개별 사물에서 찾는 사고방식은 "지각 대상들의 외적 현존과 더불어 관념적 지식에 관련된 무수한 오류와 어려움의 원천"이다. 언뜻 개별 사물들에서 유사한 면을 종합한 것처럼 보이기 쉽기 때문에 존재와 관념의 근거에 대한 잘못된 견해를 만들어낸다. 하지만 "존재하는 것은 지각되는 것"이기에, 모든 관념도 사물이 아니라 지각 속에서 근거를 찾아야 한다.

추상 관념이 만들어질 때 비록 개별 사물과 관계를 맺더라도 주도적인 역할을 하는 것은 관념적 요소다. 예를 들어 '인간'이라는 추상 관념 형성에 필요한 공통 특징으로서 흔히 거론되는 일상적인 직립, 창의적·합리적 이성의 사용 등에 이미 관념적인 요소가 결합된다. 낮은 단계의 관념들을 서로 혼합하거나 결합하는 작업을 통해 보다 고도한 추상 관념을 만들어낸다. 이 모든 작업은 오직 지각하는 정신 속에서만 가능하다. 관념적 결합물이 지각되지 않고도 존재한다는 발상 자체가 말이 되지 않는다. 그러므로 사물을 지각하는 마음 외부에서 추상 관념의 근거를 찾는 일은 가능하지 않다.

버클리는 경험적 지각의 독자성을 전제함으로써 영혼 개념을 수호한다. 베이컨이 인간의 본질을 '영혼'에서 찾으려는 기존

주류 철학의 사고방식이야말로 추상으로 도망가서 철학을 병들게 만든 주범으로 보았음을 기억할 필요가 있다. 버클리는 베이컨이 무덤으로 보낸 '영혼' 개념을 다시 부활시킨 것이다.

성공회 주교이기도 한 버클리의 종교적인 정체성이 적지 않게 작용한 듯하다. 그가 보기에 "영혼 불멸을 부인하는 사람은 사실상 그 존재를 부인하는 것"이다. 인간에게 영혼이 일차적이라는 점을 부인한다면 지각의 독자성이라는 인간 존재의 본질적 특성을 인정하지 않게 된다. 그런데 영혼을 부인하면 신이 인간과 연결될 수 있는 통로를 부인하는 꼴이 된다. 물질적인 모습으로 드러나지 않는 신이 인간 신체에 깃들 수는 없는 노릇이니 말이다.

그렇기 때문에 영혼의 부인은 "신이 인간 행동의 관찰자요 심판관이며 보상하는 존재임을 부인"하는 것과 마찬가지가 되어버리고, 이는 곧바로 "신의 존재를 부인"하는 태도로 이어질 수밖에 없다고 비판한다. 고위 성직자이기도 한 버클리로서는 받아들일 수 없는 입장이기 때문에 당시 영국에서 가장 큰 영향력을 갖고 있던 경험론에 주관적인 요소를 대폭 강화하고 영혼 개념을 회복함으로써 신학과의 공존을 꾀했던 것이다.

14 너의 의지준칙이 보편원리에 타당하게 행위하라

Immanuel Kant

임마누엘 칸트
《실천이성비판》

왜 '너의 의지 준칙'인가?

● 임마누엘 칸트Immanuel Kant, 1724-1804는 독일 관념론 철학의 선구자로 불린다. 이성에서 출발하는 인식을 강조하는 합리주의와, 감각에 의한 인식을 중시하는 경험주의의 종합을 시도했다. 특히 인간의 윤리적 판단과 행동에 대한 근대적 기준을 새롭게 정립하고자 했다. 그의 도덕을 흔히 의무론적 윤리관이라고 한다. 도덕을 단순히 마음속에서 우러나오는 순수한 양심이나, 타인의 불행을 보았을 때 느끼는 동정심

따위와는 전혀 다른, 이성적 의무로 이해하기 때문이다.

"너의 의지준칙이 보편원리에 타당하게 행위하라."라는 명제는 그의 윤리관을 잘 보여준다. 이 명제를 정언명령이라고 부르는데, 반드시 이행해야 하는 의무를 말한다. 짧고 간단하지만 결코 수월하지는 않은 문장이다. 전체적으로 무슨 의미인지, 어떤 점에서 의무론적 윤리관을 대표하는지를 정확하게 이해하기 위해서는 단어 하나하나를 떼어내어 꼼꼼하게 접근할 필요가 있다.

먼저 '너'라는 말부터 중요하다. '너'는 윤리적 판단과 행위의 주체다. 단수 표현이어서 집단과 구분되는 독립적 개인을 의미한다. 근대 이전의 서양 중세사회에서는 인간이라는 집단이 윤리의 출발점이었다. 중세사회의 기독교 윤리관은 '원죄론'에서 출발했다. 아담과 이브가 선악과를 따먹고 낙원에서 쫓겨난 이후 모든 인간은 죄인이라는 논리 말이다. 원죄론 아래에서 개인은 아무 의미가 없다. 그가 누구든, 어떤 행위를 하든 모두 죄인이다. 그러므로 죄인으로서의 인간 집단만이 의미 있는 주체였다.

칸트는 도덕 행위의 주체를 집단에서 개인으로 바꾸어놓는다. 개인이 스스로의 판단과 행위에 의해 죄인이 아닌 선한 인간일 수 있는 길을 연다. 정해진 종교적 숙명이 아니라 개인이 어떻게 하느냐에 따라 얼마든지 다른 방향으로 갈 수 있다. 칸트 혼자만의 시도는 아니다. 서양은 근대에 이르러 개인으로서의 인간을 세우려 했다. 현대 개인주의 사회의 원리가 근대에 시작된 것이다.

다음으로 '너의 의지'를 살펴봐야 한다. 의지는 행위와 관련된다. 우리는 어떤 행위를 할 때 그러한 행위를 하려는 의지를 갖는다. 당연히 도덕도 행위와 연관이 있다. 만약 아무런 행위로도 연결되지 않는 생각일 뿐이라면 도덕이니 뭐니 개입할 여지가 거의 없다. 의지가 '너', 즉 개인과 연결이 되면 '자유의지' 의미가 된다. 타인이나 사회로부터 어떠한 강제나 권유 없이 순수하게 개인의 판단에 의한 의지라는 점에서 자유의지다. 칸트에 의하면 도덕은 자유의지와 직결된다.

"자유의 이념은 도덕 법칙에 의해 개시된다."

본능이나 강제처럼 자유의지 없는 행위는 도덕의 대상에 포함되지 않는다. 본능적 행위와 관련하여 예를 들면, 우리는 소나 말이 아무 데나 소변을 보거나 똥을 쌌다고 해서 도덕적 훈계를 하지는 않는다. 소나 말이 자유의지에 의해 이렇게 혹은 저렇게 할 수 있는데도 불구하고 아무 데나 일을 본 것은 아니기 때문이다. 그냥 본능적 행위일 뿐이다. 갓난아이가 옷에 똥을 싸거나 물을 엎질렀다고 해서 도덕적 비판을 하지 않는 것도 아직 자유의지에 의한 판단이 불가능한 나이이기 때문이다.

강제된 행위도 마찬가지다. 만약 어떤 사람이 자유롭게 선택할 수 없는, 오직 한 가지 이외에는 어떠한 선택도 할 수 없는 상황에 있다면 그러한 행위를 윤리의 기준으로 평가할 수 없다. 예를 들어 호흡을 하거나 물을 마시는 행위는 선택의 문제가 아니라 그렇게 하지 않으면 생존할 수 없는 사안이다. 여기에는 어떠한 윤리의 적용도 불가능하다. 오직 이렇게 할 수도 있고 저렇게 할 수도 있는 자유 상황이 전제되어야만 윤리는 의미를 갖는다. 그런 점에서 도덕은 자연의 인과 법칙과 구별된다. 그래서 칸트는 윤리가 "자연 법칙이 아니라 자유의 법칙"이라고 한다. 자유의지에 의한 선택을 전제하지 않으면 윤리는 성립할 수 없다.

'준칙'은 말 그대로 기준을 의미한다. 자유의지라고 해서 마음대로 해도 된다는 뜻은 아니다. 어떤 기준에 의해 일관되게 이루어져야 한다는 뜻이다. 그래야 자유의지에 의한 행위가 기분에 따라서 좌우되지 않고 일관성을 가질 수 있다. 원래 우리를 둘러싼 상황이 항상 동일하지 않기 때문에 조금만 변화가 있어도 다른 행위를 할 가능성이 있다. 뚜렷한 기준이 있어야 그때그때 변화하는 상황에서도 일관된 윤리적 행위를 할 수 있다.

보편원리에
타당해야 하는 이유

● 의지준칙은 사람마다 마음대로 정할 수 있는 것이 아니다. '보편원리'에 타당해야 한다. 보편원리는 객관적이고 절대적이라는 의미를 갖는다. 칸트에 의하면 우선 보편적이기 위해서는 주관적 감정에서 벗어나야 한다.

> "행위 동기가 감정을 매개로 해서만 일어난다면, 그러니까 법칙을 위해서 일어나는 것이 아니라면, 그 행위는 적법성은 포함하겠지만, 도덕성을 포함하지는 않는다."

사람마다 제각기 다르면 보편적일 수 없다. 예를 들어 즐거움은 사람마다 다른 주관적 욕구다. 만약 도덕이 개인의 쾌락 증가와 고통 축소를 기준으로 삼는다면 일관된 기준은 불가능하다. 쾌락은 경험에 의한 욕구이기 때문에 단지 얼마나 많은 즐거움을 주는가라는 감정에 의존할 수밖에 없다.

그런데 잘 알다시피 감정은 사람마다 아주 다르다. 어떤 사람에게 즐거움을 주는 행위가 다른 사람에게는 즐거움은커녕 불쾌한 경우도 적지 않다. 예를 들어 어떤 사람은 등산이 즐겁지만 그런 취향이 없는 사람에게는 산에 오르는 과정이 단지 고통으로만 다가오듯이 말이다. 그래서 누구에게나 공통적으로 해당하는 기준을 세워야 한다는 주장이다.

　또한 보편적이라는 말은 절대적이라는 의미도 갖는다. 상황에 따라 변하지 않고 동일하게 적용될 수 있는 도덕 기준이어야 한다. 우연적인 것은 도덕 법칙일 수 없다는 얘기다. 감정에 의해 이루어진 행위가 우연히 선한 행위일 때 도덕이라 할 수 없는가라는 의문이 생길 수 있다.

　예를 들어 길을 지나가다가 우연히 물에 빠진 아이를 발견했을 때 누구나 아이를 구하려고 한다. 물에 빠진 아이를 구하는 행위가 선한 행위라는 것을 부정할 수 없다면 자연스럽게 우러나오는 동정심은 그 자체로 도덕일 수 있지 않을까라는 의문이 생긴다. 또한 거리에서 누군가 길을 물어왔을 때 자연스럽게 길을 가르쳐주는 행위를 했다면 이 역시 도덕적인 행위가 아닐까라는 의문이 생긴다. 혹은 우연적 감정이 아니라 천성적으로 동정심이 많아서, 허영이나 사익 등의 동기 없이도, 자기 주위에 기쁨을 확대하는 데서 만족을 발견하고 타인의 만족을 기뻐할 수도 있지 않을까?

　하지만 칸트에 의하면 타인에 대한 사랑이든, 아니면 자기만족이라는 점에서 스스로에 대한 사랑이든, 감정에 의한 우연한 행위는 진정한 도덕에 해당하지 않는다.

"자기 사랑의 원리가 실천 법칙이라고 결코 주장될 수 없다. 왜냐하면 이런 일치 자체가 단지 우연적인 것에 불과하기 때문이다. 이런 규정 근거는 아무래도 언제나 주관적으로만 타당하고 (…) 객관적 필연성을 갖지 못한다."

칸트에 따르면 설사 올바른 행위와 일치되는 바가 있다고 하더라도 우연히 일어난 일에 지나지 않는다. 비유하자면 동물도 자기 새끼나 종족을 보호하기 위해 측은한 마음이나 사랑 감정을 갖고 자신을 희생하기도 한다. 하지만 동물의 희생에 대해 도덕적이라고 하지 않듯이 감정적으로 우연히 이루어진 행위 역시 마찬가지다.

우연한 행위나 동정심이 다행히 공익적이며 명예로운 것에 해당한다면 칭찬과 격려를 받을 만하지만, 참된 윤리적 가치를 갖는 것은 아니다. 오히려 자기만족적인 명예심과 같은 경향성에 해당하는 경우가 많다. 윤리는 감정적 경향이 아니라 언제나 일관성을 가져야 하고, 이를 위해 보편원리로서의 성격을 지녀야 한다. 우연성은 물론이고 지속성을 지닌 감정적 경향을 뛰어넘어 순전히 도덕 법칙을 의식하고 행동할 때만 윤리로 인정될 수 있다는 주장이다.

그러면 어떻게 보편원리를 수립할 수 있는가? 감각이나 감정을 통해 접근할 수 있는 것은 현상이다. 원리는 현상의 이면에 있는, 다양하게 나타나는 현상을 꿰뚫는 본질적인 것이다. 원리는 감각이나 감정이 아니라 오직 이성을 통해서만 도달할 수 있다. 감각이나 감정은 초기에만 의미 있는 역할을 할 뿐, 최종적으로는 이성의 힘에 의존해야 한다.

예를 들어 하늘로 던진 공이 다시 내려오고, 가을이 되어 사과가 땅에 떨어지는 현상은 누구나 감각을 통해 볼 수 있다. 하지만 감각은 그렇게 다양한 사물이 땅으로 떨어지는 현상만 볼 뿐, 그 이면의 어떤 원리를 발견해낼 수는 없다. 이성을 통해서만 만유인력의 법칙을 이해하고 이를 현실에 적용할 수 있는 것과 마찬가지다. 결국 보편원리에 타당해야 한다는 말은 윤리가 이성적 판단에 의해서 의식적으로 이루어진 행위로 제한되어야 한다는 의미를 지닌다.

정언명령으로서의 윤리

● 마지막으로 '행위하라'는 말은 명령을 의미한다. 칸트는 이 명제를 정언명령이라고 한다.

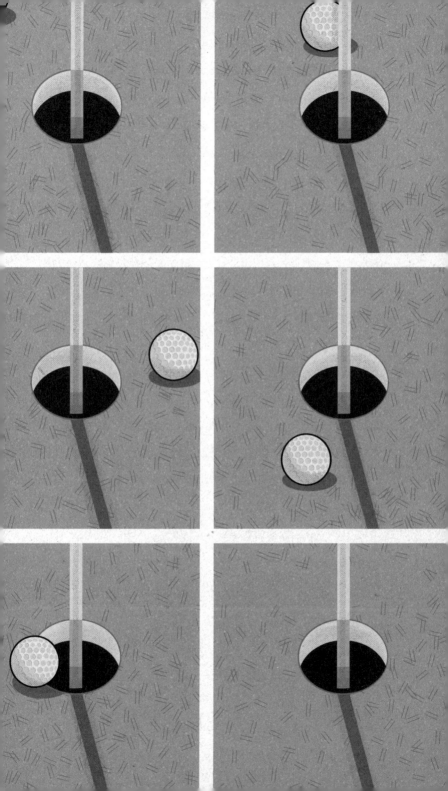

"도덕 법칙은 인간들에게는 정언명령이다. 왜냐하면 그 법칙은 무조건적인 것이니 말이다. 의지가 법칙에 대해 가지는 관계는 책임이라는 명칭 아래서 종속성이다. 책임은 행위를 지시하는 강요다. 그렇기 때문에 그것은 의무라고 일컬어진다."

　말 그대로 책임과 의무라는 이름으로 강제성을 갖는 명령이다. 자유의지와 이성에 기초하지만 책임은 강제이기 때문에 도덕은 의무에 해당한다. 의지준칙이 보편원리에 타당하도록 따라야 하기에 원리가 직접 의지를 규정하고 강제하는 관계다. 보편원리에 적합한 행위는 언제나 선하다고 정의할 수 있다.

　그러므로 의무의 요구를 따르려는 동기만이 행위에 윤리적 가치를 부여한다. 행위의 결과는 윤리적 가치를 판단하는 데 직접 관계가 없다. 윤리성에 대한 검사는 오직 정언명령에 의한 의무를 이행할 동기, 즉 의지가 있는가의 여부에 의해 이루어진다. 예를 들어 돈을 빌릴 때 갚을 의지도 없이, 자신의 현실적 필요를 중시하면 약속이나 목적 자체를 불가능하게 만들 뿐이다. 도덕 원리의 준수 동기를 확고히 함으로써 비로소 인간을 수단이 아닌 목적으로 대할 수 있다고 본 것이다. 예전에 중등·고등학교 교과과정에서 법은 결과, 윤리는 동기를 중시한다는 말을 본 적이 있을 것이다. 다분히 칸트의 논리를 포함하고 있는 말이다.

칸트가 보기에 윤리가 이성에 의한 의무인 이상, 감성이 지배하는 시기를 최대한 단축하는 윤리 교육이 필요하다. 감성과 이성은 일정한 나이에 이르러 서로의 역할을 자연스럽게 교체하는 방식으로 전개되는 것이 아니다. 이성의 힘에 의해 감성의 굴레를 넘어설 때 얻어진다. 그래서 아직 이성적 사고에 미숙한 어린아이조차 윤리 교육을 통해 이내 명민해지고, 판단력 증가에 적지 않은 흥미를 갖게 된다. 아이에 대한 교육을 감성에 맡기기보다는 치밀한 이성의 힘을 일찍 사용하도록 해야 한다. 교과서를 통해 가르친 윤리적 의무의 올바름을 현실에서 목격하도록 지도해야 한다.

칸트의 명제는 근대 이후 현대에 이르기까지 윤리철학에서 다양한 쟁점을 만들어낸다. 칸트의 주장이 시대를 뛰어넘는 진리일 리는 없다. 만약 그러하다면 현대사회에서 도덕의 상실을 격정할 필요가 별로 없다. 그의 윤리관을 열심히 되살려내기만 하면 될 테니까 말이다. 근본적으로 결함이 있거나 혹은 현대사회의 현실에 맞지 않는 점이 적지 않기에 점차 빛을 잃고 혼란이 찾아왔을 것이다. 실제로 그의 윤리관에 정면으로 반박하는 논리가 많이 있다.

도덕이 보편원리가 아니라 사회적 관례나 규율에의 속박에 불과하다고 보는 견해도 있다. 사회는 그렇게 순종하는 사람들에게 '선하다'는 칭호를 준다. 대부분의 아이들이 성장 과정에서 부모님 말을 잘 들을 때, 유치원이나 학교에서 시키는 대로 잘할 때 부모님이나 주위 어른으로부터 '참 착하다'라는 말을 듣는다. 반대로 규율이나 관례를 지키지 않거나 도전하게 되면 바로 '버릇없다'는 꾸중을 듣기 십상이다. 인습의 역행에 대해 사회는 곧바로 '악'이라 규정한다. 결국 윤리는 사회 규율을 강제하기 위한 장치에 불과하다는 입장이다.

인간을 동물과 달리 자유의지를 지닌 존재로 보는 전제 자체를 비판하기도 한다. 인간을 자유의지에 의해 행동하는 존재로 보아서는 안 된다는 논리다. 사람의 행위는 상당 부분 동물과 마찬가지로 본능에 해당한다. 생존을 위해 저지른 행위임에도 불구하고 복수심이나 책략에 의한 것으로 잘못 판단하고 윤리라는 잣대를 들이민다는 비판이다. 비윤리적 행위에 대한 대부분의 통념이 자유의지라는 잘못된 판단에 기초한 비난이다. 생존 본능에 의한 대부분의 행위에 대해 윤리의 굴레를 씌우지 말아야 한다는 논리이기도 하다.

이성에 의한 윤리의 절대화를 비판하는 시각도 만만치 않다. 예를 들어 살인하지 말라거나 도둑질하지 말라는 도덕률조차 절대적일 수 없다. 역사적으로 영웅이라고 불리는 사람들은 대체로 전쟁 영웅이다. 적게는 수만 명에서 많게는 수십만 명 이상을 죽인 사람들이다. 또한 전쟁이 아니라 하더라도 국가에 의해 저질러진 대규모 살인 행위 사례는 인간 역사에 널려 있을 정도로 허다하다. 만약 살인하지 말라는 것이 보편적 성격을 지니려면 침략 전쟁은 물론이고, 우리가 누구나 정당하다고 인정하는 독립전쟁에 의한 일체의 살인도 동일하게 비윤리적 행위로 지탄을 받아야 하는 문제가 생긴다.

칸트의 명제에 주목해야 하는 것은 절대적 기준이라거나 혹은 다른 윤리관에 비해 보다 많은 타당성을 지니기 때문이 아니다. 그의 명제를 이해하고 검토하는 과정에서 윤리철학과 관련하여 워낙 다양한 쟁점을 접할 수 있기 때문이다. 칸트의 일부 문제의식에 대해 수용 태도를 취하든, 아니면 비판 태도를 취하든 윤리의 주체에서, 윤리와 감정의 관계, 윤리와 이성의 관계, 윤리와 자유의지, 윤리의 절대성과 상대성 등에 이르기까지 여러 고민의 계기를 마련해준다.

15 이성적인 것은 현실적이며, 현실적인 것은 이성적이다

G.W.F. Hegel

프리드리히 헤겔
《법철학》

왜 이성과 현실의
관계인가?

● 칸트가 독일 관념론 철학의 선구자라면, 프리드리히 헤겔G.W.F. Hegel, 1770-1831은 완성자로 불린다. 근대 합리론과 경험론 문제의식을 수렴하되, 단순히 조합하거나 조율하는 작업에 머물지 않는다. 비판적인 수렴 과정에서 주관과 객관을 통일하는 인식 방법으로 사용한 변증법적 사고가 상당히 독창적이다. 특히 "이성적인 것은 현실적이며, 현실적인 것은 이성적이다."라는 명제는 헤겔 변증법의 특징을 잘 보여준

다. 칸트의 한계를 극복하고, 정신이 어떻게 자기발전을 통해 역사·사회·국가 등의 현실로 실현되는지를 규명한다.

먼저 그가 왜 '이성'과 '현실'의 관계에 주목하고, 왜 '이성적인 것은 현실적'이라고 하는지부터 살펴보자. 이성을 현실과의 관계 속에서 고찰하는 작업은 다분히 합리론, 나아가서는 칸트 철학에 대한 비판적 시각을 반영한다. 칸트는 감각을 통한 경험 이전에 인간이 본래 지니는 인식 능력을 주장한다. 경험 이전의 인식 능력이라는 점에서 '선험론'이라 불리는데, 헤겔이 보기에 이는 물에 들어가기 전에 수영하는 법을 배우겠다는 어리석은 발상이다.

수영을 배우기 위해 관련 서적을 잔뜩 구입하여 읽으면, 나중에 물에 들어갔을 때 실제로 몸이 뜨고 앞으로 나아갈 수 있을까? 즉 물에 들어가는 경험 이전에, 감각과는 무관한 인식을 통해 수영을 터득할 수 있을까? 거의 예외 없이 물에 빠져 허우적대고 말 것이다. 수영을 배우려면 일단 물에 들어가야 한다. 물에 대한 감각을 익히고, 물이 코로 들어온 경험도 몇 번 하면서 점차 물에 익숙해져야 한다.

칸트가 인식 능력이라는 도구의 검토에 '선험론'을 한정적으로 적용했지만, 인식의 검토만큼은 인식하면서 이루어질 수밖에 없다는 점에서 도구와 인식이 분리되지 않는다. 그러므로 칸트의 선험론은 물을 접하지도 않고 수영을 익히려는, 인식하기 전에 인식하려는 터무니없는 논리다. 현실에서 분리된 이성은 정상적인 역할을 하기 어렵다.

'이성적인 것은 현실적'이라는 규정은 현실에서 분리되어서는 이성이 스스로를 정립할 수 없다는 의미를 담고 있다. 원인과 결과, 존재와 비존재처럼 이성적인 개념이 현실과의 연관성을 상실하는 순간 논리적 형식이라는 껍데기만 남는다. 생생한 내용은 사라지고 생명력 없는 기호로 전락한다. 헤겔이 보기에 이성과 현실은 변증법을 통해 뗄 수 없이 연결된 관계다. 변증법은 서로 다르거나 모순된 성질을 가진 두 가지가 관계를 가지면서, 상호 침투하여 영향을 미치고 서로 변화하는 과정으로 나타난다. 이성은 현실과의 변증법적 관계를 통해서만 제 의미가 살아난다.

윤리도 마찬가지다. 헤겔이 보기에 도덕률을 현실과의 긴밀한 관계 위에서 정립하기보다는 칸트처럼 이성을 중심으로 한 보편원리에서 끌어내는 순간 윤리가 생명력을 상실하고 공허한 형식주의에 머문다.

"도덕학을 의무를 위한 의무에 관한 설교 차원으로 전락시키고 말았다. (…) 양심이 형식적인 주관성에 지나지 않을 경우, 이는 언제든지 악으로 돌변할 수 있는 태세를 갖추고 있는 셈이다."

보편원리에서 곧바로 의지준칙을 끌어낼 때 복잡하고 다양한 현실과의 모순도 사라져버린다. 인간의 행위는 온갖 본능적 욕구와 연결되어 있기 때문에 도덕이 현실과 만나는 순간 필연적으로 다양한 모순 관계와 만날 수밖에 없다. 윤리는 이성과 현실의 모순 관계를 회피하지 않고, 오히려 이에 대한 적극적인 인정을 전제로 변증법적인 상호 침투와 통일의 과정을 통해 비로소 구체적인 삶에서 생동하는 힘으로 작용한다.

현실과의 모순을 인정하지 않는 순수한 이성으로서의 윤리에서 남는 건 오직 형식적인 개념들로 이어지는 자기 일치뿐이다. 윤리가 성찰이나 각성을 비롯한 내적인 생명력을 상실하고 의무를 위한 의무로 전락하며, 도덕만이 주관적인 의지로 남는다. 이는 현실적인 생명력이 없는 주관성에 불과하기에 작은 시련이 닥쳐도 쉽게 흔들리고 악으로 전환될 가능성도 생긴다.

이성적인 것은
현실적이다

● '이성적인 것은 현실적'이라는 규정의 의미를 조금 더 풍부하게 이해할 필요가 있다. 헤겔에 의하면 이성은 오직 현실과 통일적인 관계에 있을 때만 철학적

사고로서의 의미를 지닌다.

"철학은 이성적인 것의 근거를 밝히는 것이므로 그럴수록 현재 있는 것과 현실적인 것을 더욱더 파악하는 것이지, 결코 신만이 아는 피안을 꾸며내려는 것이 아니다."

철학은 우리가 확인할 수 없는 미지의 세계나 신비로운 영역을 증명하는 작업이 아니다. 본질만으로 이루어진 이데아 세계라든가 사후 세계, 혹은 신을 비롯하여 초월적 존재에 대한 증명은 철학과 관계가 없다. 철학은 일시적 충동이나 감정을 넘어 보편적·체계적 사고로서의 이성이 어디에 근거하고 어떻게 작동하는지를 밝히는 작업이다.

그런데 이성은 현실에 존재하고 현실적으로 변화하는 사물이나 현상을 전제로 한다. 철학은 우주를 고찰하는 작업이다. 다만 자연과학처럼 자연에서 관찰할 수 있는 우주만을 고찰 대상으로 하지는 않는다. 무엇보다도 정신적 우주를 고찰하는 데 관심을 기울인다. 정신적 우주와 자연적 우주는 내면과 외면이라는 상반된 성격을 갖고 있는 것 같지만, 현실과의 관계를 전제로 한다는 점에서는 공통적이다.

자연적 우주를 연구하면서 태양이나 달을 비롯하여 천체

의 별을 탐구하는 데 초점을 맞추지 않는다는 것을 상상할 수 없다. 정신적 우주도 마찬가지다. 내적인 반성이든 감정이든, 아니면 또 어떤 형태의 주관적 의식이든 현재를 공허한 것으로 대해서는 안 된다. 현실을 넘어선 곳에서 정신의 정체를 찾고자 한다면 정신은 뿌리 없는 추상과 형식을 맴돈다. 이성은 끊임없이 현실에 젖줄을 대고 있어야 한다.

그렇기 때문에 '이성적인 것은 현실적'이라는 규정은 이성과 현실의 통일을 의미한다. 그런데 언뜻 이성과 현실은 서로 다른 특징을 지니기에 둘을 하나로 본다는 것이 쉽게 다가오지 않는다. 현실은 어찌 됐든 구체적이고 변화무쌍하고, 이성은 아무래도 추상과 개념화를 통해 보편을 향한다. 이성과 현실의 통일이 상당히 막연하게 느껴지기 십상이다.

그가 이성과 현실의 통일을 논할 때의 '현실'은 우리가 매일 겪는 시시콜콜한 일상과 동일한 의미가 아니다. 헤겔에 의하면 철학에서의 '현실'은 무한히 널려 있는 사소한 소재에 직접 관계하는 것이 아니다.

"철학은 자칫 자기와 관계없는 갖가지 사안에 얽혀 들어갈 수 있는 까닭에 차라리 철학으로서는 그러한 일에 아예 참견하지 않는 편이 나을 듯도 하다."

헤겔은 플라톤과 피히테의 사례를 들어 철학자가 쓸데없이 일상의 사소한 소재로 눈을 돌리는 것을 경계한다. 예를 들어 플라톤은 유모들에게 어린 아기를 안고 잠시도 가만있지 말고 끊임없이 흔들어주라고 권유했다. 피히테도 여권 심사에 완벽을 기하려면 용의자의 인상착의만을 여권에 기재할 것이 아니라 초상화를 그려 넣는 일에까지 손을 써야 한다는 식의 언급을 했다. 헤겔은 철학을 논하는 자리에 들어갈 필요가 없는 내용이라고 비판한다. 일상의 세세한 문제까지 다루다 보면 철학의 흔적은 찾아볼 수 없게 된다. 철학에 걸맞지 않게 과도한 지혜의 남용이고 쓸데없는 참견에 불과하다.

분명 이성적인 것은 현실적이기 때문에 이성은 세계 전체에 관심을 갖는다. 세계를 자신으로 의식하기에 이르렀을 때 이성은 비로소 진정한 정신이 된다. 다만 '현실'의 의미를 오해해서는 안 된다. 우리가 직접 맞닥뜨리고 있는 구체적 현실이 아니다. 이러한 현실은 감각과 경험의 단계에 속한다. 그가 이성과 현실의 통일을 논할 때의 현실은 이성 단계에서의 현실, 즉 지각을 거쳐 추상화된 현실임을 잊어서는 안 된다. 최종적으로는 관념론 틀 내에서 현실과 이성의 관계다.

그럼에도 불구하고 '이성적인 것은 현실적'이라는 헤겔의 관념론은 경험론의 문제의식을 일정 부분 수용한 결과다. 이성이 현실과 통일되어 있다는 점에서 "관념론은 동시에 절대적 경험론"이다. 이미 이성이란 외부로부터의 충격을 받아서 다양한 감각이나 표상을 받아들이는 일을 내적으로 포함하고 있기 때문이다.

현실적인 것은 이성적이다

● 이제는 '현실적인 것은 이성적'이라는 규정이 의미하는 바를 이해할 차례다. 언뜻 보기에 같은 말을 뒤집어서 반복한 듯 느껴진다. 하지만 철학 명제처럼 고도로 압축적이고 엄밀한 문장에서 의미 없이 표현만 바꿔서 한 번 더 이야기하는 말장난을 하지는 않는다. '이성적인 것은 현실적'이라는 규정은 이성이 현실에 근거함으로써 생명력을 얻게 되는 과정, 구체에서 추상으로의 변증법적인 상승 과정을 설명한 내용이었다.

'현실적인 것은 이성적'이라는 규정은 이성에 의해 현실이 재구성되는 과정, 추상에서 구체로의 변증법적인 하강 과정을 설명한 내용이다. 이성이 현실과의 통일에 근거하여 정립될 뿐만 아니라, 동시에 진정한 현실은 이성에 의해 만들어진다. 앞의 '현실'과 뒤의 '현실'은 전혀 다른 상태를 반영한다. 앞의 '현실'이 이성을 구성하기 위한 정신적 재료로서의 현실이라면, 뒤의 '현실'은 이성에 의해 이상적인 형태로 실현된 현실이다.

헤겔은 이성에 의해 실현되고 또한 이성과 변증법적으로 통일되어 있는 현실의 대표적인 예로 '국가'를 꼽는다.

> "국가 그 자체를 하나의 이성적인 것으로서 개념적으로 파악하고 그의 내실을 표현하려는 시도 이외의 다른 어떤 것이어서도 안 된다. 철학은 국가가 어떻게 있어야만 하는가에 대한 구상이 아니라, 국가라는 인륜적인 우주가 어떻게 인식되어야만 하는지를 가르쳐야 한다. (…) 자신의 시대를 사상으로 포착한 것이 철학이다."

국가는 자연발생적으로 생겨난 공동체가 아니다. 흔히 씨족에서 부족을 거쳐 더 큰 공동체인 국가가 만들어졌다고 생각한다. 하지만 헤겔이 보기에 국가가 혈연관계인 가족·씨족처럼 자연스럽게 세상에 나타나고 확대된 것이 아니다. 개인과 개인의 산술적 결합이 아니다. 개인이 모여 집단을 이루었다고 해서 국가가 실현되는 것은 아니다. 국가는 이성의 실현체. 이성에 의해 인위적으로 만들어진다. 대신 개인의 이성적 실현을 넘어선다. 그가 국가를 '인륜적'이라고 규정한 이유도 여기에 있다.

"국가란 인륜적 이념의 현실태다."

국가는 개별성을 넘어선 보편적 이성으로서의 지위를 갖는다. 개인은 이성에 기초한 개별적이고 특수한 자기의식을 갖는다. 국가는 그러한 개인을 넘어선 단위라는 점에서 개인의 의식이 공동성으로 고양된 절대적 이성의 단계다.

이성과 현실의 통일은 개인 차원에서의 자각을 넘어서 민족정신이나 시민정신과 같은 인류 정신을 포함한다. 시민으로서의 의식은 단일한 민족정신을 본질로 하여 정신의 현실체인 민족 전체 속에서 자기 존재를 확신하면서, 민족 속에 자기의 진리가 안겨 있다고 생각한다. 이성의 보편성은 개념적 성격을 넘어서 현실의 민족과 인륜성을 규정한다.

나아가 국가는 자유의 실현체다. 개인은 인륜적 보편성 속에서 자유를 실현한다. 자유는 개인이 무작정 자기가 하고 싶은 행위를 하는 데 있지 않다. 사회 구성원 공동의 자유 실현 안에서 개인의 자유도 의미를 지닌다.

"개인의 자기의식은 자기 활동의 본질·목적·성과로서의 국가 안에서 실체적 자유를 지닌다."

현실에서 개인의 자유의지를 민족 전체의 자유의지로 구현하는 것이 바로 법이다. 법을 통해 자유가 이념으로 존재한다. 그러므로 개인은 국가의 성원이 됨으로써 수동적으로 의무를 부담할 뿐만 아니라, 능동적으로 자유를 누린다.

이성과 자유가 국가에서는 법을 통해 작용하기에, 헤겔은 인륜적 국가를 실현하는 가장 적절한 정치 체제로 입헌군주제를 제시한다.

"국가의 입헌군주제로의 완성은 실체적 이념이 무한의 형식을 획득하게 된 근대 세계의 업적이다."

그는 국가에 필요한 권리를 세 가지로 구분한다. 원칙을 결정하고 확정하는 입법권, 특수한 분야나 개별 사례를 일반 원칙 아래 포섭하는 통치권, 최종적 의지 결정으로서 주관성의 권력인 군주권이 그것이다. 세 권리는 나열 관계가 아니다. 군주권 밑에서 각 권력이 통일된다. 이 통일이 입헌군주제의 정점이며 기점이다. 또한 사실상 통치권은 그 성격상 군주권에 속한다는 점에서도 입법권을 제외한 모든 권리를 군주가 갖는 입헌군주제로의 경향이 매우 강하다고 볼 수 있다.

하지만 '현실적인 것은 이성적'이라는 규정이 이성에 의한 현실의 재구성을 의미한다고 해서 곧바로 철학이 세상을 바꾸는 실천적 역할을 해야 한다는 주장은 아니다. 헤겔이 철학의 역할을 국가가 '어떻게 인식되어야만 하는지'로 한정하고 있음을 잊지 말아야 한다. 국가가 어떠해야 하는가라는 적극적인 역할이 아니라 어떻게 인식되는가라는 소극적인 역할로 위상을 낮춘다.

그는 "자신의 시대를 사상으로 포착한 것이 철학"이라며, 철학이 자신이 발을 딛고 있는 현실의 세계를 뛰어넘을 수 없다고 한다. 이성의 근거가 현실에 있는데, 만약 현실의 세계를 뛰어넘는다면 이미 이성은 공허한 형식이 되어버린다. 이는 한 개인이 그의 시대를 뛰어넘어 밖으로 나간다고 망상하는 것과 마찬가지의 어리석은 생각이다. 철학자가 국가가 어떠해야 한다고 머릿속에 그린다면, 추상적으로 그려질 수는 있지만, 임의로 상상하는 일에 지나지 않기에 현실적인 의미는 없다.

헤겔이 보기에 철학이나 철학자의 역할은 이성에 의해 정립된 이념을 직접 현실로 만들어내는 실천에 있는 것이 아니다.

"철학은 현실이 그 형성 과정을 종료하여 확고한 모습을 갖추고 난 다음에야 비로소 시간 속에서 나타난다. (…) 미네르바의 부엉이는 황혼이 깃들 무렵에야 비로소 날기 시작한다."

G.W.F. Hegel

철학은 현실이 변화한 후에 그 양상과 성격을 규명하는 작업을 임무로 한다. 지성의 여신인 미네르바가 황혼이 깃들 무렵에 날기 시작한다는 말은 철학은 현실의 변화가 어느 정도 뚜렷해질 때 자기 역할이 시작된다는 의미다. 그러므로 '현실적인 것은 이성적'이라는 규정은 철학이 세상을 바꾸는 실천적 지침이 아니라 관념적 전망이다. 현실의 국가를 이념적으로 정당화하는, 당시 유럽에서 구체적인 모습을 드러내던 근대 입헌군주제를 이성과 현실의 변증법을 통해 정당화하는 역할에 머문다.

이성적인 것은 현실적이며, 현실적인 것은 이성적이다

16 세계는 나의 표상이다

Arthur Schopenhauer

아르투어 쇼펜하우어
《의지와 표상으로서의 세계》

왜 표상으로서의 세계인가?

● 아르투어 쇼펜하우어Arthur Schopenhauer, 1788-1860는 근대철학과 현대철학의 경계에 서 있는 '생철학生哲學' 경향을 대표한다. 이성주의를 정면으로 반대하고, 근대철학에서 비합리적 영역으로 치부되어 철학 외부로 던져졌던 의지에 주목한다. 이들이 주목하는 의지가 삶에의 의지라는 점에서 흔히 생철학으로 부른다.

근대철학의 가장 두드러진 특징은 예측과 계산 가능성을 갖는 합리적 이성의 지배다. 하지만 이성의 승리가 과학기술 만능주의를 매개로 무기 개발과 전쟁 확대, 빈부격차 등 또 다른 광기와 공포로 등장하면서 이성에 대한 믿음이 무너지기 시작한다. 그와 함께 이성의 합리화 과정에서 아예 부정되거나 혹은 경험의 필수적 요소이지만 궁극적으로 극복되어야 할 요소로 지목되었던 감성·직관·상상력·환상 등에 대한 새로운 관심이 나타난다.

이성의 절대화로 치닫던 근대철학에 대한 다양한 비판 과정에서 현대철학의 문이 열린다. 크게 구분하자면 두 방향으로 나뉜다. 하나는 이성 자체를 회의하고 극복하는 방향, 다른 하나는 이성에 기초하면서 새로운 대안을 추구하는 방향이다. 쇼펜하우어는 이성에 대한 회의에 기초하여 의지에서 대안을 찾는다. "세계는 나의 표상이다."라는 명제에는 의지를 향해 나아가는 문제의식의 단초가 담겨 있다.

왜 세계가 표상인지를 이해하기 전에 표상이 무엇인지를 알아야 한다. 쇼펜하우어가 명제와 함께 언급한 내용을 통해 한 발짝 다가설 수 있다.

> "세계는 나의 표상이다. 이것은 살아서 인식하고 있는 모든 존재에 해당되는 진리다. (…) 이 세계에 속하는 것과 속할 수 있는 모든 것은 주관에 의해 필연적으로 제약을 받기에 주관에 의해서만 존재한다."

표상이란 '인식' 기능을 갖고 있는 모든 존재가 '주관'에 의해 사물을 바라보는 방법이다. 살아서 인식하는 모든 존재라는 점에서 인간의 고유한 능력이라고 규정하는 이성과는 다르다. 외부 사물을 인식할 수 있는, 동물까지 모두 갖고 있는 감각에 의존한다. 즉 표상이란 이성을 통한 논리적·추상적인 사고와는 달리, 감각으로 접한 외부 대상을 마음에 떠올리는 작업이다. 감각을 통해 마음속에 그려낸 당장의 모습만이 아니라, 과거에 지각된 대상을 기억에 의해 재생한 모습, 여러 대상에서 주관적으로 조합된 모습 등을 모두 포함한다.

왜 세계가 표상인가? 근대의 합리적 사고방식으로는 세계가 외부에 객관적으로 존재하는 대상이어야 한다. 하지만 쇼펜하우어에 의하면 우리를 에워싸고 있는 세계가 그 자체로 존재하는 것이 아니라 주관적인 표상으로만 존재한다.

"객관 자체라고 하는 실재는 꿈에 나타나는 괴물이며, 그러한 가정은 철학에 있어서 도깨비불이다."

객관이라는 설정은 허구에 불과하다. 우리가 인식하는 세계는 모두 특정한 시간과 공간 안에서만 존재한다. 자신의 마음속에 세계라고 부를 수 있는 무언가를 지금 한번 떠올려보라. 자연

Arthur Schopenhauer

에서는 태양이나 달, 혹은 대지나 바다를 떠올릴 수 있다. 서울에 살고 있고 조금 더 가까운 것을 떠올리고 싶다면 남산이나 북한산, 한강도 좋다. 꼭 자연만이 아니라 매일 마주치는 버스나 지하철, 아니면 자기가 사는 집도 상관없다. 하다못해 휴대폰이나 볼펜처럼 일상적으로 사용하는 작고 사소한 물건도 괜찮다.

이 중 어느 하나라도 특정한 시간·공간으로부터 독립하여 존재하는 경우가 있는가? 적어도 시각·청각·촉각 등 감각을 통해 접할 수 있는 모든 사물은 구체적인 시간·공간 속에서 자신의 자리를 차지한다. 만약 정신 안에 시간이라는 관념과 공간이라는 관념이 없다고 가정해보라. 그러면 무엇을 마음에 떠올리는 게 가능하지 않을 것이다.

변화에 대한 생각도 마찬가지다. 세계의 모든 사물은 항상 변화한다. 하나의 상태에서 다른 상태로의 변화도 늘 접하는 세계의 특징이다. 산이나 강도 변하고, 도시의 모습도 변한다. 변화를 접할 때 우리는 자연스럽게 원인과 결과와 연결한다. 변화를 떠올리는 일 자체에 이미 어떠한 작용과 그로 인해 나타나는 현상이 분리되지 않는다. 즉 원인·결과라는 관념을 전제로 세계의 변화를 본다.

그래서 쇼펜하우어는 "시간·공간은 모두 독립하여 물질 없이도 직관적으로 표상할 수 있지만, 물질은 시간·공간 없이는 표상할 수 없다."라고 한다. 구체적인 사물 없이도 머릿속에 시간·공간이라는 관념을 가질 수 있다. 추상적인 개념으로 떠올리는 일이 가능하다. 하지만 세계의 사물은 시간·공간과 무관하게 독립적으로 떠올릴 수 있는 방법이 없다.

적어도 인식에서는 시간과 공간, 원인과 결과라는 주관적 관념의 결합에 의해 비로소 사물의 현실성이 생긴다. 그렇기 때문에 세계에 속하는 모든 것은 '주관에 의해서만 존재'한다. 오직 시간·공간·인과성이라는 관념에 의존하여 표상하는 대로만 사물이 세계에 존재하는 것으로 지각되기 때문에 세계는 나의 표상이다.

의지가 표상과
인식의 근거다

● 시간·공간·인과성만이 아니라 사물을 관찰할 때 갖는 대부분의 인상도 주관에 의해 표상된다. 예를 들어 흔히 바다를 보고 엄청나게 크다고 느끼고, 땅을 기어 다니는 개미를 보고 저렇게 작은 생물이 살아서 움직인다는 게 신기하다고 느낀다. 여행을 하다 강원도나 경상도의 산을 보며 가파른 산세를, 충청도의 산을 보며 완만한 산세를 실감한

다. 혹은 비행기나 고속열차를 탔을 때 빠른 속도를 경험하고, 직접 자전거 페달을 밟아 한강의 공원을 다니며 여유로운 속도를 누리기도 한다.

그리고 습관적으로 이 모든 인상이 각 사물의 독특한 성질에서 온다고 생각한다. 하지만 그가 보기에 이는 사물의 고유한 성질이 아니다. 큼과 작음, 가파름과 완만함, 빠름과 늦음 등은 관념 속에 자리 잡고 있는 인식의 기준이다. 정신 외부에 독립적으로 존재하는 물질의 성질일 수 없고, 정신에 의해서 지각되고 형성되는 관념이다.

쇼펜하우어에 의하면 감각에 근거한다는 점에서 주관적 표상은 이성보다는 의지에 속한다.

"세계는 한편으로는 철두철미하게 표상이지만, 또 한편으로는 철저하게 의지이기도 하다. (…) 인식 작용은 표상으로서의 전 세계를 제약하는 담당자이긴 하지만, 철저하게 신체에 매개되어 있으며, 신체의 감정적 움직임이 세계를 직관하는 출발점이다."

정신을 매개로 보편적 존재로서의 인간에 접근하는 합리론이나 관념론과 대비된다. 인간은 개체로 존재한다. 현실에서 삶을 영위하는 인간은 개별 존재일 수밖에 없다. 보편적 특징을 중심으로 한 인간 규정은 허구다. 또한 인간의 모든 기능과 특성은 신체와 분리될 수 없다. 신체에서 가장 멀리 떨어져 있는 듯 보이는 정신조차도 신체나 감정과 긴밀하게 연결되어 있다. 신체와 감정에 의존하여 삶을 영위하는 이상 주체는 개별 인간일 수밖에 없다. 상호 작용이 있겠지만 매 순간 개별 인간의 의지와 선택을 전제로 한다.

앞에서 그가 '살아서 인식하고 있는 모든 존재'가 표상을 통해 세계를 접한다고 했음을 기억할 필요가 있다. 적어도 신체를 매개로 삶을 향한 개체의 의지가 핵심 역할을 한다는 점에서 인간과 동물은 큰 차이가 없다. 제일 중요한 의지는 생명과 일상을 유지하고자 하는 의지다. 삶의 유지를 위한 의지라는 본질 영역에서 인간과 동물은 공통적이다.

동물이 삶을 향한 강렬한 의지를 갖고 있음은 의심할 여지가 없다. 사자나 늑대처럼 먹이사슬의 윗부분에 있는 동물은 물론이고 소나 사슴과 같은 초식동물, 나아가서는 개구리나 개미 등 아주 작은 동물에 이르기까지 생존을 향한 의지는 가장 중요한 본능이다. 동물과 다르다고 하지만 인간의 의지 역시 삶을 방해하는 모든 위험 요인에 대해 가장 예민하게 반응한다. 삶에의 의지는 기본적으로 자기 신체를 현재의 상태대로 유지하고자 하는 긍정에 지나지 않는다.

삶에의 의지가 표상 작용에 사용되는 각종 관념, 즉 앞에서 예로 든 시간과 공간, 원인과 결과, 큼과 작음, 가파름과 완만함, 빠름과 늦음 등을 만들어낸다. 동물에게 표상 관념이 있다는 말이 쉽사리 받아들여지지 않을지도 모르겠다. 대부분 동물은 오직 본능에 의해서만 움직인다는 왜곡된 상식을 갖고 있기 때문이다.

하지만 동물 역시 인간의 주요 표상 관념을 대부분 갖고 있다. 예를 들어 사자나 늑대가 사냥을 하는 장면을 떠올려보라. 주도면밀하게 사냥 대상인 사슴이나 들소의 움직임을 살핀 다음 결정적인 공격을 하기에 적합한 때를 기다리고, 사냥의 성공 확률을 높이기 위해 매복 공격에 적합한 장소를 물색한다. 시간과 공간 관념을 사용하는 것이다. 또한 빠르게 도망가거나 저항하는 대상을 단번에 제압하기 위해 목의 숨통에 날카로운 이빨을 박고 강하게 흔들어댄다. 어디를 어떻게 물어야 원하는 결과가 효과적으로 나오는지를 판단한다는 점에서 원인과 결과에 대한 고려다.

동물도 삶을 유지하려는 의지를 관철하기 위해 다양한 표상을 통해 세계와 만난다. 다만 표상과 판단 능력의 '정도'에서 차이가 있을 뿐이다. 하지만 그러한 차이는 인간에게도 나타난다. 표상과 관련된 관념의 예민성 정도나 인식 범위의 넓이는 각양각색이다. 인간에 비해 동물이, 또한 고등동물에 비해 하등동물이 원인과 결과의 관계를 인식하는 정도가 낮다. 그럼에도 불구하고 생존을 위한 의지를 발휘하는 과정에서 다양한 표상 관념을 갖는다는 점은 동일하다.

감정과 의지의 파생물인 인식 능력에 차이가 나타나는 정도다. 이성에 기초한 인식 능력은 동물에 비해 월등하게 높지만, 정신 능력조차도 "오직 더 큰 뇌수의 발전을 통해, 따라서 유일하게 뇌의, 특히 양에 따른 신체의 차이를 통해서만 입증"된다는 점에서 기본적으로는 동물과 인간의 공통점 위에서 출발한다.

삶을 유지하려는 의지야말로 인간에게 가장 본질적이다. 그러므로 인간에게 유의미한 시간은 현재다. 삶 이후나 삶 이전은 현실적 의미가 없다. 현재가 삶과 의지를 규정한다. 미래나 과거는 개념 속에 존재할 뿐이다. 과거에 사는 사람도 없고, 미래에 살 사람도 없다. 현재만이 모든 삶의 형식이고, 삶으로부터 절대로 빼앗아 갈 수 없는 삶의 확실한 소유다. "의지에 있어서 생은 확실하고, 생에 있어서 현재는 확실"하다.

삶에의 의지가 자기 유지를 향하는 한 개체를 뛰어넘는 보편적 의지란 존재하지 않는다. 인간을 이성에 의한 합리적 존재로 이해한 근대철학을 부정한다. 또한 삶이란 맹목적 의지에 다름 아니다. 삶을 욕망하고 집착하는 의지는 보편적·필연적 법칙과는 무관하다. 그러한 의미에서 인간의 판단과 행위를 보편적인 법칙과 질서 위에 두고자 했던 합리론과 관념론의 문제의식을 부정한다.

쇼펜하우어가 보기에 맹목적 욕구에 기초하는 삶은 그다지 조화롭지 않고 오히려 고통스럽다. 욕구는 결핍에서 생기는데, 충족은 한이 없기에 채워지지 않는 욕구와 결핍감만이 지속된다. 그러므로 의지에 의한 세계는 고통과 혼동, 열정, 악이 항상 동반될 수밖에 없다. 철학이 진정으로 관심을 가져야 하는 부분은 조화와 균형이 아니라 삶의 고통이다.

직관이 가장
명확하고 견고하다

● 인간의 본질을 의지에 둔 쇼펜하우어의 생각은 근대철학에서 가장 중요하게 여긴 이성을 이차적이고 부수적인 능력으로 여긴다는 의미가 된다.

> "지성은 의지의 결정을 후천적 · 경험적으로 비로소 아는 것이다. 따라서 지성은 당면한 선택에 있어서는 의지가 어떻게 자기 결정을 하는가에 관한 재료를 갖고 있지 않다."

인식이 선행하고 욕구가 뒤따른다는 이성 중심적인 사고방식은 오류다. 반대로 욕구와 의지가 우선한다. 의지가 인간 행위에 필요한 가장 중요한 결정을 한다. 인식은 의지의 결과물에 불과하고 의지에 봉사해야 한다. 이성은 오직 표상이 제공한 인식의 재료를 대상으로 해서 개념을 형성하는 매우 제한적 기능만을 한다.

여전히 남는 문제가 있다. 인식에서 이성이 이차적·부수적인 역할만을 한다고 할 때 그러면 인식의 가장 중요한 영역은 무엇인가? 의지는 결정을 하고 표상은 재료를 제공하지만 인식 자체의 고유한 기능이라고 할 수는 없다. 쇼펜하우어에 의하면 인식에서 가장 풍부하고 중요한 영역은 직관이다.

"이성 개념은 모든 내용을 오로지 직관적 인식과 그것과의 관계 속에서만 얻는다."

직관이란 사물이나 사태를 직접적·순간적으로 지각하는 것을 말한다. 감각적으로 마주하는 사물이나 자기 앞에 벌어진 상황처럼 인식 대상과 바로 관계한다는 점에서 직접적인 지각이다. 또한 무엇이 벌어진 상황의 핵심이고 어떻게 해야 하는지를 짧은 시간에 꿰뚫어 보는 방식이라는 점에서 순간적인 지각이다.

Arthur Schopenhauer

추론을 통해 대상을 분할하거나 추상화하는 작업이 아니라, 대상 전체를 직접적으로 파악한다. 직관은 개인적인 정신 능력이나 감성적인 판단에 기초한다.

인식은 오직 직접적·감각적 표상에서 출발하여 직관에 의한 판단을 거쳐서만 이성으로 이행할 뿐이다. 인위적 변형 과정이 없다는 점에서 직관이야말로 가장 명확하고 견고하다.

"추상적 인식과 이성이 생기면, 이론적 면에서는 의혹과 오류가 나타나고, 실제적 면에서는 불안과 후회가 나타난다."

이성은 확신과 안정을 주기는커녕 반대로 불안과 오류를 생산한다. 직관은 의지와 직접 관계하고 그만큼 순수하다.

"의지는 개체 및 전체의 내면적인 심오한 부분이며 핵심이다."

순수하게 직관적 태도를 취하는 한 모든 것은 명백하고 견고하며 확실하다. 오직 직관 속에서 평정을 얻고 현재에 만족할 수 있다. 그러므로 인식에서 가장 중요한 부분은 이성이 아니라 의지이고 의지의 지배를 받는 직관이다.

인간은
초극되어야 할 존재다

Friedrich Nietzsche

프리드리히 니체
《차라투스트라는 이렇게 말했다》

왜

초극되어야 하는가?

● 생철학의 가장 유명한 철학자로 프리드리히 니체Friedrich Nietzsche, 1844-1900가 꼽힌다. 근대철학의 대표 주자라 할 수 있는 합리론·경험론·관념론에 대한 비판 위에서 새로운 전망을 모색한다는 점, 이성을 극복할 철학적인 대안으로 의지에 주목한다는 점에서 쇼펜하우어 문제의식의 연장선상에 있다. 하지만 의지의 역할을 극단으로 밀어붙이고, 의지에 풍부한 생명력을 불어넣었다는 점에서 독창적인 지평을 열었다.

"인간은 초극되어야 할 존재다."라는 명제에는 그의 전망이 어디로 향하는지가 압축적으로 담겨 있다.

왜 '초극'인가로부터 출발해야 한다. 어떤 초극이고 어떻게 초극을 이룰 것인가 이전에 어디로부터 초극해야 하는가의 문제 말이다. 초극이란 어떤 하나의 상태를 훌쩍 뛰어넘어 질적으로 전혀 다른 상태로 향한다는 의미다. 극복 방향이 어디로 향하는지를 제대로 이해하기 위해서는 먼저 어디에서 벗어나야 하는지를 알아야 한다. 니체는 인간을 인간이지 못하게 만드는 가장 큰 문제를 지목한다.

> "여태까지 생을 가진 자는 자신을 뛰어넘기 위하여 무엇인가를 창출
> 해왔다. 그대들은 이 위대한 조류를 거슬러 썰물이기를 원하며, 인간
> 을 뛰어넘기보다는 오히려 동물로 되돌아가기를 원하는가?"

근대사회를 거치면서 사람들의 상식적인 생각은 물론이고 학문조차도 과거로의 퇴행이 나타나고 있다. 밀물이기보다는 썰물로 향한다. 이 지구에 동물의 일부로서 인간이 생겨났다면, 오랜 세월에 거쳐 동물에서 벗어나 고유의 특성을 가진 인간이라는 존재로 발돋움했고, 이제는 인간을 뛰어넘어야 할 단계임에도 오히려 동물로 퇴보하는 현상이 나타나고 있다.

어떻게 합리적 이성이 인간을 동물로 돌아가도록 부추기는가? 철학을 비롯한 근대 학문은 수학적·과학적으로 사고하는 방법을 이성의 핵심으로 사고하도록 만들었다. 합리주의는 인간의 사고 내부에서 일체의 신비적인 요소는 물론이고 불확실하거나 미심쩍은 요소들, 심지어 감정적인 요소까지도 걷어내고 과학에 의해 입증 가능한 것만을 학문의 반열에 올려놓으려 했다.

특히 찰스 다윈의 진화론은 서양의 전통적인 인간 이해 기반을 허물어뜨렸다. 인간이 육체와 영혼, 정신적 실체와 물질적 실체의 결합이라는 이원론을 부정했다. 정신이 독자적인 실체를 갖는 것이 아니라 뇌를 중심으로 한 육체의 한 기능에 불과하다고 믿었다. 정신이 육체의 기능이고, 육체의 진화에 따라 정신이 발전해왔다는 진화론이나 과학주의 시각에 따르면 인간과 동물 사이에는 근본적인 차이가 없어진다.

현실의 인간 이해가 동물로 되돌아가고 있다는 비판에는 근대의 학문 상황이 깔려 있었다. 그렇다고 해서 근대 과학의 성과라 할 수 있는 진화론이나 인간에게 육체가 갖는 중요성 자체를 부인한 것은 아니다. 한편으로 니체는 다윈의 진화론을 일부 수용한다.

"영혼이란 다만 육체의 내부에 속한 그 무엇을 나타내는 언어에 불

과하다. (…) 그대들이 정신이라고 부르는 이성도 그대들 육체의 도구다. 이성은 조그마한 도구이며 장난감인 것이다."

정신은 육체의 도구다. 인간의 육체는 진화론 주장과 마찬가지로 동물에서 인간에 이르는 오랜 진화의 길을 거쳐왔다. 또한 현재의 인간에게도 여전히 육체의 작용, 즉 동물의 특성이 상당한 영향력을 발휘하고 있다. 흔히 정신의 독립성을 근거로 자아를 규정하고 이 말에 긍지를 갖지만, 보다 위대한 것은 육체다. 정신은 육체와 무관한 사변적인 그 무엇이 아니다. 육체의 죽음과 함께 정신도 사라진다.

그렇기 때문에 자아도 이념이나 개념이 아니라 육체 활동을 동반하는 삶에서 성립한다. 니체가 보기에 육체와 직접적인 활동의 근거가 되는 자연에서 벗어난 일체의 인간 이해는 허구다.

"대지에 충실하라. 그대들에게 대지를 초월한 듯 희망에 대해 말하는 자들을 믿지 마라. 의식적이든 무의식적이든 그들은 독을 타는 자들이다."

니체는 육체와 감성을 부정하고 피안에 희망을 두는 형이상학적 인간 이해의 허구성을 신랄하게 비판한다. 육체적인 욕구와 충동이 정신을 타락으로 이끌고 윤리를 해치는 주범이라고 생각하는 견해에 대해서도 비판한다. 대부분의 충동은 생존 본능과 연관성을 지닌다. 그런데 근대철학을 비롯하여 그동안의 서양철학은 이러한 충동에 대해 윤리를 해치는 이기주의로 규정해왔다. 니체는 이제 다른 시각이 필요하다고 한다.

> "육욕·지배욕·이기심, 이 세 가지가 지금까지 가장 저주받아왔으며 가장 옳지 못하다는 혹독한 평판을 받아왔다. 이 세 가지를 나는 정당하게, 그리고 인간적으로 저울질하려는 것이다."

하지만 니체가 보기에 육체적 욕구는 악의 원인이 아니다.

> "모든 '사악한' 행위는 생존 본능, 혹은 더 정확히 말해서 개인의 쾌감 의도와 불쾌 회피가 동기다. 그러나 이런 식으로 동기가 주어진 것이면 악한 것이 아니다."

식욕·수면욕·성욕은 인간을 포함한 모든 동물의 생존 본능에 해당한다. 생존하기 위해서는 영양분을 충족해야 하고, 몸이 정상적으로 기능하도록 일정 시간 이상을 쉬어야 한다. 무엇보다도 단순 유기물이 아니라 생명으로서의 의미를 갖추려면 다음

세대로의 복제가 전제되어야 한다. 그렇기 때문에 성욕은 생명체로서의 생존에 가장 필수적인 욕구이기도 하다.

적어도 생존을 위한 본능적 욕구에 해당한다면 선과 악의 잣대를 댈 수 없다. 동물이 먹이를 차지하기 위해 서로 싸우고 죽이는 행위에 대해 도덕적으로 판단하지 않는 것과 같은 이치다. 마찬가지로 인간이 생존을 위해 타인과 싸우는 행위에 대해 악이라고 규정하는 것은 타당하지 않다.

인간은 육체적 본능에 지배되는 동물과 달리 이성을 갖고 있고, 이로 인해 자유롭게 판단하고 행동할 수 있기에 윤리적 잣대가 성립한다는 견해도 문제다. 전통적 윤리관은 인간은 이성적 판단에 의해 나쁜 짓을 할 수도, 안 할 수도 있는 존재이기 때문에 윤리가 성립할 수 있다고 보았다. 니체는 이성을 통해 자신의 의지와 행동을 조절할 수 있다는 오해 때문에, 생존을 위해 저지른 행위임에도 불구하고 복수심이나 책략에 의한 것으로 잘못 판단하고 윤리의 잣대를 들이밀어 왔다고 비판한다. 생존 본능에 기초한 '사악한' 행위는 무죄다.

하지만 니체는 다른 한편으로 진화론적 인간 이해, 즉 인간과 동물의 차이를 사실상 말소해버리는 과학적 인간 이해에 대해 투쟁한다. 인간이 진화의 길을 걸어왔고, 육체와 감각의 많은 부분이 동물 영역과 맞닿아 있는 것은 사실이다. 하지만 공통점이 곧바로 인간과 동물의 동일성을 정당화하지는 않는다.

동물과 달리 인간은 이 세상에 태어난 이래 '밀물'로 살아왔다. 동물은 주어진 운명대로 환경에 수동적으로 적응하며 생의 반복을 거듭해왔을 뿐이다. 하지만 인간은 태어난 대로의 자신의 유지하는 데 머물지 않고 수없이 많은 세대에 걸쳐 끊임없이 자기 한계를 극복하기 위한 투쟁을 벌여왔다. 어떤 한계나 장래에 부딪히면 이를 뛰어넘으면서 부단히 스스로를 진보의 방향으로 밀어붙였다. 기존의 조건이나 자신의 상태에 머물지 않고, 스스로를 부정하며 넘어서 왔다. 자기를 초월함으로써 보다 나은 자신을 창조하는 존재다. 그러한 의미에서 인간은 동물보다 우월한 존재다.

문제는 인간의 우월성, 즉 인간과 동물의 차이를 이성에서 찾는 기존 철학의 그릇된 발상이다. 과학이라는 이름으로 인간으로서의 자신을 뛰어넘기는커녕 오히려 인간을 동물 수준으로 되돌리고 있다. 니체가 보기에는 지금이야말로 진정한 의미에서 동물 단계로부터 벗어나는 초극이 필요한 때다. 이성이 아니라면 무엇을 통해 초극이 가능한가?

무엇을 통해
초극되는가?

● 동물에서 출발했고 아직도 내부에 여전히 동물적인 요소가 적지 않지만, 자기 스스로를 부정하고 보다 나은 자기를 창조하는 작업은 의지를 통해 가능하다. 니체는 동물에 대한 인간의 독립성을 미망이나 이성이 아니라 의지를 통해 확보하라고 한다.

> "수천 년에 걸친 이성뿐만 아니라 수천 년에 걸친 미망도 우리의 내부에서 폭발한다. 상속자가 된다는 것은 위험한 일이다. (…) 모든 신은 죽었다. 이제 우리는 초인이 살기를 원한다. 이것이야말로 위대한 정오에 갖는 최후의 의지가 되게 하라!"

신은 죽었다. 신이 죽어야 인간의 초극이 가능하다. 니체에게 신은 우리가 상식적으로 생각하는 종교적인 신으로만 머물지 않는다. 과거의 신과 근대의 신 모두가 죽었다. 과거의 신은 '미망'이다. 종교적인 의미에서 절대적 존재든 플라톤의 이데아든 현실에서 벗어나 피안에 희망을 두는 과거의 신은 사람들을 미망에 빠지게 한다. 사리분별을 하지 못하고 갈피를 잡지 못한 채 오직 절대적 존재에 대한 복종만을 강요당한다.

근대의 신은 바로 '이성'이다. 그리스 이후 근대에 이르기까지 주류 철학은 이성을 완전히 자유롭고 자발적인 활동으로 전제하고 이를 통해 마치 삶이나 의지와는 무관한 영원한 지식이 존재하는 것처럼 그릇된 주장을 펼쳤다. 이를 정당화하기 위해 이성주의자들은 충동의 역할을 부정하고, 지식을 통해 삶의 원리를 규정하려 했다. 심지어 근대에 접어들어서는 과학기술 만능주의에서 드러나듯이 합리적 이성이 중세의 신 자리를 대신 차지했다. 문제는 이성을 통한 과학적 인간 이해 아래에서 인간은 본능적 충동과 물리적 신경 반응만을 지닌 동물의 일부에 머물게 되었다는 점이다.

니체에 따르면 이제는 미망과 이성의 상속자에서 벗어나 초인으로 살아야 한다. 자기를 초극하여 초인으로 나갈 수 있는 통로가 바로 '의지'다. 자유는 이성이나 지식이 아닌, 의지와 결단의 문제다. 특히 자신을 뛰어넘으려는 의지야말로 인간과 동물을 구분하는 가장 중요한 기준이다. 정신의 근거인 감각이나 육체의 밑바탕에 의지가 있다.

"감각과 정신은 도구며 장난감이다. 그 배후에는 역시 자기 의지가 있다."

의지를 통해 인간은 동물과 같은 맹목적 충동에서 벗어날 수 있다. 초극 의지를 통해 인간의 본질이 자유에 있음을 깨닫고 목적의식적으로 미래를 창조하는 일이 가능하다.

일차적으로 삶의 의지가 중요하다. 구체적인 삶을 전제로 하는 이상 이와 연관된 감각과 감정의 역할이 강조된다. 과거의 주류 철학은 감각과 감정을 마치 세계와 이념을 변질시키는 오염 물질 정도로 생각했다. 그래서 니체는 옛날 철학자들을 심장, 즉 감정이 없는 인간이라고 지적한다. 진정한 철학은 삶과 의지의 핵심 요소인 감각과 감정의 능동적 역할을 인정하는 데서 다시 열려야 한다.

삶의 의지이기 위해서는 쾌와 불쾌라는 표상이 필요하다. 불쾌를 줄이고 쾌를 늘리는 방향으로 의지가 생성되기 때문이다. 쾌와 불쾌는 단순한 감정 표출이 아니라 지성의 해석과 연결된다. 왜냐하면 동일한 자극이 사람에 따라서 쾌로 혹은 불쾌로 달리 해석될 수 있기 때문이다. 쾌와 불쾌, 그리고 의지는 모든 유기체의 공통점이 아니라 지성적 존재에게만 발견되는 것이다.

또한 니체에 의하면 삶의 의지는 지배하려는 의지, 즉 권력 의지이기도 하다.

"그대들이 의지를 지향하는 자들이 되고, 그리하여 모든 곤경의 전

환이 그대들에게 필연적인 것일 때, 그때야말로 덕이 작용하기 시작

하는 때다. (…) 이 새로운 덕은 힘이다. 그것은 지배하려는 사상이며,

지혜로운 영혼이 그 주위를 휘감고 있다."

인간은 자신의 삶을 물론이고 주변을 지배하고자 하는 권력

의지를 지니고 있다. 권력에 대한 의지를 갖기에 집단에 매몰되

지 않는 개인적 가치가 실질적 의미를 지닌다. 상호성을 인간관

계의 무조건적 원리로 삼으려는 도덕률은 비속하고 졸렬한 입장

이다. 그보다는 고독한 개인으로서 창조적인 역할을 해야 한다.

"그대의 고독 속으로 피하라. (…) 세상에서 가장 훌륭한 곳이라 할지

라도 누구든 최초로 그것을 연출하는 개인이 없다면, 그것은 아무런

가치도 지니지 못한다."

집단의 필요를 넘어 주변을 지배하려는 개인의 의지를 통해

비로소 인간은 동물과 달리 개인적 가치를 지닌 존재가 된다.

쇼펜하우어와 니체는 모두 생과 의지를 강조했지만 구체적

내용에는 상당한 차이가 있다. 쇼펜하우어에게 생의 실체는 생에

의 맹목적 의지였다. 영원히 만족할 줄 모르는 욕망으로서의 의

지였다. 맹목적 욕구와 집착에 기초한 의지이기에 그 결과로 이

루어진 세계는 결핍감에서 오는 고뇌가 지배한다. 금욕과 무의지의 경지에 들어설 때 고뇌에서 벗어날 수 있다는 점에서 그의 생철학은 부정적 성격을 보였다.

하지만 니체의 생에의 의지는 초극의지와 권력의지를 통해 창조적 성격으로 변화한다. 초극을 통해 계속 변화한다는 점에서 이 세계는 허무하다. 하지만 쇼펜하우어와는 달리 니체의 허무는 염세적 허무가 아니라 창조를 향한 허무이고, 맹목적 허무가 아니라 권력의지를 통해 더 큰 힘을 추구하는 성장과 강화로서의 허무다. 니체는 능동적 생철학을 향한 길을 열었다.

18 중요한 것은
세계를 변화시키는 것이다

●

Karl Marx

카를 마르크스
《포이어바흐에 관한 테제》

철학자들은 세계를
해석해왔을 뿐이다

● 한국 사회에서 카를 마르크스Karl Marx, 1818~1883는 오랜 기간 금기어에 해당하는 사상가였다. 군사정권 시절에 그의 책은 늘 출판 금지 1호였고, 읽거나 보관하는 것만으로도 법적인 처벌 대상이 되었다. 하지만 마르크스를 빼놓으면 철학사의 주요 기둥 하나가 허물어져서 전체 흐름을 제대로 이해하기 어렵다. 마르크스는 그에 대한 옹호나 비판을 넘어 현대철학을 조망하기 위해서 반드시 올라야만 하는 높은 산이다.

그는 기존 철학 전체에 대한 비판 위에서 새로운 전망을 연다. 코페르니쿠스적인 전환이라 할 만큼 발상을 뒤집어엎는다. 무엇보다도《포이어바흐에 대한 테제》의 "철학자들은 세계를 단지 다양하게 해석해왔을 뿐이다. 그러나 중요한 것은 세계를 변화시키는 것이다."라는 규정에서 명확하게 확인되듯이, 서양철학의 오랜 고질병이라 할 사변적인 성격을 정면으로 비판하고 철학을 사회적 실천의 지평 위에 올려놓는다.

먼저 '다양하게 해석'이라고 한 점을 볼 때, 기존 철학이 여러 갈래로 나뉘지만 해석에 머물렀다는 점을 지적하고 있다. 플라톤을 거쳐 중세신학에 이르는 관념론이든, 그리스 자연철학에 뿌리를 두고 근대 경험론에 이르는 유물론이든, 상반된 관점처럼 보이지만 세계를 수동적으로 해석하는 데 지나지 않았다. 마르크스의 철학이 완결적으로 정리되기보다는 여러 저작에 흩어져 있기에《포이어바흐에 대한 테제》이외에《독일 이데올로기》,《신성가족》,《헤겔 법철학 비판》등에서 필요한 내용을 취합해 설명하고자 한다.

그에 의하면 관념론은 사변적인 태도에 매몰되면서 세계를 변화시키는 실천 역할을 방기한다. 현실의 구체적인 삶의 조건 안에서 살아가는 인간을 도외시하고, 반대로 관념 안에서 표상되거나 상상된 것에서 출발한다. 정신이나 도덕을 자립적이라고 여긴다. 인간이 집단을 이루며 실제로 살아온 역사적 과정을 무시하고 추상적이고 고립된 개인으로서의 인간을 전제한다. 의식으로 생활을 규정하고, 개념이나 이념을 통해 세계를 해석하는 데 치중한다.

관념론의 일부인 종교는 더욱 심하게 하늘에서 땅으로 내려오는 방식으로 세계를 해석하고 꿰어 맞춘다. 역사적으로 볼 때 인간이 종교를 만들지, 종교가 인간을 만드는 것이 아니다. 하지만 대부분의 종교 교리는 종교가 이 세상과 인간을 만들었다고 가르친다. 종교적 세계관에 기초하여 현실의 법과 도덕을 규정한다. 신분제 사회 아래에서 사람들이 빈곤과 억압에 신음하는 상황에 대해서도 본래 인간이 죄인이기 때문에 어쩔 수 없이 감수해야 한다고 설교한다. 그 결과 사람들은 빈곤과 억압에 저항하기를 포기하고 종교가 퍼뜨린 운명에 자신을 맡긴다. 그러한 점에서 종교는 일종의 아편일 뿐이다.

경험론을 비롯한 기존 유물론도 대상에 대한 파악에 한정된 경험에 기초한다는 점에서 마찬가지의 문제를 지닌다. 세계를 인간의 실천 활동으로서 이해하지 않고, 고정된 주체가 대상을 관조적으로 파악하는 방식에 몰두한다. 과학자가 실험실에서의 고립적인 연구와 실험을 통해 사물을 분석하는 방식을 사용하여 인간과 세계의 관계를 모두 파악할 수 있다고 여긴다. 세계를 변화시키는 능동적 역할은 사라지고 해석만 남는다.

설사 세계를 고정불변으로 치부하지 않고, 어느 정도 현실에 대해 비판적인 시각을 갖고 있는 철학이라 하더라도 해석에 머문다. 마르크스는 이를 '비판의 무기'와 '무기의 비판'을 비교하여 설명한다.

> "비판의 무기는 무기의 비판을 대신할 수 없다. 물질적 힘은 물질적 힘에 의해 전복되어야 한다. 그러나 이론 또한 대중을 사로잡자마자 물질적 힘이 된다."

'비판의 무기'는 이론적 비판 자체를 무기로 삼는 방식이다. 현실 세계의 어떤 문제에 대해 이론적인 차원으로만 문제를 삼는다. 그런데 철학이 비판의 무기로 역할 한다고 해서 현실을 지배하는 실질적인 역학 관계를 대신할 수는 없다. 그렇다고 해서 철학 이론이 필요 없다는 말은 전혀 아니다. 무기로서의 철학이어야 한다. '무기의 비판'은 실질적 영향력을 지닌 무기를 동원하는 방식의 비판이다. '물질적 힘'은 바로 실질적 영향력을 의미한다.

세상을 지배하거나 움직이는 실질적인 영향력은 사람들로부터 온다. 억압과 착취의 물질적 힘은 지배자나 지배 세력에 근거한다. 이를 변화시키고 극복하는 물질적 힘은 피지배 세력으로서의 대중에 근거한다. 철학이 세계를 변화시키는 역할을 하기 위해서는 대중에게 실천적 지침을 제공하고 실제로 조직하여 저항의 길로 이끌어야 한다. 그럼에도 불구하고 몇몇 철학자들은 이론 차원의 비판에 머물면서도 비판 정신을 가졌다고 자부한다. 이는 기존의 억압적인 세상을 정당화하는 철학에 비해 진전된 태도임은 분명하다. 하지만 비판적인 시각에도 불구하고 실천을 방기한다는 점에서는 여전히 세계를 해석하는 한계에 머문다.

무엇이
세상을 바꾸는 철학인가?

● 다음으로 세계를 변화시키는 실천적 힘으로서 철학이 어떻게 열리는지 살필 차례다. 마르크스에 의하면 철학이 무기, 즉 세상을 바꾸는 힘이 되기 위해서는 하늘에서 땅으로 향하는 철학과는 정반대의 방향으로 가야 한다.

> "우리는 땅에서 하늘로 올라간다. (…) 현실적으로 활동하는 인간들에
>
> 서 출발하며, 또한 그들의 현실적 생활 과정으로부터 이 생활 과정의
>
> 이데올로기적 반영들과 반향들의 발전을 표현한다."

철학의 필수적 정신 작용인 표상·의식·이념 등은 인간의 물질적 활동에 직접 관련된다. 물질적 활동이란 땅을 일구어 농사를 짓거나 공장에서 물건을 만드는 일체의 생산 활동, 먹고 마시고 자는 생활을 의미한다. 마르크스가 '나는'이 아니라, '우리는'이나 '그들은'이라며 집단으로서의 인간을 강조하는 점에 주목할 필요가 있다. 기존 철학은 대부분 정신적 주체로서의 개별 인간, 즉 원자화된 주체를 설정했다. 의식을 자립적인 것으로 보는 발상이다. 하지만 생산과 생활에 근거한 인간은 고립된 개인일 수 없고, 집단과 긴밀한 관계를 맺는다.

그렇기 때문에 마르크스는 "인간은 하나의 유적類的 존재"라고 한다. 인간은 생산 활동을 통해 유적 존재로서의 자신을 실현한다. 인간은 다른 사람과 함께 세계를 인간에게 유용하도록 가공하는 과정에서 자신을 실현한다. 노동을 통해 자연을 있는 그대로에서 끄집어내어 의식적 산물로 전환하는 과정에서 동물과 다른 의식적이고 자유로운 존재가 된다.

유적 존재로서의 인간은 사회적 존재를 의미하기도 한다. 데카르트를 비롯하여 근대철학의 인간 규정이 외부 관계에서 독립해 있는 '나'를 상정하는 데서 출발한다면, 마르크스가 보기에 원자화된 인간은 현실의 인간을 전혀 반영하지 못한다. 시민사회의 이기적 개인은 자신을 원자로, 즉 연관이 없는 자족적 존재로 착각할 수 있다. 하지만 경제생활 내에 존재하는 다양한 이해관계는 각 구성원을 연결하는 작용을 한다.

철학에서 사용되는 언어도 고립된 개인의 정신에서 비롯되는 것이 아니다. 사회적 존재로서의 생산이나 생활에 필요한 언어에서 비롯된다. 고유하고 독립적인 결과로 여겨왔던 법률·윤리·종교·형이상학 등은 스스로 아무런 역사도 가지고 있지 않으며, 어떠한 자립적 발전도 하지 않는다. 언어로 표현되는 정신적 활동은 집단으로서 인간의 물질적 활동의 결과로 봐야 한다. 땅에서 하늘로 올라가는 과정이다.

그러므로 인간의 본질을 개인 이성에서 찾는 주류 철학의 발상에서 벗어나, 일하고 생활하는 데서 찾아야 한다. 인간은 개별화된 '의식적' 존재가 아니라, 현실의 생활 과정에 의해 사회적으로 '의식된' 존재다.

"의식이 생활을 규정하는 것이 아니라 생활이 의식을 규정한다."

세계와 직접 상호 관계를 맺으며 살아가는 인간에서 출발할 때 철학은 관념론자들의 경우처럼 상상된 주체들의 상상된 행동이기를 멈추고, 또한 경험론자들의 경우처럼 관조적인 관찰에 의한 죽은 사실들의 모음이기를 멈추고 세상을 바꾸는 집단적 힘이 된다.

그러므로 철학을 '자기의식' 속으로 해소시키는 것이 아니라 인간을 지배로부터 해방시켜야 한다. 마르크스가 보기에 해방은 철학 사상 속에서의 사변적 해방이 아니라 역사적·실천적 행위로서의 해방이어야 한다.

> "현실에 있어서, 그리고 실천적 유물론자들에게 있어서 중요한 것은 현존 세계에 혁명을 일으키는 것, 기존의 사태를 실천적으로 공격하고 변화시키는 것이다."

사회에 대한 경제적·정치적 지배력이라는 물질적 힘은 그에 대립하는 직접적인 힘에 의해 극복될 수 있다. 철학은 현실의 힘에 저항하는 피지배 계급의 정신적 무기로서 세계 변화에 직접 영향을 미칠 수 있다는 점에서 물질적 힘으로 전화된다. 저항하는 계급은 철학의 실현을 통해 억압 상태를 지양할 수 있다. 마르크스는 노동자의 직접적·물리적 저항이야말로 억압된 현실을 바꾸는 가장 강력한 힘이라고 보았다. 하지만 이론의 지원을 받지 못하는 자연발생적·무계획적 저항은 한계가 분명하다. 손에 든 무기와 함께 이론의 무기를 지님으로써 세계는 변화가 가능하다.

이를 위해 마르크스는 현실과 사유의 관계를 역전시킴으로써, 즉 유물론을 변증법의 기초로 삼음으로써 기존 유물론과 관념론의 한계를 동시에 넘어서고자 한다.

> "헤겔에 있어서는 사유 과정이 현실적인 것의 조물주다. (…) 반대로 나에게 이념은 두뇌에 이전되는 번역된 물질적인 것 이외에 아무것도 아니다."

그는 사유와 현실의 관계를 뒤집어 놓는다. 특히 그에 따르면 현실의 물질적인 것이 정신적인 것에 우선한다. 그렇기 때문에 사유는 독립적 자기 발전이 아니라 현실을 반영하면서 변화하는 과정에 놓여 있다.

그는 인간이 능동적으로 세계를 구성하고 변화시켜나간다는 점은 인정한다. 하지만 주어진 환경과 무관한 능동성이 아니다. 역사적으로 주어진 상황에 제약받으면서 능동성을 실현한다. 그리고 능동성 실현의 핵심 역할을 실천 행위에서 찾는다. 객관 세계에서 출발하되 사유를 통해 진리를 규명하는 과제는 단순히 이론이 아니라 실천적 문제다. 실천에서 고립된 사유의 현실성이나 비현실성에 관한 논쟁은 순전히 공허한 말씨름에 불과하다.

그는 기존의 이성관이 절대화된 영원한 이성을 통해 현실 계급 지배를 영구화하려는 시도라고 비판한다. 이성은 자기 발전 과정이 아니라 역사적으로 형성된 산물일 뿐이다. 특히 근대철학에서의 이성은 새로운 지배 계급으로 부상하는 부르주아지의 이해를 대변한다.

"지배 계급의 사상은 어떠한 시대에도 지배적 사상이다."

물질적 생계 수단을 마음대로 처분하는 지배 계급은 동시에 정신적 생산 수단도 마음대로 처분한다. 그 결과 해당 시대의 정치·법률·도덕·종교·형이상학을 비롯하여 대중적으로 널리 유포된 사상은 대체로 지배 계급에 종속된다. 지배적 사상이란 지배적·물질적 관계의 관념적 표현 이상의 아무것도 아니다. 그러므로 마르크스에게 근대철학의 극복은 이론적 과제 이전에 현실의 억압적 지배 질서를 변혁하는 실천적 과제였다.

철학이 어떻게 세계를 변화시키는가?

● 마지막으로 세계를 변화시키기 위해 가장 중요한 과제는 무엇인가? 일차적으로 유적 존재로서의 인간의 본질을 회복하는 데서 찾아야 한다. 역사적 현실에

서 사람들은 노동이 착취당함으로써 유적 존재로서의 특성을 상실하고 있다. 토지와 공장을 비롯한 생산 수단에 대한 사적 소유로 인해 노동 대상과 노동 생산물에 대한 권리를 박탈당한 대부분의 사람이 행하는 노동은 단순히 생존을 위한 생활 수단으로 전락한다. 육체도 정신도 모두 노동 도구로 전락한다. 그리하여 자유로운 존재, 의식적 존재로서의 주체적인 유적 본질을 잃게 된다.

그러므로 노동자는 자기의 비인간적 생활 조건을 지양하지 않고서는 자신을 해방시킬 수 없다. 자본이 성장하고 노동자의 삶을 일정하게 개선해준다 해도 문제가 해결되지 않는다. 이윤과 임금은 예나 지금이나 반비례 관계이기에, 즉 어느 한쪽이 증가하기 위해서는 다른 한쪽이 피해를 봐야 하므로 근본적인 한계가 있다. 문제 해결을 위해서는 생산 수단을 자본가가 배타적으로 소유하는 제도의 폐지, "소유 일반의 폐지가 아니라 부르주아적 소유의 폐지"가 필요하다.

이를 위해서는 자본주의 국가에 대항하는 정치혁명이 필수적이다. 사회 구성원 모두의 공통 이해를 대변하는 보편적 영역으로서의 국가는 존재하지 않는다. 마르크스에 의하면 국가는 단지 지배 계급의 통치 수단일 뿐이다.

"현대의 국가권력이란 전체 부르주아 계급의 공동 사무를 처리하는
위원회에 지나지 않는다."

　여기에서 지배 계급이란 그 시대의 생산 수단을 배타적으로
소유한 계급을 의미한다. 국가는 고대 그리스나 로마와 같은 노
예제 사회에서는 노예주, 중세 봉건사회에서는 귀족과 지주, 마
찬가지로 자본주의사회에서는 부르주아 등 지배 계급의 이익을
수호하기 위한 기구에 불과하다.

　우리는 흔히 국가 안에서 하나라고 생각한다. 예를 들어 국
가 대항 스포츠 경기라도 열리면 계급과 계층의 구분을 넘어선
하나의 동질감을 느끼곤 한다. 하지만 국가를 독립적·중립적인
단위로 여기는 것은 허구다. 역사 전개 과정에서 생산 수단을 독
점한 지배 계급이 피착취 계급을 직접 억압하는 일이 점차 곤란
해진다. 전통사회에서는 신분제와 폭력에 근거하여 직접 지배하
는 방식이 상대적으로 용이했으나, 시민혁명 이후 형식적 민주주
의가 도입되면서 부르주아 계급이 노동자를 비롯한 피착취 계급
을 노골적으로 직접 지배하는 방식이 곤란해진다. 노동자를 비롯
한 민중의 저항에 직면하기 십상이기 때문이다. 부르주아 계급
은 직접 통치에 나서는 방식이 아니라 국가를 외견상 자신에게
서 독립적·중립적인 기구처럼 보이게 할 필요성이 생겼다. 그래

서 이제 통치의 전면에 나서는 것은 자신의 이해를 대변하는 정당과 이를 정신적·문화적으로 뒷받침하는 TV·신문을 비롯한 언론, 종교 등이다.

그러한 의미에서 "노동자들은 조국이 없다". 조국은 노동자가 부르주아 계급의 이익을 침해할 때 적으로 간주한다. 처음에는 점잖게 교화하지만, 결정적으로 자신의 이해에 반한다고 여겨질 때 국가의 이익과 안전이라는 구실로 폭력적 탄압에 나선다. 사적 소유를 폐지하고 부르주아 계급의 지배에서 벗어나기 위해서는 부르주아 정치 지배를 무너뜨리는 정치혁명이 필수적이다. 기본적으로 계급 대 계급의 투쟁은 정치 투쟁이다. 국가권력 장악을 둘러싼 투쟁으로 나아갈 수밖에 없다. 철학은 이러한 과제에 직접 복무할 때 세상을 변화시키는 힘으로 작용한다는 것이다.

19 고통과 쾌락이 인류의 두 주인이다

Jeremy Bentham

제러미 벤담
《도덕과 입법의 원리》

왜 고통과 쾌락의 지배를 받는가?

● 제러미 벤담 Jeremy Bentham, 1748-1832

은 공리주의를 대표하는 철학자다. 그는 가치 판단의 기준을 효용과 행복의 증진에 두어 '최대 다수의 최대 행복' 실현을 윤리적 행위의 목적으로 삼는다. 행위의 옳고 그름을 판단하는 기준을 인간의 이익과 행복 증가라는 결과에 둔다는 점에서 영국 경험론 전통과 밀접한 관련을 맺고 있다. 현실의 유용성을 강조한 베이컨의 문제의식과 탐구 방법을 도구로 이성의 절대화와 사변화로 치닫던 근대철학을 넘어서려 했다.

벤담의 공리주의는 현실에서 실질적 의미를 지니고, 결과적으로 인간 생활의 개선으로 이어질 수 있는 논의를 추구한다. 올바름의 기준은 이론적 완결성에서 오지 않는다. 하물며 선험적 개념이나 의무론적 관점에서 접근하려는 시도는 더욱 인정될 수 없다. 유용성도 막연한 개념이 아니다. "고통과 쾌락이 인류의 두 주인이다."라는 명제에서 드러나듯이 그는 고통 회피와 쾌락 증가라는 구체적 기준을 제시한다.

근대 경험론의 반복은 아니다. 감각 경험에 기초한 이해가 공통된 기준으로서의 역할을 수행하기는 어렵다. 동일한 현상에 대해 서로 다르게 느끼고 그 결과 서로 다른 이해에 도달할 수도 있기 때문이다. 그러므로 가치의 객관적 기준을 인정할 수 없다. 예를 들어 어떤 사람은 집이나 높은 지위보다도 마음을 나눌 수 있는 진정한 친구 한 명을 더 소중하게 생각한다. 반대로 어떤 사람은 금전적 이익을 위해서라면 친구를 등지거나 사람들을 밟고 올라서는 일을 서슴지 않는다.

사람에 따라 무엇이 자신에게 더 큰 효용을 주는지에 대해 서로 다른 판단 기준을 갖는다. 그러므로 감각과 경험에 의해 형성된 이해력에 의존하는 인식은 현실적 기준을 제공할 수 없다. 벤담은 결과와 유용성에 바탕을 두되, 고통과 쾌락이라는 객관적 기준을 제시한다. 이를 통해 가치 판단의 주관성을 향할 가능성이 있는 경험론의 한계를 넘어서고자 한다.

보다 꼼꼼하게 다가서 보자. 먼저 '주인'이라는 것은 인간이 특정한 상황에서 선택을 요구받을 때 고통과 쾌락을 판단의 근거로 삼는다는 의미다. 무엇을 하지 말아야 하는지, 무엇을 해야 하는지를 결정하게 하는 가장 중요한 요인이라는 점에서 마음의 주인이다. 인간이 현실에서 선택하는 기준에 대해 그동안의 철학은 사변적 논의를 통해 온갖 당위적 가치를 내세웠지만 사실은 헛다리짚는 데 불과했다. 벤담에게 실질적으로 인간의 행위를 결정짓는 원인은 쾌락 추구와 고통 회피다.

단순히 중요한 영향을 준다는 정도의 규정이 아니다. 또한 주변적이거나 부분적인 문제의 선택으로 제한되지도 않는다. 벤담에 의하면 말 그대로 인간 삶의 모든 문제에서 '주인' 역할을 한다.

"한편으로는 옳음과 그름의 기준이, 또 한편으로는 원인과 결과의 사슬이 두 주인의 왕좌에 고정되어 있다. 이들은 우리가 행하는 모든 행위에서, 우리가 말하는 모든 말에서, 그리고 우리가 생각하는 모든 사고에서 우리를 지배한다."

Jeremy Bentham

'모든' 행위라고 했으니 살아가면서 부딪히는 온갖 선택이 다 포함된다. 일상의 사소한 판단은 물론이고 인생의 방향을 결정지을 중요한 판단에 이르기까지 두 주인의 지배를 받는다. 우리가 직접 경험하는 바에 적용하면 이해가 훨씬 빠를 듯하다.

먼저 사소한 판단부터 보자. 하루를 살아가면서 일상적으로 수많은 선택을 한다.

오늘 하루를 지내면서 아침에 일어나 밤에 잠자리에 들 때까지 어떤 일들이 있었는지를 떠올려보라. 무엇을 먹을지, 어떤 옷을 입을지, 무엇을 구매할지, 일이 끝나고 나면 누구를 만날지 등 수없이 많은 선택의 순간이 찾아온다. 남성인가 여성인가, 혹은 학생인가 직장인인가에 따라 일정하게 다른 선택 요구에 맞닥뜨리지만 누구나 두세 개 중에 하나를 골라야 하는 일이 끊임없이 찾아온다. 무엇을 기준으로 판단하는가?

주어진 사안이 무엇이든 간에 아마 대부분의 사람이 좋은 것·이익·편리·이득·유리함·취득·행복 등을 선호하고, 나쁜 것·불편·불리함·손실·불행 등을 피하려는 동기가 선택을 지배하는 요인일 것이다. 어떤 것을 먹을지 고르는 행위에서는 먹고 나서 느끼게 될 행복감과 경제적인 유리함, 자기가 현재 있는 장소에서의 편리함 등이 중요하게 작용한다. 누구를 만날지를 놓고도 공연히 시간만 낭비하는 것은 아닌지, 서로 시간이나 취향이 잘

맞지 않아서 불편함이 있는 것이 아닌지를 고려한다. 크게 봐서 일체의 좋은 것·이익·편리·이득·유리함·취득·행복은 쾌락으로, 나쁜 것·불편·불리함·손실·불행은 고통으로 연결된다.

살아가면서 누구나 몇 차례 만나게 되는, 인생에 상당히 큰 영향을 주는 중대한 판단도 마찬가지다. 학창 시절에는 공부와 다른 특기 사항 중에 어디를 중심에 둘지, 문과와 이과 중에 어느 쪽이 적성과 전망에 적합한지, 어느 대학에 진학할지를 고민한다. 성인이 되고 사회에 진출해서는 자기에게 맞고 발전 가능성이 있는 직장은 어디인지, 사랑과 결혼에서 어떤 특징을 가진 상대를 만날지 등을 선택해야 한다.

대부분은 불리함과 손실이 적어지고 유리함과 이득이 증가하는 쪽으로 선택한다. 비록 자신에게 경제적으로 불리한 경우라 하더라도 사회나 공동체의 대의에 따라 선택하는 경우도 있지만 일반적이지는 않다. 여기서도 고통과 쾌락의 비교가 없어지는 것은 아니다. 여기에는 경제적 손실을 선택함으로써 마음의 행복이라든가 다른 쾌락 요인이 그에게는 상대적으로 더 큰 비중을 차지한다고 봐야 한다.

이처럼 고통과 쾌락은 모든 행위에서 어떠한 선택과 그 근거로 작용하는, 그러한 의미에서 인과관계를 구분 짓는 기준이 된다. 원인과 결과의 사슬이 복종 관계에 해당할 정도로 강하게 규

Jeremy Bentham

정한다. 두 주인이라는 말이 필요 이상의 수사적 과장은 아니다.

나아가서는 고통과 쾌락이 '옳음과 그름의 기준'이라고 한다. 인간 행위에 있어서 일상적인 선택만이 아니라 선과 악을 구분 짓는 선택도 두 주인의 지배 아래 있다. 대부분의 기존 철학은 선악을 판단하는 윤리가 이기주의를 배격하고 공동체 이익을 중심으로 한다고 여겼다. 전통적 윤리관에서는 개인의 고통 회피와 쾌락 증가를 동기로 하는 행위가 선악 판단의 기준이 될 수 없다.

벤담이 보기에 공동체 이익을 중심으로 선악의 분별 기준을 찾는 전통적인 사고방식은 잘못된 접근이다.

> "공동체는 마치 그 구성원들인 양 여겨지는 개별적 인간들로 이루어
> 진 허구적인 실체다. 그렇다면 도대체 공동체의 이익이란 무엇인가?
> 그것을 구성하는 구성원 이익의 총합이다."

개인을 중심으로 한 공동체 이익에 주목한다. 고통과 쾌락의 문제에서 형식상의 주체는 개인이다. 개인 이익을 이해하지 못하고 공동체 이익을 논하는 것은 쓸데없는 일이다. 직접적으로 개인에게 좋은 것·이익·편리·이득·유리함·행복의 증가가 쾌락 추구에 적용된다. 그러므로 옳고 그름의 기준도 일차적으로 개인 이익의 총합에 맞춰져야 한다. 자기 자신의 이익을 추구하는 사

람들의 경향에 맞도록 법률과 도덕률을 세울 때 일반 이익, 즉 최대 다수의 최대 행복을 증진하는 방향으로 나아갈 수 있다.

고통이나 쾌락이 막연한 개념이기 때문에 기준 역할을 하기 어려운 게 아니냐는 의문이 있을 수 있다. 벤담은 이와 관련하여 보다 세부 기준을 제시한다.

"개인 자체로서 고려된 쾌락이나 고통의 가치는 쾌락이나 고통의 강도, 지속성, 확실성 또는 불확실성, 근접성 또는 소원성이라는 네 가지 여건에 따라 더 커지거나 작아진다."

만약 어떤 편리함이 다른 편리함에 비해 강도가 떨어지면 비록 쾌락에 기여하더라도 미루거나 기피하게 된다. 또한 아무리 강도가 강한 쾌락을 제공해도 일시적인 충족만 안겨주고 사라진다면, 설사 당장의 쾌락 정도가 약해도 얼마든지 다른 것을 선택할 수 있다. 취득이나 이익이 막연한 기대에 머물 가능성이 있다면 기피하는 요인으로 작용하기도 한다. 큰 이익을 주지만 불확실성이 클 경우, 비록 이익은 작지만 당장 내게 확실하게 성과로 나타나는 다른 쪽이 더 설득력 있는 선택 요인으로 작용한다. 또한 사람들은 멀리 있는 가능성보다는 오늘 내게 밀접한 쾌락을 선호하는 경향도 있다.

쾌락 총량 중심의
공리성에 근거해야 한다

● 이렇듯 공리주의는 개인의 쾌락 증진 의도를 가장 중요한 기준으로 설정한다. 하지만 문맥을 잘 살펴야 그가 진정 강조하고자 하는 내용이 무엇인지를 정확히 이해할 수 있다.

앞에서 공동체 이익이란 무엇인가를 논하면서 '구성원 이익의 총합'이라고 규정했음에 유념해야 한다. 공리주의 명칭에서도 드러나듯이 중요한 것은 '공리'다. 다만 개인 이익의 합으로서의 공동체 이익이라는 점을 강조함으로써 개인에 주목하고 있음을 드러낸다. 하지만 최종적으로 공동체 이익이 어떻게 산정·산출되는가의 문제에서는 구성원 이익의 '총합'으로 귀결된다. 벤담에 의하면 총합이 아니고서는 공동체 이익에 대한 논의가 무의미하고, 진정한 의미에서 개인 이익의 증진도 어렵다.

"쾌락의 총합을 부가하는 경향이 있을 때, 그것을 그 개인의 이익을 증진하거나 이익을 위해서 존재한다고 말할 수 있다."

개인 이익 증가가 이익의 총합이 증가될 때만 성립한다는 점에서 실질적으로는 전체 이익이 우선한다. 결국 벤담에게 인간은 형식상으로는 개인이지만 전체화된 개인, 전체의 다른 이름으로서의 개인일 뿐이다.

총합은 총량을 의미한다. 쾌락의 총량 증가라는 공리성의 원리야말로 가치의 척도로서 유일하게 적합하다. 쾌락의 총량을 증진할 수 있다면 좋은 것이다. 역으로 말해서 총량을 증진하지 못하거나 혹은 총량을 감소하는 쾌락이라면 나쁜 것이라는 이야기가 된다. 개인에게는 쾌락 증진이지만 총량 증가에 해를 끼친다면 공리성의 원리를 위반하는 나쁜 쾌락이 되어버린다.

게다가 벤담의 공리주의는 공리성과 함께 쾌락 증진 과정에서 '경제성'도 중시한다. 그의 유명한 원형 감옥 설계는 경제성과 효율성의 실현을 상징한다. 원형 감옥의 중앙에는 감시 탑이 있어서 한 명의 간수가 다수의 죄인을 효과적으로 감시·통제할 수 있다. 감시탑 내부는 어둡고 감옥의 방은 밝기 때문에 죄수들은 항상 자신이 감시당한다고 느끼게 된다. 심지어 간수가 없을 때조차 감시 효과가 유지된다. 최소한의 투입으로 최대한의 산출을 만들어내는 효율적인 장치다.

다수의 사람에게 일어나는 일을 모두 파악하고, 원하는 방식으로 이끌도록 그들을 에워쌀 수 있는, 그들의 행동과 관계, 생활 환경 전체를 확인하고 전체의 의도에 어긋나지 않도록 할 수 있는 수단이 있다면, 국가가 여러 주요 목적에 사용할 수 있는 정말 유용하고 효력 있는 도구다. 벤담은 공리성과 경제성에 기반을 둔 사유와 정책으로 재배열하여 사회문제를 해결하고 효과적으로 사회를 운영할 수 있다고 믿었다. 종합하면 쾌락 총량의 증진이라는 공리성을 꾀하는 과정에서 효율성을 극대화하는 것이 가장 중요하다.

총량을 통한 최대 다수의 행복 논리는 비정한 생존경쟁 논리로 돌변할 수 있다. 예를 들어 현재 한국 사회에서는 노동능력이 약화되거나 상실되기 마련인 노인 인구가 급속하게 증가하고 있다. 노인 계층은 그 특성상 사회의 부를 증가시키기 어려운 처지에 있다. 한정된 사회적 자원을 고려할 때 노인 계층에 대한 적극적인 재분배 정책은 사회적 부의 총량을 증진하는 데 해가 될 수도 있다. 그럼에도 현실적으로는 노인 개인의 열악한 삶의 처지를 개선해야 할 필요가 절실하다. 만약 총량 중심의 최대 다수의 최대 행복이라는 공리성 원리를 적용하면 어떻게 해야 하는가?

공리성 원리에 의하면 쾌락의 총량 증가를 위해 개인의 쾌락은 희생되어야 한다. 여기에 효율성의 원칙까지 더하면 전체를 위한 개인이나 소수의 희생은 적극적으로 추구해야 할 덕목이 된다. 공리주의 사고방식 아래에서 고통스러운 노인의 삶은 사회 전체의 행복 총량 증진을 위해 어쩔 수 없는, 그러한 의미에서 바람직하기조차 한 희생이다. 노인만이 아니다. 총량 논리를 들이 대면 노동자든, 빈민이든, 소수 민족·인종이든 소수 집단에 속한 개인의 절박한 사정은 전체나 다수를 위해 희생해야 할 대상으로 전락한다. 사회적 소수의 삶은 언제나 희생을 강요받고 비참한 현실에서 벗어나지 못한다는 점에서 강자 중심의 비정한 논리가 된다.

쾌락 총량 중심의 공리성은 유일한 도덕원리이기도 하다. 벤담은 공리성 이외의 다른 도덕원리는 없다고 주장한다.

"쾌락은 그 자체로 선이다. 아니, 고통이 없음을 제쳐둔다면 유일하게 선이다. 고통은 그 자체로서 악이다. 그리고 진정 예외 없이 유일한 악이다. 그렇지 않다면 선이나 악이란 말에는 아무런 의미도 없다."

전통적인 철학이 주장하는 보편적 도덕원리 입장에서는 본질적으로 선하거나 악한 동기를 전제한다. 하지만 벤담이 보기에 보편적 동기는 편의적으로 갖다 붙인 구분일 뿐이고, 그 자체로서 나쁜 동기는 없다. 만일 동기가 좋거나 나쁘다면 오로지 결과 때문이다. 쾌락을 낳거나 고통을 피할 수 있는 경향 때문에 좋고, 고통을 낳거나 쾌락을 피할 수 있는 경향 때문에 나쁜 것이다. 그에 따르면 도덕은 동기가 아닌 결과에 주목해야 한다.

"행위의 경향이 좋고 동기가 이기적인 경우, 동기는 양단간에 추리할 수 있는 아무것도 제공하지 않는다. 동기는 좋은 기질에 관해 아무것도 말해주는 바가 없다."

마찬가지로 나쁜 기질에 관해 말해주는 바도 없다. 예를 들어 제빵업자가 배고픈 사람에게 빵을 제공할 때, 제빵업자의 동기는 금전적 이득을 보려는 상업 동기다. 그렇게 보면 제빵업자가 거래에서 어느 이웃 사람보다 더 좋거나 더 나쁘다고 추정할 근거는 별로 없다. 어떤 행위의 옳고 그름은 가능한 미래에 실제로 초래될 결과에서 찾아야 한다. 그렇기 때문에 도덕적 비난이나 처벌도 행위자의 행위 자체에 대한 보복 성격을 지녀서는 안 된다. 미래의 폐해 방지라는 결과를 중심으로 접근해야 한다.

3
부

비이성과
비합리성을 조명하다

현대철학의 혁신과 분화

성적인 것이
무의식에 큰 역할을 한다

Sigmund Freud

지그문트 프로이트
《정신분석강의》

왜
무의식인가?

● 정신분석 이론을 대표하는 사상가 지그문트 프로이트Sigmund Freud, 1856-1939는 무의식 탐구로 서양철학사에 새 장을 열었다. 무의식을 통해 인간의 행동·언어·공상·꿈·증상 등을 해명하고자 했다. "성적인 것이 무의식에 큰 역할을 한다."라는 명제는 유아기 발달 경험과 현재 상황 사이의 연관성을 통해 당면한 문제 해결의 실마리를 제공한다.

먼저 '무의식' 발견이 왜 서구 지성사에 한 획을 긋는 사건인지를 이해할 필요가 있다. 서구의 기존 사고방식은 의식 중심이었다. 특히 이성에 대한 확고한 믿음이 지배적이었다. 이성을 기반으로 한 의식은 정신 활동 자체를 의미했다. 의식에서 벗어난 일체의 요소는 망상이거나 광기로서 정신 외적인, 비정상적인 영역에 불과했다. 연구 대상이기보다는 배제 대상이었다. 특히 데카르트에 의해 이성이 예측 가능하고 계산 가능한 합리적 사고방식으로 확립되면서 의식의 절대성은 더욱 분명하게 여겨졌다.

프로이트는 인간을 의식에 기초한 정신적 존재로 보는 서양 철학의 확고한 믿음을 전면 부정한다.

"정신 과정은 무의식적이며, 의식은 정신 활동 중 일부분에 지나지 않는다."

대부분의 인간 행동이나 성격은 의식이 아니라 그 이면에서 작동하는 무의식에 지배당한다고 주장함으로써 인간에게 접근하는 새로운 길을 연다. 무의식은 마음속 깊이 억압된 사고와 감정, 기억이 저장된 곳으로 의식과 갈등 관계를 맺으면서 인간의 사고와 행위를 규정한다. 의식은 수면 위에 떠 있는 빙산의 일부분에 불과하다. 의식은 전체 마음 중의 얇은 표면이고, 무의식이 정신의 대부분을 차지한다. 무의식을 통해서 드러나는 충동을 제어하지 못할 때 여러 정신질환이 생겨난다.

　정신분석 이론은 프로이트의 순수한 창작물이 아니다. 당시 빠른 속도로 전개되던 과학 발전에 힘입은 바가 크다. 특히 다윈의 진화론은 결정적인 영향을 주었다. 다윈 이전에는 인간을 동물과는 무관한, 동물계에서 분리된 독립적 존재로 보는 사고방식이 지배적이었다. 인간을 동물에서 분리하는 가장 중요한 요소가 이성 중심의 영혼이었다.

　하지만 다윈의 진화론은 인간에 대한 전혀 다른 접근을 보여주었다. 정신도 생물학적 진화의 결과라는 점에서 생존·생활·환경 요소와 긴밀하게 맞물려 있는 기능으로 이해하는 길을 열었다. 독립적이고 확고한 이성에 기초한 인간이라는 서구적 인간관 자체를 뿌리에서 흔들어버렸다. 만약 정신이 진화의 산물이라면 동물이 그러하듯이 정신은 본능적인 욕구에 맞닿아 있어야 했다. 본능적인 충동과 의식의 관계를 탐구해야 할 필요성이 대두됨으로써 정신분석 이론의 기본적인 토대를 형성했다.

　독일의 마이어가 발견한 에너지 보존의 법칙도 이에 기여했다. 에너지 보존의 법칙에 의하면 인간 활동도 에너지 활동의 일환이어야 했다. 육체 활동만 아니라 정신 활동도 에너지 작용의 연장선으로 볼 수 있다. 그는 에너지가 사라지지 않고 형태만을 바꿔 보존된다면, 인간의 정신적 에너지도 성장 과정과 함께 사라지는 것이 아니라 다른 모습으로 계속 남아 사고와 행위에 영향을 미칠 수 있다는 문제의식을 제공했다. 이는 특히 본능적으로 지니는 성적 에너지라고 할 수 있는 리비도 개념을 형성하는 데 직접 영향을 주었다.

프로이트에 의하면 정신은 의식만이 아니라 무의식도 포함한다. 무의식에는 마음속 깊이 억압된 사고·감정·기억이 저장되어 있다. 무의식은 직접 알 수는 없지만 행동으로 추측할 수는 있는데, 가장 대표적인 방법이 꿈을 통한 이해다. 꿈은 무의식적인 욕구·소망·갈등을 상징적으로 표현한다. 모든 심리 현상은 주로 무의식적인 동기에서 비롯된다.

그는 히스테리 연구를 통해 정신분석 이론을 체계화했다. 환자에게 마음에 떠오르는 생각을 무작위로 표현하도록 함으로써, 무의식으로부터 나오는 내용을 밝힌다. 하지만 무의식의 토대가 되는 본능적 충동이 그대로 드러나는 것이 아니라 내적인 저항 과정을 거쳐 굴절되고 왜곡된 방식으로 드러난다. 히스테리 환자에 대한 임상적인 경험과 함께 꿈을 분석함으로써 억압되고 굴절된 충동이 성적인 것이라는 결론을 내린다.

프로이트의 정신분석 이론은 20세기의 정신 활동 전 분야에 걸쳐서 광범위한 영향을 미친다. 철학을 비롯하여 학문 활동 전 영역에서 정신에 대한 새로운 접근법을 연다. 또한 문화·예술 영역에 있어서 과거와 차별화된 새로운 표현 욕구와 표현 방법을 개발하는 촉진제가 된다. 현실적으로는 신경증적 장애를 치료하는 가장 중요한 방법으로 자리 잡는다.

성적인 것이란 무엇인가?

● 먼저 프로이트가 '성적인 것'의 의미를 어떻게 보는지 이해할 필요가 있다.

> "성이라는 개념을 남성과 여성의 대립, 쾌락의 희구, 생식 기능, 그리고 비밀스럽고 점잖지 못한 특징을 종합적으로 고려해서 이해한다면, 일상생활에 필요한 실천적인 요구는 충족됩니다. 그러나 학문에서는 그런 규정만으로는 충분치 않습니다."

성 개념을 어떻게 이해하느냐에 따라 성에 대한 이해가 판이하게 달라진다. 그가 성적 욕구나 억압을 강조할 때 사용하는 '성'이라는 개념은 상당히 포괄적인 동시에 구체적이다. 성에 대한 가장 일반적인 상식은 생식 기능이다. 기독교 엄숙주의가 지배한 중세 유럽에서는 성을 생식 기능으로 제한했다. 한국 사회에서도 여전히 초등·중등·고등학교 시절에 성교육을 받을 때 가장 많이 듣는 내용이다. 남성과 여성이 사랑을 하고 성행위를 함으로써 정자와 난자가 결합하고 그 결과 아기가 태어난다는 식이다. 그리고 자료화면으로 남성과 여성의 성기를 보여주고, 정자가 난자 안으로 들어가는 과정을 보여주곤 한다.

하지만 성은 분만과 관련된 생식 기능에 제한될 수 없다. 만약 생식 기능으로 규정하면 출산과 관련되지 않은 일체의 성적 감정과 행위가 제외된다. 입맞춤이나 애무는 생식과 무관하지만 성적인 것과 밀접한 관련을 갖는다. 특히 자위 행위는 생식 기능과 아무런 관련이 없다. 오히려 어떤 면에서는 생식 기능에 반하는 역할을 하기에 중세사회에서는 신의 뜻에 거역하는 타락 행위로 엄격히 금지하기도 했다.

그렇다고 남성과 여성의 차이와 관련된 모든 사태라는, 지극히 일반적인 얘기를 해버리면 아무 말도 안 한 것이나 마찬가지가 되어버린다. 좀 더 좁혀서 '남성과 여성의 대립'이라는 규정으로 설명해도 문제가 여전히 남는다. 남성과 여성 사이의 차이나 대립에는 성적인 것과 무관한 워낙 다양한 요소가 포함되기에 적절한 설명으로 삼기에 곤란하다.

'쾌락의 희구'로 성 개념에 접근하면 보다 촘촘한 논의는 가능하지만 여전히 부족하기는 마찬가지다. 만약 이와 같이 규정을 하면 '동성애자'는 어떻게 분류해야 하는가에 대한 문제가 난점으로 남는다. 동성애자들은 생식에 대한 모든 참여를 포기하고, 또한 남성과 여성 사이의 관계에서 생기는 감정이나 행위도 아니다. 게다가 단순히 쾌락의 희구라고 단정하기도 어렵다. 쾌락과 무관하게 자신도 어쩔 수 없이 내적으로 타고난 성향을 상당 부분 포함하기 때문이다.

'점잖지 못한 특징'으로 규정하는 사람들도 있다. 성적인 것을 우리가 말해서는 안 되는 부끄러운 행위로 생각하는 경향 말이다. 하지만 이러한 규정은 정작 누구도 부정하지 못할 성의 중요한 부분을 제외하는 오류를 저지른다. 예를 들어 생식 기능으로 좁힐 때 성은 협소해지지만 그렇다고 해서 제외될 수 있는 부분은 아니다. 생식 기능은 당연히 아이의 출산을 동반한다. 그런데 그 누구도 아기의 분만을 점잖지 못한 것으로 볼 수는 없다.

프로이트에 의하면 '성적인 것'은 앞에 거론된 모든 요소를 포함하는 것은 물론이고 언급되지 않은 다양한 요소까지 고려한 상당히 폭넓은 개념으로 이해되어야 한다. 성은 성인들의 생식이나 쾌락만이 아니라, 아이들의 성적인 놀이, 심지어 유아기에 남자아이들이 어머니에 대해 갖는 성적인 호기심도 해당된다.

여기에 우리가 흔히 '성도착자'라고 부르는 사람들의 행위도 배제할 수 없다. 도착적인 사람들 중 일부는 자신들의 성생활 프로그램 속에서 소위 성별의 차이를 아예 지워버릴 뿐만 아니라 성 기관에 대해서도 전혀 다른 생각을 갖는다. 심지어 사람들이 생각하는 '정상적인' 성 기관에 의한 행위를 혐오의 대상으로 받아들이기도 한다.

'성적인 것'을 폭넓은 개념으로 이해할 때 비로소 무의식이 어떻게 형성되는지 풍부하게 이해할 수 있다. 무의식은 억압된 소망이 평소에는 의식 외부에 잠재해 있다가 어느 순간 의식의 틈새를 뚫고 나타난다. 그렇기 때문에 억압의 근원을 파고 들어가는 일이 중요하다. 유아기에서 시작하여 청소년기를 거쳐 성인이 될 때까지 일상적으로 작동하는 억압 가운데 대표적인 것이 바로 성적인 억압이다. 성의 개념을 확장하여 이해함으로써 억압과 무의식의 실체에 제대로 접근할 수 있다.

성적 억압이
무의식을 형성한다

● 성적 욕구는 정신분석에서 매우 중요하고 특별한 위치를 차지한다. 무의식 자체가 욕망에 직결된다. 인간은 먹고 싸고, 섹스를 하고 번식을 하고, 질투하고 소유하면서 살아가는 존재다. 당연히 이 모든 과정에서 자신의

만족을 구하는 강력한 욕망을 지닌다. 그 가운데 가장 강렬한 욕망이 성적인 것이다.

성적인 충동이 상당 부분 억압되어 있기 때문에 무의식 세계에 자리를 잡는다. 만약 억압되어 있지 않다면 무의식을 통해 욕구를 드러낼 필요가 없다. 사회적으로 인정되는 의식 영역에 직접 연관을 맺으면 될 일이다. 그런데 욕망은 상당 부분 성적인 요소와 직결되는 유아기 경험으로부터 영향을 받는다. 성적인 억압도 유아기 때 시작된다. 우리는 흔히 청소년기는 돼야 성에 눈 뜨기 시작하는 것으로 생각한다. 하지만 워낙 어린 나이의 경험이어서 기억이 나지 않을 뿐이지, 사실은 많은 사람이 유아기에 '성적인 것'을 적지 않게 겪는다.

프로이트에 의하면 유아기에 다양한 성 경험과 함께 성적인 억압도 시작된다.

"남자아이가 여동생이나 소꿉친구에게 질이 있음을 발견하면 일단 자신의 눈을 의심한다. (…) 나중에 그는 자신에게 열린 가능성에 경악하며 성기를 가지고 심한 장난을 쳤을 때 잘린다는, 일찍부터 들어왔던 협박은 후에 이르기까지 영향을 미친다. 거세 콤플렉스의 지배적 영향을 받게 된다."

아이들은 아주 어릴 때부터 성기에 관심을 갖는다. 자기 성기를 가볍게 조몰락거리거나 비비는 행위를 한다. 제대로 서거나 걷지 못하는 나이에 가장 훌륭한 장난감이 바로 자신의 몸이기 때문이다. 손을 빨기도 하고 손이 닿는 곳을 만지기도 한다. 그러던 중 우연히 성기를 만질 때 무언지 모르는 쾌감이 찾아오는 느낌을 경험한다. 누가 가르쳐주지 않아도 최초의 성 경험을 하는 것이다.

하지만 부모는 아기의 성 경험에 정색을 하고 제재를 가한다. 남자 아기가 성기를 만지며 놀면 대뜸 '그렇게 놀면 고추가 떨어져 나가!'라며 겁을 준다. 여자 아기가 손가락으로 성기를 만지작거리면 '그렇게 놀면 안으로 벌레가 들어가!'라며 위협을 한다. 부모야 거짓말을 섞어서 던진 말이지만, 부모의 말에 절대적인 권위를 부여하는 아기 입장에서는 공포를 느낄 만한 문제다.

3세쯤 성적 흥분이 성기에 집중되고, 성기를 사용하는 자위 행위가 중요성을 갖는다. 하지만 부모의 위협 때문에 아이는 성기가 주는 쾌락에 대한 관심과 함께 거세 콤플렉스에 시달린다. 프로이트에 의하면 거세 콤플렉스는 건강할 때는 성격 형성에, 병에 걸렸을 때는 신경증에 영향을 미친다. 소녀는 조금 다른 경로를 거친다. 남자아이가 지닌 돌출 성기를 부러워하며 남자가 되고 싶다는 욕망을 갖는다. 이런 욕망은 후에 여성으로서 역할을 제대로 수행하지 못할 때, 신경증 증상으로 나타난다.

소년기와 청소년기가 되어서도 부모를 비롯한 어른들과 학교, 사회가 성행위와의 연결을 차단하려 한다. 왕성한 성적 욕구를 자위를 통해 해결하려 하지만 건강을 해치는 주범으로 치부된다. 이성과의 성행위에 대해서는 미래의 삶을 망치는 위험한 짓으로 지속적인 경고를 받는다. 미래를 위해 공부를 하거나 일을 해야 할 시기이기 때문에 성을 멀리해야 한다는 교육을 반복해서 받는다. 누군가가 성행위를 즐기면 불량 청소년 딱지가 붙고 기피 인물이 되어버린다.

성인이 되어도 정도의 차이만 있을 뿐 성에 대한 억압은 지속된다. 사회 전체적으로 생식 기능과 연관성을 가진 부부나 부부가 될 가능성이 있는 연인들 외의 성행위에 대해서는 부정적인 견해를 퍼뜨린다. 사회는 법과 제도 등 인위적 요소가 지배한다. 사회는 의식적·이성적 성곽에 둘러싸여 있다. 사회 입장에서 볼 때 성적 충동은 의식이나 이성을 허물어뜨릴 수 있는 괴물이다. 사회는 성적 충동을 적대적인 것으로 규정하고 사람의 관심이 여기에서 멀어지도록 힘쓴다.

욕구를 억압당하는 주체는 본질적으로 결핍을 경험한다. 욕망은 잃어버린 것에 대한 갈구에서 시작된다. 문제는 억눌린 욕망이 무의식 상태에 액면 그대로의 내용과 형태로 드러나지 않는다는 점이다. 이것이 굴절되고 왜곡된 형태로 발현된다. 그러므로 무의식 속에서 억압된 성적인 욕망이 신경증이나 정신질환을 불러일으키는 경우가 많다. 프로이트는 히스테리 환자에 대한 임상적 경험과 함께 꿈을 분석함으로써 억압·굴절된 충동이 본질적으로 성적인 것이라고 결론 내린다. 신경증의 여러 증상이 성적 충동과 정신적 방어 사이의 갈등에 기인한다.

프로이트가 보기에 무의식에 연결된 성적 충동은 정신질환만이 아니라 사회 일반적인 영역과도 밀접한 연관을 맺는다. 성적 충동은 인간 정신 가운데 최고의 문화·예술·사회적 창작 활동에도 무시할 수 없는 지대한 공헌을 한다. 정신과 의식을 동일시하는 합리주의자들은 문화와 예술도 철저히 이성 영역에서 이루어지는 것으로 이해하지만, 문화·예술에서도 무의식에 의한 지배, 성적 충동에 의한 지배가 광범위하게 나타난다. 고대에서 현대에 이르기까지 동서양을 막론하고 인간은 성적 욕망을 문화와 예술을 통해 표출해왔고 이 과정에서 예술 형식의 발전에 상당한 기여를 했음을 부정할 수 없다.

21 불안은 가능성의 가능성이다

●

Soren Kierkegaard

쇠렌 키르케고르
《불안의 개념》

●

왜
불안에 주목하는가?

● 쇠렌 키르케고르^{Soren Kierkegaard,}
1813-1855는 실존주의 철학의 선구자로 잘 알려져 있다. 실존주의는
20세기 초중반에 후대의 철학자들에 의해 본격화되었지만, 그에
게서 많은 영감을 받았다. 특히 "불안은 가능성의 가능성이다."라
며 불안을 심리학이 심혈을 기울여 탐구해야 할 핵심 과제로 끌
어들였다.

왜 '불안'이라는 특정 주제를 깊이 파고들었는지에 대한 궁

금증을 푸는 데서 출발해야 문제의식에 제대로 접근할 수 있다. 키르케고르는 그 이전까지 관심을 두지 않은 불안 개념이야말로 심리학의 가장 중요한 과제라고 한다.

> "불안 개념을 심리학적으로 논하는 것이 과제다. 죄는 심리학적인 관심을 부르는 과제가 아니다. (…) 불안은 보이지 않는 것에 대한 정신의 규정이므로 심리학에 속한다."

불안과 달리 죄는 심리학의 대상이 아니라고 한다. 죄를 언급하는 것은 기존 심리학에서 가장 비중을 둔 주제이기 때문이다. 마음속의 어떤 이유로 사람들이 죄에 빠지는가를 탐구하는 데 열중했다. 하지만 심리학에는 죄의 자리가 없다. 심리학을 통해 죄에 대해 샅샅이 살피고자 하지만 신통한 성과를 기대하기 어렵다. 철학자의 능력 부족 때문이 아니다. 본래 죄가 심리학과 직접적인 연결 고리를 갖고 있지 않기 때문이다.

죄의 특징은 '현실성'으로 나타나는 데 있다. 현실에서 나타나는 죄를 생각해보면 어렵지 않게 이해된다. 기독교 성서에 나온 대표적인 죄를 몇 가지 떠올려보라. 전형적인 죄를 모아놓은 십계명에서는 살인하지 말라, 간음하지 말라, 도둑질하지 말라고 한다. 종교 계율이 아니더라도 현실에서 쉽게 떠올리는 죄의 항목이다. 살인·간음·도둑질은 비록 드러나는 현상은 다르지만 모두 구체적인 대상이 있는 현실적인 행위를 가리킨다.

범죄자가 있고, 범죄의 대상자가 있으며, 범죄를 둘러싼 특정 행위가 전제되어야 한다. 십계명에 의하면 다른 신을 섬기지 말라거나 우상을 섬기지 말라는 계율을 어기는 것도 죄가 되는데, 비록 추상적이기는 하지만 특정 대상을 상정하기는 마찬가지다. 당연히 직접적인 행동과 함께 마음에도 이와 관련된 무언가가 스며들겠지만 구체적인 현실의 상황이나 행위를 매개로 해서만 일어나는 감정이다.

심리학이 내밀한 마음을 다루는 이상, 마음에서 비롯되고 마음에서 어떤 상태를 지니는 것을 탐구할 때 학문으로서 진정한 의미를 지닌다. 죄는 마음 바깥의 현실적인 대상을 매개로 나타나기에 심리학의 주제로 적합하지 않다. 죄는 종교적으로 설교 주제일 수는 있다. 실제로 기독교가 지배한 서양 사회에서 죄를 단골 설교 내용으로 삼았다.

대신 종교에서는 이념성을 강화하기 위하여 죄를 우연한 개인 행위보다는 개인을 초월하여 필연적으로 나타나는 인간 행위로 파고들었다. 인간이 본래 죄인이고 모두 구원이 필요하다는 논리를 내세우기 위해서는 아담과 이브가 선악과를 따먹지 말라는 신의 명령을 어긴 '원죄' 개념의 도입이 필요했다. 원죄를 전제로 하는 순간 개인의 마음은 의미가 없어지기에 더욱더 심리학과 거리가 멀어진다.

심리학이 주관적 정신의 학문, 즉 마음에서 비롯되는 주제의 탐구임을 고려할 때, 불안은 '보이지 않는 것에 대한 정신의 규정'이므로 가장 적합한 주제다. 불안은 외적인 대상이나 상황을 전제로 하지 않는다. 특별히 자신의 마음을 위협하는 어떤 일이 외부에서 벌어지거나 위험을 초래하는 인물이 나타난 상황이 아님에도 불구하고 불안이 찾아온다. 키르케고르에 의하면 현실적인 대상이나 정체도 불분명한 불안이 시도 때도 없이 사람들의 마음을 헤집어 놓는다.

"그 어떤 심문관도 불안만큼 무서운 고문을 마련해놓고 있지는 않다. (…) 불안은 피고인을 결코 놓치지 않는다. 유흥하고 있어도, 잡담하고 있어도, 일하고 있어도, 밤에도 놓치지 않는다."

심문관만이 아니라 그 어떤 탐정이라도 불안만큼 교활하게 용의자가 제일 난처해하는 틈을 파고들지는 않는다고 한다. 불안만큼 용의자를 체포하고 함정을 매혹적으로 장치하는 수사관도 없다. 불안만큼 피고인을 심문하는 재판관도 없다. 그만큼 가혹하게 괴롭히는 불안이 낮이나 밤이나 우리의 마음을 떠나지 않는다. 공황장애처럼 병적인 증상은 아니라 하더라도 늘 크고 작은 불안이 사람들의 마음에 엄습한다.

대부분의 사람은 늘 불안을 안고 살아간다고 해도 과언이 아니다. 심리학의 핵심 주제이기 위해서는 마음에 근거를 두어야 할 뿐만 아니라 대부분의 사람이 공감할 수 있는 마음 상태를 대상으로 해야 한다. 그런 면에서 불안은 심리학이 일차적으로 탐구해야 할 주제다. 또한 불안은 '개인'의 마음에 자리 잡고 있다는 점에서도 심리학이 주목해야 한다.

심리학은 개인에서 출발하여 인류에 도달해야 한다.

"개인이 그 자신임과 동시에 인류라는 것은 모든 순간을 통해 말할 수 있다."

개인의 주관성을 배제한 객관적 인식은 허구다. 개인의 실존과 관계되는 인식만이 본질적 인식이다. 인식은 개인으로서의 주체가 실존하면서 진리를 찾아가는 과정이다. 객관적 인식은 반성을 포함하더라도 내적 의식과는 거리가 멀다. 불안의 인식은 내적이고, 절망에 휩싸여 있는 자신을 향한다는 점에서 주관적이다.

Søren Kierkegaard

왜 불안은
'가능성'인가?

● 다음으로 불안을 '가능성'이라고 하는 이유를 살필 차례다. 어떤 의미에서 '가능성'이라는 규정을 붙이는지를 알기 위해서는 키르케고르 명제의 앞뒤 맥락을 이해할 필요가 있다.

> "불안은 공포나 그와 비슷한 여러 개념과 전혀 다르다. 그 개념들은 특정한 것에 결부되어 있지만, 불안은 가능성의 가능성으로서의 자유로운 현실성이다."

불안에 의해 어떤 가능성이 생겨난다. 그는 '가능성'이라는 표현 자체에 상당히 비중을 둔다. 우리는 흔히 가능성을 괜찮은 기회나 행운 정도로 가볍게 사용하는 경향이 있다. 당장 현실에서 벌어지는 일들이 비중이 크고, 가능성은 그저 막연한 기대 정도로 치부하기 십상이다. 하지만 "가능성은 모든 범주 속에서 가장 무거운 것"이다. 오히려 가능성은 현상 너머의 본질에 접근하고, 더 높은 단계로 나아가는 통로 역할을 한다는 점에서 훨씬 더 비중을 무겁게 두어야 한다.

불안은 어떤 중대한 가능성을 만들어주는가? 불안을 공포와 비교하여 설명하는 점에 주목해야 한다. 공포는 '특정한 것에 결부'되어 있다는 점에서 불안과 다르다. 결부되어 있다는 것은 일정한 사물이나 현상과 연결되어 있다는 뜻이다. 공포는 마음 스스로에 의해서 만들어지는 상태가 아니라, 그러한 마음을 만들어내는 외적인 자극에 의존한다. 일반적으로 특정 대상에서 오는 감정 상태다. 범죄 대상이 되거나 높은 낭떠러지 앞에 섰을 때 공포를 느낀다. 특정 대상이 만들어내는 감정이기에 대상이 제거되면 공포도 사라진다.

앞에서 살펴본 공황장애를 매개로 비교하면 보다 분명해진다. 언뜻 불안 증상으로서의 공황장애와 공포가 비슷해 보인다. 숨이 막히고 금방 쓰러질 것 같은 극도의 공포심을 동반하니 말이다. 공포는 구체적인 현실적 상황 속에서 생겨난다. 예를 들어 어느 날 늦은 밤에 인적도 없고 어두운 골목에서 칼을 든 강도를 만난 상황을 생각해보라. 온몸이 떨리고 호흡이 곤란할 정도로 공포에 사로잡혀 소리도 지르지 못한다. 다리가 풀려 곧 주저앉을 것만 같다. 전형적인 공포감에 사로잡힌다.

하지만 공황장애는 느끼는 감정은 비슷할지라도 전혀 다른 경로로 발생한다. 현상적으로는 밤에 후미진 골목에서 강도를 만났을 때와 비슷한 공포를 느낀다. 하지만 눈앞에 자신을 위협하는 어떤 상황이나 대상이 전혀 없는 상태에서 찾아온다. 남들처

Soren Kierkegaard

럼 평범하게 길을 걷다가, 혹은 어떤 장소에 있다가 느닷없이 숨이 막히고 식은땀이 흐른다. 고통을 당하는 당사자조차 어떤 이유에서 생기는지 알지 못한다.

불안은 뚜렷한 대상이 없다. 자기 마음에서 유래하기 때문에 언제 찾아올지도 모른다. 불확정적이고 일상적인 성격을 갖는다. 대상이 제거되면 고통도 사라지는 공포와 달리, 불안은 원인을 모르니 뚜렷하게 무엇을 제거해야 벗어날 수 있는지도 알지 못한다. 그러므로 불안에서 달아날 수 없다.

공포는 외부 위험에 대응하는 감정이기에 동물에게도 나타난다. 고양이 앞의 쥐나 사자의 공격을 받는 사슴은 공포에 사로잡혀 있을 것이다. 하지만 그가 보기에 동물에게는 불안이 없다. 동물은 본능적 충동이 지배할 뿐, 정신으로 규정될 수 없는 존재이기 때문에 상황과 무관하게 심리적 요인에 의한 불안에 사로잡히지 않는다. 설사 나타난다 하더라도 일시적일 뿐, 인간처럼 일상적인 현상이라고 보기 어렵다.

결국 불안의 핵심은 인간 자신에게 있다. 인간은 정신적 존재이기 때문에 불안하다. 정신은 머물지 않고 쉴 새 없이 자신의 새로운 가능성을 향해 나아가는 특징을 가지고 있다. 하지만 그 가능성은 잡으려 하자마자 곧 빠져나가고 불안이 형성된다. 정신활동, 즉 정신을 통해 이루려는 욕구가 많으면 불안도 많아진다.

반대로 정신이 적으면 적을수록 불안도 적다. 동물에게 불안이 없는 이유다. 동물은 정신의 가능성을 향해 스스로 나아가지 않기에 가능성이 실현되지 못하는 데 대한 불안도 없다.

불안하다는 것은 그만큼 정신적 존재로서의 인간을 확인하는 기회라는 점에서 중요한 가능성을 제공한다.

"정신과 육체의 종합이기 때문에 불안해질 수 있으므로, 불안이 깊으면 깊을수록 인간은 위대하다."

대부분의 시간을 외부적인 자극이나 상황에 반응을 하는 데서 벗어나지 못하고, 관성에 의해 반복적인 생활을 하는 사람이라면 사실 인간적 삶에서 적지 않게 벗어나 있는 것이다. 불안을 느낀다는 것은 정신이 활발하게 작동한다는 의미가 되고, 그만큼 인간으로서의 가능성을 높인다.

왜 불안은 '가능성의 가능성'인가?

● 이제 정신적 존재로서의 자신에 대한 확인 가능성이라는 점에서 불안이 가능성이라는 점은

Søren Kierkegaard

이해할 수 있는데, 그러면 왜 '가능성의 가능성'이라고 하는가? 그가 이렇게 규정하면서 '자유로운 현실성'과 연결하는 점에 주목할 필요가 있다. 불안은 정신이라는 가능성을 넘어 자유의 가능성을 연다는 점에서 '가능성의 가능성'이다.

키르케고르는 불안을 현기증과 비교하면서 자유의 의미를 설명한다.

> "비유하자면 불안은 현기증 같은 것이다. (…) 그가 가만히 내려다보지만 않았으면 현기증을 느끼지 않아도 되었기 때문에 불안이란 자유의 현기증이다."

현기증을 느끼지 않는 방법은 간단하다. 현기증을 유발하는 원인으로 눈을 향하지 않으면 될 일이다. 높은 곳에서 아래를 내려다보지 않는다든가, 끝없이 이어지는 듯한 터널을 주시하지 않으면 된다. 뻔히 그 사실을 알면서도 자신의 선택으로 그곳을 바라볼 때 현기증을 느낀다. 자유로운 선택의 결과다.

비유이긴 하지만 불안이 자유와 어떻게 연결되는지에 대한 단서를 제공한다. 불안을 덜 느끼려면 생각을 덜 하면 된다. 가정이나 학교, 혹은 직장에서 주어진 일을 습관적으로 이행하는 데 치중하면 불안도 줄어든다. 불안에 무감각하다는 것은 정신이 욕구하거나 갈등하는 바가 적다는 의미가 된다.

불안은 습관과 반복에 정신이 만족하지 않을 때 자라난다. 내면 안에서 무언가를 적극적으로 생각한다는 것은 그만큼 외부에 의한 반응을 넘어서 정신이 자유로운 활동을 한다는 말이 된다. 불안은 정신의 자유에서 오기에 허물이 아니다. 불안이 많다는 것은 정신 안에서 자유의 활동 폭이 넓다는 뜻이다. 불안이 깊을수록 자유의 가능성도 커진다.

그가 보기에 기존의 철학이 불안이라는 주제를 외면했던 것은 우연이 아니다. 불안을 비롯하여 마음 자체에서 비롯되는 내면적인 행위에 대해 철학은 매우 소극적이었다. 외부 상황과 연관된 객관적인 원리를 찾고자 하거나, 내면을 다루더라도 '죄'에 대한 탐구처럼 결국은 외부의 대상과 현상에 의존하는 경우가 대부분이었다. 외면적인 행위를 객관성이나 필연성의 범주에서 고찰했다. 즉 과거의 철학은 '이것이냐 저것이냐' 라는, 개인의 내면 선택이 전혀 문제가 될 수 없는 방식으로 접근한 것이다.

그 결과 겉으로는 정신 활동이 고양되는 듯이 보여도 본질적으로는 정신이 자신에게 향하는 활동은 줄어들었다. 진정한 철학은 개인의 내면에 관심을 갖는 데서 출발해야 한다. 개인의 정신적 자유를 고찰하는 순간 '이것이냐 저것이냐' 하는 문제, 객관적 필연성이 아니라 주관적이고 자유로운 선택의 문제가 저절로 등장하게 된다. 그렇기 때문에 마음의 불안에 대한 탐구는 정신 안에서 자유의 가능성에 다가서는 작업이다.

불안 개념을 어떻게 규정하는가의 문제는 사회적 실천에서 다양한 차이를 만들어낸다. 외적인 상황이나 사회적 조건보다는 자유를 향한 정신의 가능성 자체에서 불안의 근거를 찾는 그의 논리에는 종교적 요소가 스며들어 있다. 키르케고르는 불안과 함께 세계에 내던져진 인간의 활로를 신앙에서 찾는다.

> "불안에 의해 길러지는 것은 가능성에 의해 길러지는 것이다. (…) 인
> 간이 이처럼 절대적 · 무한적으로 가능성에 육성되려면, 가능성에 대
> 해 성실해야 하고 또한 신앙을 갖고 있어야 한다."

신앙을 통해 원상태로, 진정한 자신으로 복귀할 수 있다. 불안을 통해 절대자로 나아감으로써 인격의 분열을 치유하고 불안과 조화를 꾀할 수 있다. 신앙을 가진 자는 절망에 대해 영원하고 확실한 대항 수단을 갖고 있다. 건강한 모순을 해소하는 신앙의 능력이다.

죽음을 향한 존재의 산출은
실존적 지침을 제공한다

●

Martin Heidegger
마르틴 하이데거
《존재와 시간》

왜 죽음에
관심을 두는가?

● 마르틴 하이데거 ^{Martin Heidegger,}

1889-1976는 실존주의 철학의 대표자로 유명하다. 세계 속에 존재하
는 인간을 현존재라 부르고, 현존재의 실존에 주목한다. 그는 실
존은 종교적으로 예정된 운명이나 인간 모두에게 적용되는 보편
적 본질에 의해 결정되는 것이 아니라고 한다. 개별적이고 구체
적인 실존에 의해서만 설명할 수 있다. 특히 "죽음을 향한 존재의
산출은 실존적 지침을 제공한다."라는 명제를 통해 20세기 초반

의 인간이 처한 실존적 상황을 분석하고 주요 과제를 제시한다.

먼저 왜 '죽음'과 '존재'를 연결하는지를 이해하는 데서 물꼬를 트자. 인간 존재를 어떻게 보는지에 따라 어디에 주목해야 하는지가 달라진다. 하이데거는 '세계-내-존재'라는 독특한 규정을 통해 존재를 설명한다.

> "현존재는 세계-내-존재라고 부르는 존재 구성에 근거하여 고찰되고 이해되어야 한다. (…) 현존재는 끊임없이 세계에 내던져진다."

현재의 인간을 이해하기 위해서는 세계 안에서 살아가는 구체적 현실에서 접근해야 한다. 당연히 세계는 고립적인 개인으로 구성되지 않는다. 타인과 함께 긴밀하게 연결되어 있고, 그러한 세계에 내던져진 상태로 존재한다. 자신의 의도와는 무관하게 세계에 내던져진 상황에 처해 있기에 인간은 '공포'라는 특정한 상태와 마주할 수밖에 없다. 자신이 어찌할 수 없는 상황에 내맡겨진 상태에서 일상적인 두려움의 형성은 자연스러운 현상이다. 이 안에서 개인을 파악해야 의미 있는 인간 존재에 도달할 수 있다. 세계에서 벗어난 일반적·추상적 인간 이해는 뿌리 없는 나무처럼 허망하다.

그러면 《존재와 시간》이 출간된 1927년 무렵의 유럽이라는 세계에서 어떤 일이 벌어졌는지, 어떤 공포가 사람들의 의식을 규정했는지를 알아야 의미 있는 실존 파악이 가능하다. 20세기 초반은 제1차 세계대전에 의한 대규모 살육과 파괴에 의해 전 유럽에 두려움이 가득하던 시기였다. 가족 중의 일부가 전쟁에 의해 죽음을 맞이했거나 자신도 언제 죽을지 모른다는 두려움이 가득했다. 도시 곳곳에 부상자가 넘쳐났고, 상당수는 노동력을 상실한 채 도시 빈민으로 전락해 뒷골목을 전전했다. 전쟁은 인간의 존엄을 짓밟았고, 사람들은 삶의 의미조차 찾지 못한 채 어두운 시대의 터널을 통과하는 중이었다.

전쟁만 인간을 죽음으로 내던져놓은 것은 아니었다. 전쟁이 없는 일상의 시기에도 죽음의 공포가 죄어왔다. 과거에는 농경사회라는 공동체 안에서 대부분의 사람이 예측 가능한 삶을 살았다. 대체로 태어난 지역에서 평생을 살았기에 외부 위협에 노출되는 경우가 적었다. 비록 부유하지 않았고, 행여 가뭄이라도 찾아오면 배고픈 날들이 있었지만 대가족과 지역 공동체의 협력이나 보호 안에서 상부상조하면서 상대적인 안정감을 느끼며 살았다.

하지만 20세기 현대인이 맞닥뜨리고 있는 세계는 전혀 달랐다. 농촌 공동체에서 분리되어 생전 처음 겪어보는 낯선 도시의 삶을 이어갔다. 토지에서 분리되어 전적으로 자신의 노동력만으로 살아가야 하는 처지인데, 경쟁과 실업이 일상화된 공업사회, 공동체의 보호가 사라진 도시 생활이기에 삶을 유지할 수 없을지 모른다는 공포가 스며들었다.

전쟁에 의한 살육의 그림자가 어른거리고, 비정한 생존경쟁 사회에서 아무런 보호도 받지 못한 채 죽음을 떠올려야 하는 세계에 내던져진 상황에서 죽음이라는 문제를 도외시한 채 인간을 탐구한다면 현실과 무관하게 허공에 떠서 살아가는 존재가 된다. 현실의 인간과 무관하게 관념 안에서 인간에 대한 그림을 그리는 짓이다. 철학이 진지하게 인간 '존재'를 탐구하고자 한다면 '죽음'이라는 주제와 긴밀하게 연결하는 전제 아래에서만 가능하다.

죽음을 잊을 때
실존이 흐려진다

● 다음으로는 왜 죽음을 '향한' 존재의 '산출'이라고 하는지 이해할 차례다. 상식적으로는 죽음에 대한 공포를 느끼면 죽음으로부터 도망가야 한다. 죽음을 향하기보다는 죽음을 등지고 반대 방향으로 내달리고 싶어 한다. 그런데 우리에게 죽음을 향하라고 하니 생뚱맞아 보인다. 게다가 '산출'이라고 하면 무언가를 적극적으로 만들어낸다는 뜻이다. 죽음을 향하는 존재로 자신을 능동적으로 만들어나가야 한다고

강조하니 무슨 말인가 싶은 게 당연하다.

자신을 죽음을 향한 존재로 정립하라는 주문은 그만큼 사람들이 죽음을 외면하거나 무관심한 경향이 지배적이라는 현실 진단이 전제된다. 하이데거는 이로 인해 자신의 실존을 찾지 못하고 있다고 경고한다.

> "'그들'의 소리 없는 명령에 순종하는 것은, '사람은 죽는다'라는 '사실'에 대해서 무관심한 평온을 가질 때다."

먼저 '사람은 죽는다'라는 사실에 대해 무관심한 평온을 갖는다는 게 무슨 뜻인지 알아야 한다. 물론 사람이 생명체인 이상 언젠가 죽는다는 사실에 대해서는 누구도 부정하지 않는다. 영생을 꿈꾸며 그토록 요란하게 불로초를 찾았던 진시황조차 결국 무덤에 묻힌 마당에 죽음에서 자유로울 수 있다고 생각하는 사람은 아무도 없다. 당장 조부모나 부모, 혹은 주변에서 병이나 사고를 죽는 사람을 통해 간접적으로 죽음을 경험한다.

하지만 자신의 죽음에 대해서는 실감하지 않는다. 사람이 결국 죽는다는 생각을 일반적인 인간을 대상으로 할 수는 있어도 직접 자신의 절실한 문제로 받아들이지 않는다. 사실은 병이나 사고로 언제든지 죽음과 맞닥뜨릴 수 있다. 어느 누가 그날 교통사고를 당하거나 암과 같은 심각한 질병에 걸렸다는 판정을 받으리라 예상했겠는가 말이다. 그럼에도 불구하고 다른 사람에게는 죽음이 현실적일지 몰라도 자신은 관련이 없다는, 무관심한 평온을 갖고 살아간다. 죽음은커녕 청년 시절에는 중년·장년 시기를 진지하게 예상조차 하지 않는다.

그런데 왜 죽음에 무관심할 때 '그들'의 소리 없는 명령에 순종한다고 할까? 죽음을 생각하지 않는다는 것은 오늘의 내 생활이 그대로 계속되리라는 믿음이다. 말 그대로 일상의 반복 안에 자신을 맡기는 생활이다. 죽음이 가까이 있지 않다고 생각할 때 우리는 끊임없는 미래만을 생각한다. 오늘이 무한하게 반복될 수 있으니 오늘의 소중함은 뒷전으로 밀려난다. 그래서 오늘의 행복을 내일로 미루며 산다.

현대사회 자체가 사람들이 언제든지 죽을 수 있다는 사실을 애써 무시한다. 더 나은 내일에 매달리며 오늘을 반복적인 일상에 맡기며 살아가도록 요구한다. 모든 사람이 일회적인 오늘을 충실하게 즐기기보다는 내일이 무한하게 이어진다는 기대를 갖고 노동으로 일생을 보내도록 만든다. 온갖 것을 계획하고 계산하는 일에 몰두하도록 강요한다. 효율성이 지배하는 현실 사회에서 사람들은 분주하게 계획을 세우고 실행에 옮겨야 한다. 늘 일에 시달리고 쫓기는 느낌으로 살아간다. 경쟁 속에서 성과를 내야 한다는 강박관념과, 언제든지 경쟁에서 탈락할 수 있다는 파국적 절망감이 정신을 옭아맨다.

모든 행복을 미래로 미루고 오늘의 주어진 일에만 매진할 때 왜 '순종'이 뒤따를까? 학창 시절에 모든 걸 대학 이후로 미루고 공부에만 몰두하는 동안 놀이나 친구 관계는 물론이고 사회에 대해 무언가 고민할 수 있는 여지는 더욱 줄어든다. 공부하는 기계로 살아야 한다. 직장 생활도 마찬가지다. 더 나은 자리를 차지하고 나면 괜찮아지리라 생각하며 매일 반복되는 업무에서 벗어나지 못할 때 정치나 사회에 대한 무관심이 지배하고 비판적 사고는 메말라간다. 그저 사회에서 요구하는 경쟁 규칙에만 충실히 따르는 착한 학생과 직장인으로서의 삶만이 남는다.

사회의 부조리나 모순에 눈을 감은 채 살아간다는 의미에서 '그들'의 소리 없는 명령에 순종하는 삶이다. 여기에서 '그들'은 당연히 정치적·경제적 지배력을 장악하고 있는 계급이나 계층, 이른바 사회적 강자를 의미한다. 이 과정에서 혹시라도 일탈을 꿈꾸는 사람이 있으면 사회나 가족은 '비정상, 아웃사이더' 등의 딱지를 붙여버린다. 대부분의 사회 구성원이 인간으로서의 실존적 가치보다는 오로지 맡겨진 노동에만 전념할 때 기업을 비롯한 경제적 강자들은 더 많은 이윤을 획득한다. 또한 정치적 무관심 속에서 살아갈 때 소수의 정치세력이 권력을 마음대로 쥐

Martin Heidegger

락펴락할 수 있는 조건이 만들어진다.

왜 '소리 없는' 명령일까? 과거 전통사회에서는 정치적 지배와 가혹한 노동이 신분제 논리나 형벌에 의한 명령으로 유지되었다. 그런데 신분제 논리나 직접 처벌 방식은 대중의 저항을 불러일으키기 마련이다. 실제로 근대 시민혁명을 비롯하여 현대로 이어지는 노동자의 투쟁이 이를 뒷받침한다. 사회적 지배세력은 새로운 통치 방법을 고안해낸다. 눈에 보이는 직접적인 명령이 아니라 마치 자발적으로 경쟁의 늪에서 허우적대는 것처럼 여겨지도록 유도하면 간편하게 지배할 수 있다는 점에서 소리 없는 명령이다.

대부분의 사람은 본래의 자기를 잃고 사회적으로 정상이라거나 바람직하다고 여기는 틀에 자신을 맞춘다. 그 결과 진정한 자신의 모습보다는 눈앞에 펼쳐진 돈과 권력의 세계나 일상의 생활에 마음을 뺏기며 산다. 과거와 현재를 망각하고 오직 더 나은 미래를 꿈꾸며 산다. 결국 자신을 잃고 살아간다. 하이데거는 죽음을 향한 존재의 산출을 못할 때, 즉 스스로에게 죽음이 임박해 있음을 깨닫지 못할 때 자신의 진정한 가치를 잃어버리고 지배세력의 교묘한 조종에 종속된 삶을 살아가게 된다고 경고한 것이다.

죽음이 실존적
지침을 제공한다

● 하이데거는 죽음을 향한 존재의 산출을 죽음이라는 가능성을 향해 '미리 달려가 보는 것'이라고 한다. 보다 적극적으로 죽음의 문제를 실존을 위한 필수 영역으로 끌어들인다. 불안이 개인의 실존을 위해 가장 적극적 역할을 할 수 있는 영역이 바로 죽음이다. 인간은 죽음이라는 종말을 '향해' 있다는 점에서 능동적 작용이다. 죽음을 자신의 실제 현실 가능성으로 가져오기에 죽음으로 미리 달려가는 것이다.

그는 일상적인 죽음을 향한 존재의 산출이 완전한 실존론적 개념을 확보하기 위한 지침을 제공한다고 말한다. 일상적인 죽음을 향한 존재의 산출이란 평소에 죽음을 생각하는 사람이 되는 것을 의미한다. 완전한 실존론적 지침을 확보한다는 말은 진정한 자신을 깨닫는다는 의미다. 종합하면 죽음을 나의 현실 문제로 생각할 때 진정한 자신을 찾게 된다는 주장이다. 왜 그럴까?

'실존적 지침'이란 어떻게 살아야 하는가라는 문제에 대한 답을 의미한다. 하이데거가 '실존'을 어떻게 보기에 죽음을 향해 미리 달려가는 것이 실존적 지침을 마련해주는가?

"현존재는 언제나 자기 자신의 실존에서 이해한다. (…) 이때의 자기

자신이란 '그들'의 환상에서부터 해방된 정열적이고 현실적인, 자기 자신을 확신하고 불안해하는 죽음을 향한 자유 속에 있는 자신이다."

실존으로서의 자신에게 가장 중요한 가치는 바로 자유다. 막연하게 이렇게도 할 수 있고 저렇게도 할 수 있는 선택으로서의 인식 능력에 머물지 않는다. 실존인 이상 타인과 관계를 맺어 살아가는 현실 세계에서 어떤 삶을 영위할지를 주체적으로 판단하고 실제로 만들어나가는 과정으로서의 자유다. 이를 실현할 때 자유로운 존재로서의 실존이 충족된다. 자신에게 가장 소중한 것이 무엇인지를 사회의 경쟁 논리나 생존 논리로부터 해방되어 스스로 판단하고 선택한다는 의미에서의 자유다.

죽음에 무관심하고, 오늘 같은 내일이 계속 이어진다고 생각하면 진정 소중한 것이 무엇인지 잊은 채 살아간다. 실제로 하루하루를 살면서 과연 내가 오늘 잘 살고 있는지에 대해 별로 생각을 안 한다. 그냥 주어진 일상에 쫓겨서 하루를 이어간다. 일상의 삶만이 지배하는 상태에서 진지하게 삶의 의미를 되돌아볼 기회가 없다.

사정이 그러하니 사회의 문제나 철학적 고민은 더욱 끼어들 자리조차 없다. 현존재의 본질이라고 할 수 있는 정신이 내면을 향해 시선을 둘 여유도 없다.

Martin Heidegger

"현대인은 사유 앞에서 달아나며 도피한다. 사유의 도피가 생각 없음
과 무사유의 근거다."

　세계와 자신의 삶에 대한 생각으로부터 도피하는 사람은 인
생의 주인일 수 없다. 오직 일상의 반복과 순응만이 기다린다. 죽
음은 그렇게 앞을 향한 질주밖에 모르는 삶을 멈추고 자기 삶의
의미와 가치에 대해 되돌아보게 하는 적극적 역할을 한다.

　그런데 실제로 죽음을 맞닥뜨리고 나서야 허겁지겁 인생을
뒤돌아보고 행복의 의미를 살핀다면 인생 전체를 놓고 볼 때 참
으로 억울한 일이다. 건강하게 살아가는 지금 죽음을 현실 문제
로 생각하고 삶을 되돌아본다면 비극에서 벗어날 수 있다. 그래
야 문제의식 없이 반복적 삶을 사는 일상의 늪에서 깨어나 삶과
사고의 새로운 전환점을 맞이한다.

　특히 현대는 일상의 반복이 인간을 지배하는 사회다. 사람
들은 제각기 전문화된 특정 분야에서 똑같은 일을 반복하며 살
아야 한다. 또한 인류 역사상 가장 경쟁 논리가 강하게 지배하는
사회다. 그래서 좌우를 살펴볼 여유 없이 그저 앞만 보고 전력질
주를 해야 하는 상황이다. 마치 빙상 경기 중 쇼트트랙 선수들처
럼 현기증이 날 정도로 빠른 속도로 짧은 트랙을 계속 돌아야 하
는 일상이 삶을 지배한다.

그렇기 때문에 현대사회에서는 나의 죽음을 현실의 문제로 생각함으로써 일상의 반복에 제동을 걸고 진정한 삶의 의미를 성찰하는 시도가 그 어느 시대보다 절실하다. 죽음을 현실로 정면에서 마주하는 사고 체험을 통해 진정한 소망을 찾음으로써 오히려 삶의 목표를 더 분명히 정할 수 있다. 자신에게 가장 솔직해지고 삶에 대한 애착을 가장 크게 느낄 때는 바로 죽음을 마주하는 순간이기 때문이다.

물론 우리 모두가 어두운 동굴에서 해골에 담긴 물을 먹은 후 깨달음에 이른 원효대사처럼 깊은 경지에 오르기는 쉽지 않다. 평범한 삶을 사는 대부분의 사람이 성인의 수준에 이를 정도의 깨달음에 도달하기는 어렵겠지만, 적어도 죽음을 현실로 마주함으로써 후회 없는 삶을 고민하는 정도는 노력을 통해 얼마든지 도달할 수 있다. 흔히 시련을 겪고 나서야 그 사람의 진정한 모습을 볼 수 있다고 한다. 인간에게 가장 큰 시련은 죽음이다. 적어도 죽음에 대한 자신의 태도를 고민할 때 한결 성숙해진 자신을 발견할 수 있다.

23 실증은 이유가 아닌 방법을 탐구한다

Auguste Comte

오귀스트 콩트
《실증주의 서설》

왜 이유의 탐구가
문제인가?

● 실증주의 철학의 창시자 오귀스트 콩트^Auguste Comte, 1798-1857는 추상화·이론화로 가득한 기존 철학을 거부하고 현실 삶 속의 인간을 중심으로 새로운 지평을 제시하고자 한다. 실증주의는 구체적 인간 생활을 체계적으로 분석하여 실질적으로 변화시킬 수 있는 도구 역할을 해야 한다. "실증은 이유가 아닌 방법을 탐구한다."라는 명제에는 그가 중시하는 실증 정신의 원리가 집약적으로 담겨 있다.

먼저 '이유'의 탐구가 무엇을 의미하는지 구체적으로 이해하는 데서 출발해야 실증주의가 추구하는 바에 보다 빠르게 다가설 수 있다. '이유'를 탐구한다는 말은 어떤 사물이나 현상의 '원인'을 탐구한다는 뜻이다. 그가 보기에 기존의 철학은 사물과 현상이 왜 생겨났는지, 왜 운동과 변화가 생겨나는지를 파악하는 작업이다. 단순히 개별 원인을 넘어서 원인의 원인, 즉 궁극적인 원인을 찾는 데 심혈을 기울여왔다.

문제는 이유에 대한 탐구가 세계와 인간에 대한 이해를 왜곡하고 철학의 발전, 나아가서는 인간 삶의 발전을 가로막는 주범이었다는 점이다. 어떤 면에서 삶의 발전을 왜곡하는가? 콩트는 철학의 목적을 분명히 함으로써 이해를 돕는다.

"철학의 목적은 삶의 미완성을 변화시키는 토대로서의 인간 생활에 대한 체계적 시각을 제시하는 것이다."

철학은 구체적 인간 생활을 체계적으로 분석하여 실질적으로 변화시킬 수 있는 도구 역할을 해야 한다. 구체적인 현상이나 변화의 양상이나 원리를 파악하면 인간 생활과 관련된 '방법'을 찾아내어 실질적인 도움을 줄 수 있다. 하지만 궁극 원인에 몰두하는 순간 필연적으로 추상화로 치달음으로써 현실적인 의미에

Auguste Comte

서 멀어지는 문제가 생긴다.

관념론에 속하는 신학과 형이상학은 물론이고, 상반된 입장을 취하는 유물론과 이에 기초한 일부 과학조차도 이유에 매몰되는 오류에서 벗어나지 못했다. 콩트에 의하면 오랜 기간 학문과 인류의 관심을 이유에 대한 탐구로 몰아넣은 일차적 주범은 신학이다.

> "신학에 의한 체계화는 근본적으로 실생활을 실제로 포용할 수 없기 때문에 여전히 사유 생활과 심지어 감정 생활을 다루는 데서도 아주 불완전한 것으로 남아 있을 수밖에 없었다."

종교가 처음부터 인간의 실생활과 감정에서 유리되었던 것은 아니다. 원시사회에서 종교적 주술 행위가 사냥 성공이나 의식주에 직결된 날씨 변화, 공동체 유지와 밀접하게 연관되어 있었다는 점에서 생활에 대한 시각에 맞물려 있었다. 주술도 면밀한 절차와 결과에 대한 계산을 고려한다는 점에서 나름대로 합리적인 추론 요소를 갖고 있더라도 감정을 제한하지는 않았다. 하지만 사회적으로 신학에 의한 체계화가 비약적으로 발전하면서 생활과 괴리되기 시작한다.

현실에 주목하기보다는 현상과 변화의 궁극 원인으로 파고

들면서 초월적인 절대자, 하늘과 땅을 비롯한 우주의 창조, 천국과 지옥의 설계, 인간의 원죄 등 체계적인 교리가 자리를 잡으면서 점차 의식주를 비롯한 실제 생활이나 인간 감정과 무관한 내용으로 채워진다. 종교의 특성상 고도로 추상화된 개념이나 교리로 향할 수밖에 없기에 실제 생활이라는 객관적인 조건에서 멀어진다. 결국 처음에 종교가 나오게 됐던 현실의 사정을 반대로 와해해버리는 결과로 치닫는다. 신학이 철학과 학문에 우세한 영향력을 발휘하는 한, 인간의 감정과 행위를 충분하게 이해하고 체계화하는 작업은 어려워진다.

형이상학은 신학의 문제를 상당히 해결하는 것처럼 보이지만 실제로는 더 큰 문제를 불러일으킨다.

"형이상학에 의한 조절은 (…) 실생활을 포괄하는 데 있어서 항상 신학보다 못한 위치에 있다."

형이상학은 합리적 사고방식을 통해 신학이 현실과 유리되는 문제를 극복함으로써 조절 역할을 하리라는 기대가 있었다. 근대 형이상학에 와서 신학 체제를 조금씩 와해하면서 신학을 대체할 정신 활동으로 한동안 주목을 받기는 했다. 하지만 얼마 지나지 않아 형이상학에 의한 조절은 실패했을 뿐만 아니라 오히려 신학보다도 심각한 문제를 만들어냈다는 것이다.

왜 형이상학이 더 문제인가? 그나마 신학은 자신의 영향력을 다수의 인간에게 확대하는 과정에서 비록 부분적으로나마 생활과 감정에 연결되는 측면이 있다. 하지만 형이상학은 사변적 이론의 완결성 자체에 주목하면서 실제 생활로부터 더욱 멀리 달아나 버린다. 설사 현실과 일정하게 관계를 맺더라도 헛된 추상적 관찰로 축소되어버린다. 신학이 원인을 신에게서 찾았다면 형이상학은 세계와 분리된 정신 내부에서 찾으면서 다시 객관적인 현실과 괴리된다.

신학이 사물의 배후에 위대한 신의 절대적 의지가 숨어 있다고 가정한다면, 형이상학은 신과 같은 초자연적인 힘 대신에 추상적인 힘이나 실체 또는 본질을 가정한다. 현상 배후의 원인과 본질을 탐구한다는 점에서는 공통적이다. 게다가 대부분의 형이상학은 합리적인 이성을 절대화하면서 신학보다 오히려 더 인간의 감정을 배척해야 할 대상으로 삼는다. 이론적인 체계화를 통해 신학보다 훨씬 공고한 벽을 만들면서 더 큰 폐해를 만들어낸다. 형이상학 정신은 사회적 관점과는 도저히 화합할 수 없다.

과학조차도 이유 탐구에
매몰되는 경우가 많다

● 형이상학적인 관념론을 비판하는 유물론이라고 해서 실생활과의 괴리에서 자유로운 것은 아니다. 콩트는 유물론을 기반으로 한 과학의 몇몇 경향에서 문제를 발견한다.

> "진정한 철학자는 사회학을 생물학의 단순한 결과나 보완으로 보는 생물학자들의 성향 속에서 유물론의 존재를 알아차린다. 유물론은 본질적인 해악으로 작용하며, 논리의 남용이다."

유물론은 물질을 근본적인 실재로 생각하고, 마음이나 정신을 부차적·파생적인 것으로 보는 관점이다. 관념론이 근본적인 실재라고 주장하는 정신이 실제로는 물질의 다른 이름이거나 혹은 물질로서의 뇌가 갖는 상태·속성·기능일 뿐이라고 여긴다. 흔히 유물론은 기계적 유물론과 역사적 유물론으로 구분된다. 기계적 유물론은 인간 행동과 사회 현실을 포함하여 모든 현상을 자연의 인과관계와 역학에 토대한 법칙으로 해석하려는 방식이다. 역사적 유물론은 역사를 정신의 자기 발전 과정이 아니라 물질적인 생산력이나 이를 둘러싼 사회적 인간관계 등을 중요한 변화 동력으로 이해하는 역사관이다. 콩트가 언급하는 유물론은 주로 기계적 유물론에 해당하므로 여기에 한정해서 살펴보겠다.

콩트가 말하는 '진정한 철학자'란 실증주의 철학자를 의미한다. '사회학을 생물학의 단순한 결과나 보완'으로 보는 견해는 현대사회에서 흔히 사회생물학이라는 부르는 학문 경향이다. 사회학적 현상을 생물학적 지식을 이용하여 탐구하는 학문이다. 공통적으로 인간을 포함한 동물의 사회적 행동이 진화 과정의 결과 형성된 것이라는 생각에 바탕을 둔다.

현재 우리에게 잘 알려진 리처드 도킨스의 '이기적 유전자' 이론이 전형적이다. 도킨스에 의하면 인간은 유전자의 생존 기계다. 보다 노골적으로 말하자면, 인간은 유전자 보존을 위해 맹목적으로 프로그램된 로봇이다. 인간이라는 개체는 안정된 존재가 아니다. 어떤 특정한 목적을 가지고 존재하지도 않는다. 유전자가 우리의 몸과 마음을 창조했으며 유전자의 보존이 존재 이유다. 유전자에 프로그램된 대로 먹고 살고 사랑하면서 유전자를 후대에 전달하는 임무를 수행하는 운반 도구에 불과하다. 크게 봐서 사회적 행동이나 문화도 유전자의 목적에 기여하는 방법으로 유도된다.

콩트가 보기에 기계적 유물론에 기반을 둔 과학의 일부 경향에도 해악이 많다. 무엇보다도 단순한 과학 원리를 통해 보다 복잡한 사회현상을 설명하려는 시도가 문제다. 낮은 수준의 과학인 생물학으로 더 높은 수준의 과학인 사회학을 규정하려는 잘못이다. 인간에게 진화나 유전의 영향을 무시할 수는 없지만, 그렇다고 해서 모든 설명을 대신할 수 없다.

인간은 사회적 존재로서 다양한 관계를 맺고 살아간다. 가족·학교·직장 등 서로 다른 특징과 이해관계를 갖고 있는 여러 사회 단위와 일상적으로 연결되어 있고 그 영향에서 자유롭지 못하다. 그럼에도 불구하고 판단과 행위를 DNA에 의한 진화적 선택으로 단순화해서 이해하는 기계적 유물론 발상은 한두 개의 '원인'으로 복잡한 현상을 모두 설명하려는 전통적 발상 때문에 생겨난 오류다.

인간 행동에 관심을 두는 생물학조차도 근본적인 '원인'으로 단순화하는 경향이 나타나는데, 수학이나 물리학과 같은 다른 과학 분야에서 나타나는 기계적 유물론 경향은 더 말할 나위도 없다. 세계가 생겨나고 움직이며 변화하는 궁극 원인을 탐구하는 데로 향한다. 몇 개의 수학적인 계산이나 물리학적인 원리를 통해 광활한 우주에서 나타나는 온갖 현상의 배후에 있는 원인을 규명하는 작업에 몰두한다. 단순성과 일반성에 기초한 사변적 통합에 의해 독단적인 결론에 이르고자 한다는 점에서 신학과 형이상학이 보인 잘못을 공통으로 범하고 있다.

Auguste Comte

왜, 어떻게
방법을 탐구하는가?

● 마지막으로 실증 정신이 추구하는 '방법'에 대한 탐구가 의미하는 바를 이해할 차례다. '방법'은 당면한 현상에 대한 '법칙'을 찾아내는 작업이다. 콩트는 보편적인 원인이 아니라 현상에 주목하여 실제로 증명 가능한 직접적인 원리를 찾아내는 방법에 주목한다.

> "모든 실증적 사유는 실생활을 다소간 체계화하는 독특한 능력을 드러내준다. (…) 오늘날에는 현상의 법칙과 직접적으로 관련되어 있으며, 현실적 예측 능력을 제공하는 이론만이 유일하게 외부 세계에 대한 자발적 행동을 조절할 수 있는 것으로 평가받고 있다."

철학을 비롯한 학문적 이론의 역할은 실생활에 뿌리내리고 실생활을 체계화하는 데 있다. 실증 정신은 추상적인 원인이나 초월적인 의지를 추구하지 않고 주어진 현상의 관찰과 분류에 만족한다. 현실에서 벌어진 일 간의 관계를 규명함으로써 그것을 지배하는 법칙을 규명한다. 실제 생활로부터 우연성을 넘어서는 규칙성을 찾아낼 때 미래에 대한 예측이 가능하다. 천문학을 통해 자연 법칙을 규명하고 예측에 의해 미래를 대비하듯이, 오직 실증주의적 예측을 통해서만 외부 세계에 대한 자발적 행동 조절이 가능하다.

그리하여 실증주의는 우리의 사유에서 추상적 본질에 대한 사변적 사고나 종교적 경건성을 걷어낸다. 객관적 사실에서 출발하는 점에서는 유물론과 유사하다. 그렇기 때문에 과학의 예비 단계에서 유물론적 접근이 생겨나곤 한다. 하지만 현상의 명백한 단순성과 여기에서 곧바로 도출되는 직접적인 조합으로서의 일반성에 의해 지배당하면 안 된다. 실증주의는 있는 그대로의 객관 세계와 인간 생활에서 출발하되 이성의 도움을 받아 구체적이고 고도화된 법칙으로까지 나아간다.

인간 정신은 신학과 형이상학 단계를 지나 마지막 실증 단계에 도달해야 한다. 실증 단계에서 정신의 역할은 우주의 제일 원인이나 궁극적 본질을 포착하려는 노력을 포기하고, 선택한 방법의 적합성과 결과의 현실성 평가에 한정을 둔다. "미래를 예견하기 위해 현재를 평가하고 개선 방법을 발견하는 것"을 정신의 몫으로 설정한다.

이를 위해 가장 중시하는 과정이 현상의 관찰을 통한 증명과 법칙의 발견이다. 오직 현상, 즉 경험적 사실만이 지식의 대상이다. 주관적 해석에서 독립해 있는 현상을 통해 주어진 모든 사실을 있는 그대로 받아들이고, 이에 대한 실험과 관찰을 통해 성립되는 과학만이 지식의 정당성을 확보해준다. 현상 탐구가 지향하는 목표는 법칙 발견이다. 우주 형성이나 생명 기원 등 근본 원인에 대한 탐구는 이성의 오만, 현학적 환상이다. 원인에 대한 온갖 탐구를 인식으로 도달할 수 없는 영역으로 간주하고, 현상을 관찰하고 반복적으로 나타나는 양태를 조사하여 법칙을 아는 것에 만족해야 한다.

또한 콩트는 방법의 적합성이나 결과의 현실성을 중시한다는 점에서 실증주의의 현실적 유용성을 강조한다.

"모든 서구 언어에서 '실증적'이라는 단어와 그 파생어들은 '현실성'과 '유용성'이라는 두 가지 속성을 동시에 가리킨다. 사실 이 두 가지 속성의 결합만으로도 일반화되고 체계화된 양식으로 드러나는 진정한 철학 정신을 충분히 정의할 수 있을 것이다."

실증적이라는 단어는 현실성이나 유용성이라는 단어와 구분되지 않는다. 법칙을 아는 것은 단순한 지식의 축적이 아니라 현실적으로 유용성을 증진하기 위한 목적을 지닌다. 수용된 사실에 기초하여 정립된 일정한 법칙에 따라 미래에 나타날 사실을 예견하고, 이에 대처하기 위한 방법을 찾아내는 과정이 필수적이다. 여기에서 '예견하기 위해서 알아야 한다.'라는 실증주의 실천적 결론이 성립한다. 과학으로서의 학문은 사회적 유용성 증가를 핵심 과제로 삼아야 한다. 그렇기 때문에 아무런 현실적 효용성이 없는 형이상학은 학문으로서의 자격을 상실한다.

다른 한편으로 인간의 특징을 이성, 즉 정신의 지배에 있다고 설정하는 근대 합리론이나 독일 관념론과도 명확한 거리를 둔다. 인간의 특징은 독립적 정신이 아니라 사회성에 있다.

"지성의 고유 기능은 사회성에 봉사하는 것이다."

이성을 절대화하여 세상의 보편적 지배 요소로 규정한 근대 철학의 오만한 갈망은 어떠한 결실도 보지 못했다. 정신은 지배하도록 운명 지어진 것이 아니다. 정신이 지배하고 있다고 믿을 때 사회성이 아닌 개인성에 봉사하게 된다. 지성은 인간이 지닌 사회성을 강화하는 쪽으로 작용해야 한다.

Auguste Comte

24 말할 수 없는 것에 대해 침묵해야 한다

●

Ludwig Wittgenstein
루드비히 비트겐슈타인
《논리·철학 논고》

말할 수 없는 것이란 무엇인가?

● 논리실증주의를 개척한 루드비히 비트겐슈타인Ludwig Wittgenstein, 1889-1951은 논리적 측면에서 근대철학의 사변적 성격을 공격한다. 철학은 오직 '생각될 수 있는' 대상에 대해서만 탐구해야 한다. 생각될 수 있다는 것은 논리적으로 증명될 수 있다는 뜻이다. 이성은 무한하게 자신을 확장할 능력을 갖고 있지 않다. 신의 존재에 대한 증명을 시도한 중세신학은 확인할 수 있는 존재를 대상으로 삼지 않는다는 점에서 논

리적으로 증명될 수 없다. 절대정신을 추구한 독일 관념론도 검증할 수 없는 생각으로 치달아 버린 무모한 시도에 불과하다.

철학은 생각될 수 없는 영역에 대해 엄격한 한계를 긋는 일에서 시작해야 한다. 비트겐슈타인은 "말할 수 없는 것에 대해 침묵해야 한다."면서 무엇보다도 생각의 한계를 긋는 중요한 기준을 언어에서 찾는다. '말할 수 없는 것'이란 언어의 논리적 구조를 통해 증명될 수 없는 내용이다. 생각에 한계를 그으려면 명시적으로 드러나는 내용을 대상으로 해야 한다. 생각은 언어를 통해 이루어지고 표현된다는 점에서 한계는 오직 언어에서만 그어진다.

생각이 언어를 매개로 이루어진다는 것은 자신의 경우를 생각해보면 어렵지 않게 이해된다. 당장 머릿속에 '생각'이라고 할 수 있는 무언가를 떠올려보라. 꼭 철학적이거나 사회적인 어떤 주제일 필요도 없다. 직장에서 벌어진 일에 대한 생각, 혹은 집안의 경제적인 문제나 자녀 교육에 관련된 생각이어도 좋다. 말이나 글로 직접 표현을 하지 않고 곰곰이 머릿속에서만 생각을 이어가면 대부분 단어나 문장으로 이루어진 언어에 의존하고 있음을 발견할 것이다. 언어란 단지 생각을 표현하는 수단일 뿐이라는 우리의 통념과는 달리, 반대로 생각이 언어에 상당 부분 의존하고 있음을 알게 된다.

Ludwig Wittgenstein

학문과 관련된 복잡한 생각이야 언어를 매개로 하더라도 단순한 감각적 경험으로 머리에 떠오르는 즉각적인 생각은 언어와 무관하다는 반론이 제기될 수 있다. 하지만 우리의 시각과 촉각 등 몇 가지를 떠올려보면 단순한 감각적 경험도 언어와 연관을 맺는다. 자신의 직접적인 경험일 뿐이라고 느끼는 대부분이 적어도 '생각'인 이상은 언어를 통해 일반적 지식으로 머릿속에 들어온 것이다.

예를 들어 눈을 통해 딸기나 토마토, 혹은 몸에 흐르는 피를 보고 우리는 '붉은색'을 떠올린다. 그러면 '붉은색'은 순수한 경험인가? 사실은 어려서부터 언어를 통해 배운 지식의 하나다. 여러 종류의 고통도 마찬가지다. 어디가 어떻게 아프냐고 물어보면 두통이나 신경통, 혹은 근육이 결리는 통증과 같은 다양한 느낌을 떠올린다. 이러한 고통의 종류도 사실은 언어와 함께 배워왔기 때문에 자연스럽게 설명하는 것이다. 이처럼 색에 대한 판단이나 고통에 대한 개념 등 일반적 관념은 개별 경험이 아닌 언어를 통해 습득한다.

사정이 이러하다면 흔히 '사실'이라고 부르는 대상에 대해서도 다른 규정이 필요하다. 비트겐슈타인은 사실과 세계의 관계를 다음과 같이 설명한다.

"세계는 사실의 총체이지, 사물의 총체가 아니다. 세계는 사실을 통해, 그리고 그것이 사실 전부라는 점을 통해 규정된다. (…) 논리 공간 안에 있는 사실이 곧 세계다."

보통은 '사실'이라고 하면 우리와 무관하게 객관적으로 존재하는 사물이나 현상을 떠올린다. 세계는 이러한 사물의 종합이라고 여긴다. 하지만 철학 대상으로서의 세계는 돌이나 물 등의 단순 사물일 수 없다. 생각과 결합하지 않는 사물 자체는 인간에게 사실이나 세계가 아니다. 생각이 언어를 통해 이루어진다는 점을 인정한다면, 객관 사실 역시 언어에서 분리된 독립적인 현상이 아니다. 객관 사실이란 언어를 통해 다루어질 수 있는 대상, 즉 논리적 공간 속의 사실들이 세계다.

그렇기 때문에 언어로서 의미가 있는 것만이 생각으로서의 의미를 갖는다. 언어로 표현될 수 있고 증명될 수 있는 내용에 대해서만 생각해야 한다. 다시 말해서 '말할 수 없는 것', 즉 언어를 통해 증명될 수 없는 것은 철학 대상이 아니다. 나머지에 대해서는 아무런 언급을 하지 않아야 한다. 그 한계 건너편에 놓여 있는 것은 단순히 무의미에 불과하다.

무엇이 의미가 있고 의미가 없는지를 이해하기 위해서는 먼저 몇 가지 개념을 분명히 할 필요가 있다. 비트겐슈타인의 주장에 접근하기 위해서는 '사실'과 '사태' 개념을 구분해야 한다. 예를 들어 '소크라테스는 현명한 아테네 시민이었다.'라는 말은 두 개의 사실이 포함되어 있다. 하나는 '소크라테스는 아테네 시민이었다.'는 사실이다. 참과 거짓을 구분할 수 없는, 그 자체로 사실인 경우다. 다른 하나는 '소크라테스는 현명하다.'라는 사실이다. 이 사실은 그를 과연 현명하다고 할 수 있는지를 둘러싸고 참과 거짓이 논란 대상이 될 수 있는 사실이다.

여기서 후자처럼 참 또는 거짓을 포함하는 사실을 '사태'라고 부른다. 그리고 사태가 명제의 형태로 제시된 것을 바로 '요소 명제'라고 한다.

왜
침묵해야 하는가?

● 이번에는 말할 수 없는 것은 왜 '침묵'해야 하는지, 어떤 내용이 침묵의 대상인지에 대해 보다 자세하게 알아야 한다. 주목해야 할 사실은 참 또는 거짓의 논란이 가능한 사태다. 비트겐슈타인에 의하면 만약 사태가 거짓으로 판명된다면 명제로서 존립할 수 없기 때문에 침묵해야 한다.

"가장 단순한 명제, 즉 요소명제는 어떤 한 사태의 존립을 주장한다. 요소명제가 참이면, 사태는 존립한다. 요소명제가 거짓이면, 사태는 존립하지 않는다."

언어를 통해 규정된 명제라고 해서 모두 진리라고 볼 수는 없다. 명제는 현실을 그린 그림일 뿐이다. 무엇인가를 그린 자체로 참일 수는 없다. 명제는 세계의 골격을 묘사하지, 세계 자체를 그대로 반영하지는 않기 때문에 정확한 인식을 위해 명제에 대한 실증적 검토가 필수적이다. 세계에 대한 그림을 제대로 제공하지 못하는 명제는 '사이비 명제'다.

명료하게 말할 수 있는 것이 아니라면, 혹은 더 심한 경우 거짓으로 판명되는 것이라면 무의미한 사이비 명제가 된다. 의미가 없는 명제는 말의 오용이고 불필요한 낭비에 불과하다. 오히려 사람들의 생각을 착각에 빠트리거나 오류로 몰아넣는다는 점에서 해악이 된다. 그러므로 참인 명제가 아니라면 침묵해야 한다.

이는 사고의 표현에 한계를 긋는 작업이다. 무엇을 사고하고 무엇을 사고하지 말아야 하느냐는 오직 언어에 의해서만 정해지기에 모든 철학은 '언어 비판'이어야 한다. 한계를 긋는 가장 중요한 기준은 논리의 성립 여부다. 비논리적인 것은 제대로 된 사고를 제공하지 못한다. 비논리적인 명제는 비논리적인 사고를

Ludwig Wittgenstein

초래하니 말이다.

그런데 철학 명제 가운데 참과 거짓으로 분명하게 판명될 수 있는 경우라면 차라리 이해가 쉽다. 적어도 언어를 통한 실증적인 검토 대상이 될 수 있기 때문이다. 문제는 "철학적인 주제에 관한 대다수의 명제나 물음은 거짓이 아니라 난센스"라는 점이다. 참과 거짓을 검토할 수 있는 한계 바깥에 있는 물음이라면 여기에 답하는 것이 불가능해진다.

"에로스가 아름다운 것을 결여하고 있는데, 선한 것이 아름답다면,
그는 선한 것을 결여하고 있는 것이겠지?"

이 같은 전통 형이상학의 수많은 명제가 대체로 난센스에 해당한다. 형이상학의 원조인 플라톤의 대화편만 보더라도 참과 거짓을 판명하기 위한 논리적 요소를 갖고 있지 못한 난센스가 자주 발견된다. 예를 들어 '선함과 아름다움은 동일한가?'라는 식의 물음을 자주 접할 수 있다. 플라톤의 《향연》을 보면 소크라테스는 에로스에 대해 설명하면서 다음과 같은 논리를 사용한다. 선과 아름다움이 같은 성격을 갖고 있다는 명제를 전제로 하여 에로스에 대한 논의를 이끈다.

선과 아름다움은 서로 다른 성격을 가지고 있다. 선이 도덕

적 가치라면 아름다움은 미학적 가치에 해당한다. 서로 다른 가치 기준을 가지고 있는 두 가지가 같은 성격을 갖고 있는지를 비교하는 일 자체가 참과 거짓의 판정을 불가능하게 만든다. 언뜻 매우 심오한 문제에 대한 질문과 그럴듯한 고민처럼 보이지만, 논리적인 측면에서 볼 때 말 그대로 아무런 의미도 갖지 못하는 난센스에 불과하다. '선은 곧 아름다움'이라는 말은 의미 있는 명제가 아니기에 사태로 존립하지 않는다. 이러한 물음을 던져서도 안 되고, 여기에 대답할 필요도 없다는 점에서 침묵해야 한다.

인식 대상이 아닌 무의미한 명제로 '항진 명제'를 대표적으로 꼽는다. '항진'이라는 말이 어려워서 무엇을 뜻하는지 금방 다가오지 않는데, 쉽게 동어반복이라고 해석하면 된다. 논리학 명제 가운데 동어반복에 해당하는 경우가 적지 않다. 동어반복은 뜻이 결여된 명제로서 현실의 그림일 수 없다. 명제는 자기가 무엇을 말하는지를 보여주는데, 동어반복은 아무것도 말하지 않는다. 예를 들어 '나는 나다.'라든가, '남자는 여자가 아니다.'라는 식의 동어반복은 아무런 진리 조건도 가지지 않기에 무의미하다. 왜냐하면 동어반복은 무조건 참이기 때문이다.

'모순 명제'도 무의미하다. 모순은 자신을 부정하는 뜻을 내부에 갖는 명제이기에 어떠한 조건에서도 참이 아니다. 모순은 한비자의 유명한 고사인 창과 방패 이야기가 대표적인 사례다.

Ludwig Wittgenstein

'이 창은 모든 방패를 뚫을 수 있다.'는 문장과 '이 방패는 모든 창을 막을 수 있다.'는 문장은 동시에 성립될 수 없다. 진리 가능성에 대해 그 명제가 거짓이기 때문에 어떤 방식으로든 현실을 규정할 수 없고, 동어반복과 마찬가지로 자기들이 아무것도 말하지 않음을 보여준다. 동어반복은 모든 가능한 상황을 허용하고, 모순은 어떤 가능한 상황도 허용하지 않기 때문에 둘 다 무의미하다.

비트겐슈타인에 의하면 귀납 방식의 탐구에서도 무의미한 경우가 자주 발견된다.

"현재의 사건에서 미래의 사건을 추론하기란 불가능하다. 원인과 결과의 연쇄에 대한 믿음은 미신이다."

귀납 탐구는 경험과 일치될 수 있는 가장 단순한 법칙을 받아들이는 데서 시작된다. '내일도 태양이 뜬다.'라는 말이 대표적이다. 어제도 오늘도 태양이 떠오르는 경험을 했기 때문에 앞으로도 계속 같은 결과가 일어날 것이라는 일반적 결론에 도달하는 방식이다.

하지만 가장 단순한 경우가 현실적으로 일어날 것이라고 믿을 만한 근거는 분명히 없다. 태양이 앞으로도 계속 뜰지 안 뜰지를 우리는 알지 못한다. 우주는 수많은 변화 과정에서 생성과 소멸을 거듭해왔다. 태양의 예상치 못한 폭발로 어떤 문제가 생길지는 알 수 없는 일이다. 무언가 일어났으니 또 다른 것이 필연적으로 일어나야 한다는 강제성은 존재하지 않는다. 다만 그렇게 될 개연성 정도가 있을 뿐이다. 그러한 의미에서 논리학적인 근거이기보다는 심리학적인 근거에 가깝다.

철학의 역사에서 수많은 명제를 만들어낸 윤리적 가치 판단도 무의미한 명제에 해당한다.

"세계 속에서 모든 것은 있는 그대로이며, 모든 것은 일어나는 그대로 일어난다. 세계 속에는 가치가 존재하지 않는다."

가치는 '어떠어떠해야 함'을 의미하는데, 세계에서 일어나는 모든 사건은 '어떠어떠함'으로 존재한다. 모든 '어떠어떠함'이 우연적이라면 '어떠어떠해야 함'을 의미하는 가치는 비우연적이어서 세계 속에 놓여 있을 수 없다. 그것은 세계 밖에 놓여 있어야 한다.

무언가를 선하다고 규정한다면 이미 그것은 사실을 벗어난 초월적인 접근이다.

"윤리 명제는 존재할 수 없다. 명제는 보다 고차원적인 것을 표현할 수가 없다. 윤리는 명백히 언어로 표현할 수 없다. 윤리는 초월론적이다."

윤리와 같이 초자연적인 것은 오직 초자연적인 것을 통해서만 표현할 수 있다는 점에서 초월론적이다. 선은 사실의 영역 바깥에 있기 때문에 논리적으로 증명될 수 있는 대상이 아니다. 적어도 철학을 비롯한 학문적인 입장에서 본다면 무의미한 말에 불과하기에 침묵해야 한다.

말해질 수 있는 것은 무엇인가?

● 비트겐슈타인이 보기에 말해질 수 있는 것, 즉 인식의 올바른 방법은 무엇인가?

"말해질 수 있는 것, 그러므로 자연과학의 명제 이외에는 아무것도 말하지 말고, 다른 어떤 사람이 형이상학적인 것을 말하려고 할 때는 언제나, 그가 그의 명제 속에 있는 어떤 기호에 아무런 의미도 부여하지 못하였음을 입증해주는 것이야말로 본래 철학의 올바른 방법이다."

무엇보다도 전통적 형이상학 발상에서 벗어나야 한다. 실제적인 증명과는 아무런 관련 없거나 서로 비교하는 일이 어려운 명제를 뒤죽박죽 섞어놓는 방식이기 때문이다. 그는 《반철학적 단상》에서 서양 형이상학의 아버지라 할 수 있는 소크라테스의 논의를 대표적인 경우로 꼽는다.

> "소크라테스의 대화를 읽으면 이런 기분이 든다. 얼마나 지독한 시간 낭비인가! 아무것도 증명하지 않고, 아무것도 명석하게 하지 않는 이러한 의논은 무슨 쓸모가 있는가?"

자연과학 명제처럼 엄밀한 명제를 대상으로만 인식하는 것이 유일하게 엄격히 올바른 방법이다. 그렇다고 해서 자연과학적 방법으로 철학을 해야 한다는 주장은 아니다. 철학은 자연과학이 아니기 때문이다. 자연과학적 명제처럼 엄밀함을 추구하지만, 자연과학의 탐구 방법을 철학에 그대로 적용해서는 안 된다. 철학은 현상에 대한 경험적 축적을 통해 법칙적 인식으로 나아가는 자연과학적 고찰과 다르다. 경험은 철학적 판단을 위한 근거가 될 수 없기 때문이다. 즉 철학적 문제는 경험적 문제가 아니다.

철학의 대상은 경험적 사실이 아니라 명제와 언어 자체여야 한다. 철학은 자연과학적 탐구 방법으로서의 실증이 아니라 언어의 작용에 대한 실증적 통찰이어야 한다. 철학은 생각될 수 있는 것과 생각될 수 없는 것의 한계를 긋는 작업이다. 본래 사고 자체는 불투명하고 흐릿하다. 사고를 상당 부분 규정하는 언어 자체가 미로와 비슷하기 때문이다. 여러 길이 중첩되어 있어서 더 가야 할 길을 잘 알지 못하게 만든다. 그러므로 철학은 명제를 쏟아내는 방식이 아니라 해명을 통해 명제를 명료화하는 작업이어야 한다. 이를 위해 철학으로서 의미를 갖는 내용과 무의미한 내용 사이에 뚜렷한 경계를 만드는 일에 충실해야 한다.

25 행위는 사유의 유일한 의미다

William James

윌리엄 제임스
《실용주의》

왜 사유와 행위의 분리가 문제인가?

● 미국의 철학자이자 심리학자 윌리엄 제임스^{William James, 1842-1910}는 실용주의를 대표한다. 대부분의 현대 철학자가 그러하듯 고대에서 근대에 이르는 사유 방법에 대한 근본적 비판 위에서 새로운 철학의 토대를 세우려 한다. 무엇보다도 세계는 하나인가 다수인가, 인간의 본질은 물질인가 정신인가, 인간의 삶은 운명인가 자유인가와 같은 전통적인 형이상학 논쟁을 거부한다. "행위는 사유의 유일한 의미다."라는 명제

에는 제임스가 주장하는, 앞으로 철학이 무엇을 넘어서야 하며 어디로 향해야 하는지에 대한 실용주의의 문제의식이 담겨 있다.

사유의 유일한 의미를 행위에 두는 것은 행위와 무관하게 사유 자체를 목적으로 삼는 기존 철학에 대한 비판을 전제로 한다. 그렇기 때문에 제임스의 명제에 빠르게 다가서기 위해서는 사유를 행위에서 분리하는 사고방식에 대한 이해에서 출발해야 한다. 먼저 제임스는 고대와 중세철학이 집착하던 '이데아'나 근원적인 '하나', 혹은 '신' 개념과 같은 절대적 존재를 부정한다.

> "절대 존재는 절대적 미스터리다. 왜냐하면 절대 존재와 무 사이의 관계가 우리의 오성에 중개되지 않은 채 남기 때문이다."

이데아나 신이 사유 대상일 수 없는 것은 인간 지성과 무관하기 때문이다. 지성은 감각으로 확인할 수 있는 영역 내에서 이루어진다. 절대 존재를 사고하는 근거인, 경험 이전의 선험적 원칙이나 현실에서 분리된 추상적 태도를 신뢰하지 않는다. 지성은 확인될 수 있는 사실과 구체성 그리고 행동에 작용한다. 초월적인 절대 존재라든가 아무것도 없는 무는 인식 범위를 넘어선다. 절대 존재는 경험 영역인 현실과 직접 관계를 맺고 있는 지성과 무관하게 설정된 개념이기에 인정될 수 없다.

추상적인 관념이나 개념에 거부감을 갖는다는 점에서 근대 합리주의 철학과도 거리를 둔다.

"실용주의는 사실에서 멀어지면 불편하다. 합리주의는 추상이 있어야만 편안하다."

실용주의는 경험주의 태도를 상당 부분 수용한다. 사유가 절대적·보편적 성격을 지니는 원리를 규명하기보다는 경험의 흐름 안에서 작동하도록 해야 한다. 우리의 사유가 지향해야 하는 방향은 독단적이고 인위적으로 고정된 원칙과 궁극적인 진리로 향하는 합리주의 기질이 아니다. 자연의 개방적인 분위기와 가능성을 갖는 경험주의 기질로 향해야 한다.

형이상학이나 합리주의 철학은 앞서 콩트의 주장에서도 확인할 수 있듯이 주로 사물이나 현상의 원인을 파악하는 데 치중했다. 이를 위해 '원인과 결과' 규명에 심혈을 기울였다. 사유가 주로 현상의 출발점에 주목한 것이다. 하지만 인과 원리는 우연하게 나타난 사건들의 현상적 순서에 심오한 관계를 표명하려는 공허한 시도에 불과하다. 제임스는 어디에서 비롯되는가보다는 어디로 갈 것인가, 즉 행위 결과에 관심을 둔다. 근본 '원인'을 찾아내 궁극적 해결책을 제시하려는 무모한 시도를 계속 하기보다는 현실 안에서 의미 있는 변화를 꾀할 정도의 '방법'을 찾아내는 작업이 사유가 추구해야 할 적절한 수준이다.

형이상학이나 합리주의 철학은 인과 원리를 중시한다는 점에서 결정론 사고방식에서 벗어나지 못한다. 제임스는 강한 결정론과 약한 결정론으로 구분하여 두 가지 모두를 비판한다.

> "나는 '우연'은 간직하고 싶고 '자유'는 버리고 싶다. (…) 강한 결정론은 운명, 의지의 속박, 필연성 등에 의지한다. 오늘날 약한 결정론으로서의 자유는 단지 이해된 필연성이고 지고의 것에 매여 있다."

결정론은 과거의 원인이 미래의 결과가 되며, 이 세상의 모든 사건은 이미 정해진 곳에서 정해진 때에 이루어지게 되어 있었다는 이론이다. 특히 기계적 결정론으로 불리는 강한 결정론은 한두 가지 원리에 의해 현실이 결정되며 예정된 운명에 따라 미래로 움직인다고 본다. 중세신학은 신이라는 단일한 원인으로부터 현실 세계가 어떻게 만들어지고 변화할지가 예정되어 있다고 보았다.

근대에 들어와서는 신의 자리를 과학이 대신하는 방식으로 기계적 결정론이 막강한 위세를 부렸다. 만유인력의 법칙을 비롯하여 뉴턴의 주요 물리학 법칙, 우주를 구성하는 주요 물질의 규명을 통해 우주의 최초 형성과 변화 과정을 모두 해명할 수 있으며 나아가 미래까지도 예측 가능하다고 보았다. 과학적인 결정론의 영향을 받으면서 철학도 강한 결정론 경향이 두드러졌다.

제임스가 보기에 오늘날의 철학은 기계적 결정론에 대해서는 이미 상당한 거부감을 가지고 있다. 종교적 영향력이 많이 약화된 상황에서 예정된 운명이나 필연성 주장이 설 자리가 별로 없다. 게다가 과학으로 기계적 결정론을 뒷받침했던 19세기 물리학이 설득력을 잃었다. 뉴턴의 물리학에 의하면 이 세계는 정해진 운동 법칙에 의해 움직이는 것이었지만, 20세기의 양자역학에 의해 절대적 규칙은 인정되지 않고 확률에 의한 경향성 정도가 있을 뿐이라는 점, 심지어 물질로서의 입자와 운동으로서의 파동의 구별조차 어렵다는 점이 드러나면서 기계적 결정론은 더 이상 의미 있는 관점이 아니게 된다.

하지만 결정론이 사라진 것은 아니다. 강한 결정론을 대신해서 약한 결정론이 여전히 위력을 발휘하는 중이다. 근대철학 이후 현재 실질적으로 문제가 되는 것은 약한 결정론이다. 운명과 예정에 대비되는 자유를 인정한다는 점에서 강한 결정론과는 구별된다. 하지만 제임스는 자유를 내세우는 주장조차 약화되기는 했지만 결정론이기는 마찬가지라고 한다. '이해된 필연성'이고 무언가 절대적인 것에 얽매여 있다는 점은 동일하다.

근대철학을 지나면서 형성된, 절대화된 이성에 근거한 절대정신으로서의 '자유'를 강조하는 경향이 곧 약한 결정론이다. 자유의 강조가 결정론의 반대편에 서 있는 것처럼 보이지만 실제로는 결정론의 연장이다. 정신에 의해 주관적으로 규정된 선과 악에 관한 고려가 객관적 원인과 결과에 섞이는 방식으로 나타난다. 자유라는 말을 듣는 순간 우리는 언뜻 내 마음대로 할 수 있는 선택과 행동을 떠올리기 쉽다. 하지만 실제로 주류 철학에서의 자유는 규정된 절대적인 원칙 아래에서의 제한된 자유일 뿐이다.

선과 악의 절대적 구분 안에서 도덕률을 수립하고 이를 전제로 한 자유의지만을 허용한다. 그러한 의미에서 필연성에 묶여 있는 자유다. 강한 결정론이 신이나 자연처럼 외부에서 인간 정신 내부로 작용한다면, 약한 결정론은 자유라는 이름으로 인간의 정신에서 출발하여 외부로 향한다는 점에서 차이는 있지만 둘 다 결국 절대성을 추구한다. 다만 약한 결정론은 정신에서 출발한다는 점에서 '이해된' 필연성일 뿐이다.

그래서 제임스는 자유를 버리고 '우연'을 간직하겠다고 한다. 우리가 사는 세계 자체가 우연의 세계다. 인간의 의도나 의지와는 무관하게 세계는 우연히 만들어졌고 우리에게 주어져 있다. 사실 지구도 무한할 정도로 광활한 우주에서 우연히 만들어진 행성 중의 하나일 뿐이다. 절대적 존재의 계획에 의해 인간을 위해 만들어진 것이 아니다. 혹은 정해진 운동 법칙에 따라 태양계 안에 지구가 만들어지도록 예정된 것도 아니다. 지구 위에 인류가 나타난 것도 생물 진화의 과정에서 우연히 탄생한 결과라고 봐야 한다. 지구에 생명체가 등장한 순간부터 인류가 있었다고 주장할 과학자는 이제 한 사람도 없다. 어느 단계에서 원시 인류가 분화되어 나왔고 우연히 형성된 환경과 영향을 주고받으면서 진화를 통해 현생 인류에 이르렀다.

이처럼 행위와 무관하게 사유 자체의 완결성을 추구한 형이상학이나 합리주의는 논리적으로나 실천적으로 이제 별 의미를 지니지 못한다. 구체적인 행위와 무관한 개념 사이의 논쟁은 의미가 없다. 개념이 누군가의 행위에 실질적으로 어떤 영향을 주는지가 중요하다. 만약 서로 다른 개념이 사람들의 행위에 실질적인 차이를 만들어내지 못한다면 의미 없는 논쟁이다. 우리는 그저 어느 쪽이든 하나를 택하면 된다. 구체적 사실의 차이 그리고 그 사실에 따른 행위의 차이로 나타나지 않는 추상적 논쟁은 불필요하다. 그러므로 실용주의는 이론적 완결성을 추구하기보다는, 어떤 관념 또는 신념이 참이라면 실제 삶에서 어떤 구체적 차이를 만들어내는가에 관심을 갖는다.

William James

왜 행위가
사유의 의미인가?

● 제임스가 주장하는 사유 목적으로서 '행위'의 의미는 무엇인가? 사유의 목적을 근본 원인과 최종 해결책을 제시하기보다는 당면한 수준에서 상대적으로 더 좋게 작동할 수 있는 프로그램을 찾아내는 데 둔다. 현실을 실제 변화시킬 수 있는 구체적 방법을 찾아낸다는 점에서 '유용성'을 중시한다. 사유는 이론적 결론보다도 과정에서 행위가 실용적으로 최대한의 효과를 낼 수 있는 방법에 치중해야 한다.

제임스의 실용주의는 다분히 과학기술 발전을 매개로 급격한 자본주의 산업화로 치닫던 서구의 사회 분위기를 반영한다. 기계문명을 매개로 자본주의 신세계를 맹렬하게 개척해나가고 있던 미국인의 정서에서는 공허한 이론보다는 유용성을 강조하는 실천적 사고가 필요했다. 실용주의는 고리타분한 이론적 논쟁을 넘어서 생활을 실질적으로 개선할 수 있는 유용성에 주목하던 당시의 사회 분위기를 반영하면서 미국 사회에서 급속하게 영향력을 확대해나갔다.

미래의 근본적 해결책보다 당면한 행위에 유용한 방법을 찾는 데 주목한다는 것은 사람들의 실질적 행위 동기를 중시한다는 뜻이 된다. 제임스에 의하면 앞으로 철학은 실질적 행위 동기인 기대를 대상으로 해야 한다.

> "철학적 갈망에서 가장 중요한 요인은 기대를 정의하려는 욕망이다.
> 명백하게 이 욕구를 충족할 가능성을 부정하는 어떤 철학도 승리할
> 수 없다. (…) 철학은 우리의 가장 소중한 욕망과 권능을 곤란케 하거
> 나 실망시켜서는 안 된다."

　행위가 현실의 구체적인 사람에 의해 일어나는 한, 행위에 있어서 가장 중요한 것은 사람들 내부의 동기다. 행위가 사유의 목적이 되는 순간 그 동기에 주목하지 않거나 동기를 억압하는 철학은 갈수록 사람들에게서 외면을 받을 수밖에 없다. 개별 인간의 동기 외부에서 도덕 법칙을 수립하고 이로부터 당면한 행위를 규제하려는 기존 철학이 대표적인 경우다.

　인간의 행위 동기는 어디에서 비롯되는가? 외부의 의무가 아니라 오직 스스로를 만족시킬 수 있는 욕구에서 오기 마련이다. 그는 기대의 뿌리가 되는 가장 중요한 요인으로 '욕망'을 꼽는다. 사람들이 무언가를 선택하고 어떤 행위를 하는 가장 중요한 동기는 내적인 욕망이다. 명령이라고 해도 과언이 아닐 만큼 욕망은 강하게 동기에 작용한다. 인간은 유기체로서 자신을 실현하려는 본능을 갖고 있음을 부인할 수 없기에 욕망은 그 자체로

William James

정당성을 지닌다. 실용주의 방법은 욕망과 관련된 실제 행위 결과를 추적함으로써 개별 개념을 설명한다. 철학적 주장이나 체계가 그것을 믿는 사람의 실제적 삶에 어떤 유용한 영향을 미치지 않는다면, 그 철학은 실용주의적으로 의미가 없다.

철학적 사유가 유용한 행위를 만들어내는 기대와 동기에 정당한 자격을 부여하는 데 일차적으로 주목해야 한다면, 그다음으로는 유용한 행위가 '습관'이 되도록 기여하는 데 관심을 기울여야 한다. 왜냐하면 삶이 한순간도 단절 없이 지속하듯이 행위의 유용성도 일회적인 충족에 그쳐서는 안 되기 때문이다.

실용주의에 의하면 사유는 행위의 '습관'을 산출해야 한다. "행복해서 웃는 게 아니라 웃어서 행복해집니다."라는 제임스의 유명한 말은 습관의 중요성을 강조한 내용이다. 생각이 유용성을 중심으로 바뀌면 행동이나 습관도 유용성을 기준으로 바뀐다. 이렇게 사유에 의해 유용한 습관이 형성되면 사람의 성품이 바뀌고, 성품이 바뀌면 운명이 바뀐다. 그러므로 실질적 행위와 습관으로 연결되는 사유만이 의미 있는 사고 작용이다.

행위 동기와 욕망을 중시한다고 해서 진리 추구나 원인에 대한 일체의 탐구를 포기하는 것은 아니다. 대신 사유에서 출발하는 추상적·완결적인 진리가 아니라 경험과 행위에서 출발하는 구체적·부분적인 진리다. 경험을 체계적으로 쌓아 올리고 행위와 사유의 상호 작용이 거듭되는 과정에서 조금씩 진리에 접근해가는 방식이어야 한다.

또한 실용주의가 경험을 중시한다고 해서 유물론처럼 물질주의적인 사고방식만 갖는 것은 아니다. 추상 작업이 관념이나 개념에 갇혀 있지 않고, 경험 해석에 도움을 주고 행위 동기를 추적하는 데 유용하다면 전혀 문제가 되지 않는다. 마찬가지 이유에서 심지어 신학에 대해서도 무조건 반대하지는 않는다.

"실용주의는 신학에 반대할 만한 선천적 편견이 없다. 신학적인 관념이 구체적인 삶에 가치가 있다고 증명된다면, 유익하다는 의미에서 실용주의에도 참이 된다."

절대 존재로부터 현실이 생겨난다고 주장하거나 그 존재의 유무에 대한 논증에 빠지는 것은 반대하지만, 신학이 사람들의 삶에 유용한 무언가를 제공하는 범위 안에서는 문제가 될 것이 없다. 사유로서의 의미가 있는가를 판단하는 유일한 기준은 오직 유용성이다. 삶에 유용하기만 하다면 경험이든 관념이든 상관없다.

원인에 대한 일체의 탐구를 부정하는 것도 아니다. 문제는 궁극적인 원인으로 치달아 버리거나 혹은 궁극적인 원인으로 도달하기 위해 수많은 원인의 연쇄를 찾는 방식이다. 이를 위해 인식 내부에 감각에서 이성에 이르는 수많은 절차를 두고, 복잡한 개념의 단계를 구분하는 정신적 낭비를 일삼는다. 제임스가 보기에 행위를 통한 삶의 개선에 기여한다는 점에서 사유 자체가 유용성을 가져야 하지만, 나아가서 사유의 방법도 유용성을 가져야 한다.

사유 방법으로서의 유용성을 지니기 위해서는 인식에 있어서 절약이 필요하다.

"절약을 위한 열정, 사유에서 수단의 효율을 위한 열정은 탁월한 철학적 열정이다."

합리주의자들이 수많은 범주와 인식 과정의 복잡한 절차를 둔다면, 실용주의 인식은 단순성으로 환원하는 방식이어야 한다. 훨씬 적은 정신적 노력을 가지고도 최대한의 효과를 산출하기 위해 원인의 숫자를 최소화해야 한다. 그리하여 인식의 편이성을 증진하는 방향으로 가야 한다. 옳음이 우리의 행동 방식에서 편이함일 뿐인 것처럼, 참도 다만 우리의 사유 방식에서 편이함일 뿐이다.

26

이성은 완결되는 순간
비합리적인 것이 된다

●

Max Horkheimer

막스 호르크하이머
《도구적 이성 비판》

이성의 완결이
사회적 비합리성을 낳는다

● 현대철학이 근대의 이성관을
극복하는 과정에서 한편으로 의지나 무의식처럼 이성에서 벗어
나 대안을 모색했다면, 다른 한편 프랑크푸르트학파는 낡은 이성
을 새로운 이성으로 대체하는 방향에서 대안을 찾았다. 막스 호
르크하이머Max Horkheimer, 1859-1973는 프랑크푸르트학파에서 중심적
역할을 한 철학자다. "이성은 완결되는 순간 비합리적인 것이 된
다."라는 명제에 기존의 이성관에 대한 그의 비판적 시각이 담겨

있다.

'이성의 완결'은 근대철학이 추구한 목표였다. 영국 경험론, 프랑스 합리론, 독일 관념론은 주장하는 내용의 차이에도 불구하고 이성의 절대화를 통해 완결적인 이론 구조를 만드는 쪽으로 심혈을 기울였다. 이성이 완결로 향할수록 이론과 현실에서 합리성이 증가하리라는 믿음이 밑바탕에 깔려 있었다. 하지만 호르크하이머에 의하면 기대와는 반대로 이성의 완결은 비합리성의 증가로 나타난다.

우리의 상식에는 이성적인 사고방식이 합리성이나 효율성과 거의 동의어로 다가온다. 그런데도 그는 왜 다수의 상식에서 벗어나 비합리성 강화 쪽으로 작용한다고 주장하는가? 호르크하이머에 의하면 근대 이성에 의한 합리성의 상징처럼 여겨지는 과학기술의 발달조차 현실에서 오히려 비합리성을 확대한다.

"'과학'이라는 도구를 진보의 자동적인 옹호자로 간주하는 실증주의적 철학은 기술에 대한 다른 형태의 찬양과 마찬가지로 잘못된 것이다."

사례를 통한 설명이 보다 빠른 이해를 도울 듯하다. 과학기술 발달에 의한 생활 편리화의 상징처럼 되어 있는 전력 생산 체계만 해도 그러하다. 도시는 합리화를 위해 대규모 건물 중심으로 편재된다. 그런데 대형 빌딩은 엄청난 에너지를 투입해야 유지된다. 철근과 콘크리트 덩어리로 촘촘하게 칸막이가 쳐진 건물에서 여름에 에어컨 없이 사는 것은 불가능하다. 그렇기 때문에 대부분 여름 한 철에 맞춘 전력 생산 체제를 갖춘다. 나머지는 전력이 남아도는데, 그 몇 개월 때문에 엄청난 에너지를 쏟아부어야 하는 사태가 발생한다. 효율성 추구가 오히려 현실에서 만들어내는 비효율화의 한 단면이다.

합리화의 상징이라고 할 수 있는 현대 도시 공간도 마찬가지다. 대도시를 중심으로 인구가 모여들고 이를 도심과 부도심, 주변 지역과 위성도시라는 효율적 분업 구조로 해결한다. 그리고 분업화된 각 지역을 대규모 대중교통망을 통해 연결하는 구조다. 생활 공간인 주변 지역과 위성도시를 업무 공간인 도심과 연결하는 방식이다. 이를 위해 거미줄처럼 복잡한 지하철 노선과 버스 노선을 마련한다. 현상적으로 볼 때는 지극히 합리적인 구조다.

하지만 대도시에 몰려 있는 엄청난 인구가 거의 동일한 시간대에 이동한다. 이른바 러시아워라고 하는 출퇴근 시간을 기준으로 대중교통 수송량을 계산한다. 여기에 맞춰서 지하철과 버스의 양을 맞춰나간다. 그런데 지하철과 같은 대중교통 수단은 적자가 천문학적 규모로 늘어나고 있지만 계속 더 많은 노선과 차량을 투입하는 딜레마가 발생한다. 출퇴근 시간을 제외하고는 적지 않게 비어 있어서 수지를 맞추기 힘든데도, 출퇴근 수송량을 맞추기 위해 계속 늘려야만 하기 때문이다. 합리화의 증대가 비합리화를 낳는 현상 중의 하나다.

이성의 발달은 인간과 자연의 관계도 왜곡한다. 호르크하이머에 의하면 자기 삶의 터전인 자연을 스스로 파괴한다는 점에서 비합리적인 결과를 초래한다.

"오늘날 자연은 그 어느 때보다 인간의 단순한 도구로 이해된다. 자연은 이성이 내세우는 어떠한 목표도 알지 못하고 따라서 어떠한 한계도 알지 못하는 전면적인 착취의 대상이다. 인간의 끝을 모르는 침략주의는 절대 충족되지 않는다."

합리성의 극단을 보여주는 정보화 사회의 사례를 생각해보자. 2~3년이 멀다 하고 훨씬 업그레이드된 새로운 컴퓨터 제품이 쏟아져 나온다. 생활의 전 영역에 IT기술이 적용되지 않고는 거의 살 수 없을 지경이 되었다. 그 결과 모든 가정과 사무실에 컴퓨터가 가득하다. 어른에서 아이에 이르기까지 스마트폰 없이는 하루도 살기 어렵다고 느낀다. 집 안의 일상을 지배하는 가전제품에도 IT기술이 적용된다. 기능이 향상된 제품이 쏟아져 나올 때마다 생활은 물론이고 업무의 효율성이 증가한다.

하지만 새로운 제품으로 교체하고 나면 가정과 사무실에서 개인마다 갖고 있던 그 엄청난 양의 기존 컴퓨터나 가전제품은 어디로 가는가? 전부 쓰레기로 변한다. 플라스틱을 비롯하여 인공적인 화합물로 가득한 이 쓰레기들은 태워서 없애는 것도 곤란하다. 그 과정에서 엄청난 공해가 발생하기 때문이다. 땅에 묻는다고 한들 도무지 썩지도 않는다. 엄청난 속도의 효율화 과정이 엄청난 속도로 자연 파괴를 낳는다.

자연을 인간의 단순한 도구로 이해하는 사고방식이 낳은 폐해의 범위는 산업과 생활 쓰레기 증가에 머물지 않는다. 자연이 전면적인 착취의 대상이 되면서 인류 역사상 유례가 없을 정도로 대규모 자연 파괴가 나타난다. 인류와 자연을 멸망으로 몰고 갈 정도의 대규모 파괴를 일으키는 것은 근대와 현대의 도구적 이성이 초래한 결과다.

이성에 의한 사회적·정치적 합리화도 비슷한 처지가 된다. 예를 들어 사회 체계나 정치 체계의 합리성을 상징하는 제도로 보통 관료제를 꼽는다. 현대사회에서 관료제는 효율성의 상징이기보다는 반대로 비효율의 상징이다. 관료제는 다수 구성원을 효과적으로 동원하고 움직이기 위해 상명하복에 기초한 피라미드형 조직 형태와 운영 방식을 갖춘다. 그래야 체계적이고 일사불

란한 결정과 집행이 가능할 테니 말이다. 하지만 수직적인 조직의 비효율을 지적하면서 네트워크에 기초한 수평적인 조직을 갖추어야 한다는 주장에서도 볼 수 있듯이 관료제적인 위계질서가 신속한 결정과 집행을 가로막는 비효율적인 역할을 한다.

이처럼 현대사회에서 나타나는 수많은 재앙과 위기의 원인을 추적하다 보면 대체로 근대 이성과 만나게 된다. 이론적·학문적인 영역에 제한되는 것이 아니라, 앞에서 몇 가지 살펴보았듯이 현대사회의 구조, 현대인의 삶, 나아가 자연과의 관계 등에 이르기까지 현실의 제 문제에 직접 본질적인 영향을 미친다. 파급 영역도 정치·경제·문화·생활 등 거의 전 분야에 걸쳐서 나타나고 있다는 점도 문제의 심각성을 알려준다.

이성의 완결은
인간 자신도 비합리화한다

● 인간의 존재 근거를 이성에 두고 감각이나 감정, 상상력을 배제하던 합리주의적 이성관은 인간 자신에 대해서도 비합리적인 결과를 낳는다. 호르크하이머에 의하면 특히 이성을 정신의 독자적인 기능으로 보는 주관주의적 관점이 문제다.

"이성이란 정신의 주관적 능력이라는 이론에 따르면 주체만이 본래적 의미의 이성을 가질 수 있다. (…) 이성은 주관화되면서 형식화되었다. 사고는 이제 어떤 목표가 그 자체로 바람직한지를 결정하는 데 도움을 줄 수 없다."

경험과 감각으로부터 분리된 이른바 이성적 사고 능력을 복잡하고 정교하게 만들면 만들수록 인간의 체험 능력은 점점 더 빈곤해진다. 사람들의 사고 능력이 퇴행 과정을 밟는다. 비유하자면 순수한 형태의 영양분을 흡수하기 위해서 비타민제를 장기 복용할 때 생기는 문제처럼 말이다. 몸은 섭취한 음식으로부터 영양분을 분리해서 흡수해내는 능력을 갖고 있다. 그런데 영양제를 장기 복용하면 음식으로부터 영양분을 분리해서 체내로 공급하는 기능이 퇴화된다.

마찬가지로 정신도 감각을 통해 현실에서 정신적인 자양분을 뽑아내야 하는데, 근대적 이성관은 경험에서 분리된 순수한 사고를 강조함으로써 체험 능력의 빈곤과 이로 인한 사고 능력의 퇴행을 초래한다. 구체적인 현실에서 정신의 과제를 찾아내고 여기에 정신적인 상상력과 추상 능력을 발휘하여 보편적 원리를 이끌어내는 정신적 능력이 감퇴한다.

사실 경험이 갖는 다양성은 사유 능력에 흠이 되기보다는 역동적인 힘으로 작용한다. 경험의 세계는 다양성의 세계다. 사람마다 서로 다른 상황에서 서로 다른 경험을 하게 된다. 여기에서 다양한 입장이 생겨난다. 그런데 다양한 것 자체가 문제인 게 아니다. 다양한 입장이 서로 부딪히면서, 또한 그러한 입장이 현실과 반복적인 관계를 맺고 검증하는 과정에서 조금씩 확실한 인식으로 접근해나간다.

반대로 경험에서 벗어난 순수한 이성은 획일화 경향을 강제한다. 앙상한 원리를 기준으로 세우고 이를 중심으로 현실의 여러 관계를 역으로 규정하려는 경향을 갖는다. 이 과정에서 사람들의 경험 세계는 양서류의 경험 세계와 유사해지는 경향이 생긴다. 체험 능력의 퇴화로 인한 현상이다. 마치 개구리나 도마뱀 등의 양서류처럼 단순한 감각 경험으로 후퇴하는 경향이 생긴다. 말 그대로 표피적인 자극이나 고통에 감각이 머무르는, 저차적인 상태의 감각에 만족하는 퇴행이 생겨난다.

이성의 발달이 인간 정신을 발달시키기보다는 오히려 퇴행으로 이끄는 비합리화 경향이다. 이로 인해 이상적인 것을 생각하거나 행위와 신념에 대한 기준을 만드는 것, 윤리학과 정치학을 이끌어가는 원칙을 수립하는 것을 경험적 사고에 기초하여 스스로 정하지 못한다. 어떤 목표가 그 자체로 바람직한지를 스스로 결정하지 못하고 외부의 결정에 맡기는 처지가 되어버린다.

또한 합리주의 이성관은 상상력을 배제함으로써 인간이 가져야 할 이해와 감정의 폭을 좁혀놓는다. 증명 가능한 것만을 의미 있는 것으로 여김으로써 상상력을 쓰레기통에 던져버리고, 동시에 수많은 의미도 함께 버린다. 사랑의 감정, 내면의 가치 등은 증명될 수 없지만 인간에게 매우 소중하다. 자연의 하찮아 보이는 풀 한 포기, 바람 한 줄기에서도 소중한 영혼을 느끼는 상상력은 의심스럽거나 수상한 사고방식이 아니다. 하지만 상상력이 사라진 세상에서 인간의 내면은 마치 수분이 차단된 나무처럼 점점 건조해진다.

더 나아가서 근대철학을 비롯하여 현대의 이성 중심주의는 이성을 통해 자립적 주체로서의 개인을 정립했다고 여겼지만, 오히려 개인이 실종되는 사태로 귀결된다. 호르크하이머는 이를 개인의 위기로 설명한다.

> "이성의 위기는 개인의 위기 속에서 나타난다. (…) 개인은 한때 이성을 전적으로 자아의 도구로 파악했다. 개인은 지금 자기 숭배의 역전을 경험하고 있다. 기계가 조종사를 내동댕이친 것이다."

이성을 주체적인 자아의 근거로 보는 이성관은 개인의 진정한 발전은커녕 개인의 위기, 좀 더 정확히 표현하자면 개인의 몰락을 초래한다. 하지만 개인은 지금 주체이기보다는 개인의 약화로 내몰리고 있다. 개인의 고립적인 이성은 원자화된 개인을 만들어낸다. 고립된 자아는 개인의 실질적 지위를 강화하는 것이 아니라 약화하는 방향으로 작용한다. 개인이 객관적 세계나 관계와 분리되어 원자화될 때 정신은 사회 구성원으로서의 개인 속에 살아 있는 것이 아니라 홀로 남겨진 상태의 개인 속에 살아 있게 된다.

고립된 개인은 현실적으로 막강한 힘을 발휘하는 억압적인 객관 세계나 수직적인 인간관계를 도외시함으로써 오히려 무력한 개인을 양산한다. 본래 현실에서의 개인은 추상적이지도 않고 고립되어 있지도 않다. 구체적이고 실질적인 계급 관계 속에서 지배와 피지배의 양상으로 나타난다. 이를 무시하고 분리된 개인, 고립된 자아를 추구할 때 개인은 자유를 증진하기보다는 사회적 관계에 굴복하는 경향을 갖게 된다.

이로 인해 개인은 어릴 때부터 세계 속에서 무사히 살아갈 수 있는 유일한 길이 궁극적인 자기실현에 대한 희망을 포기하는 것이라는 견해를 갖는다. 개인은 대부분의 사람이 선택하는 굴종을 모방함으로써 이 길을 따라 걷는다. 이를 호르크하이머처럼 개인의 위기나 몰락으로 규정하는 것보다 정확한 표현은 없을 듯하다.

어떤
이성이어야 하는가?

● 철학의 대안은 낡은 이성을 대신하는 새로운 이성에서 다시 출발해야 한다. 호르크하이머에 의하면 개인의 정신 내부에 이성을 가두는 주관적 경향을 극복하고, 세계에 대한 경험에 기초한 객관적 경향과의 조화를 이루어야 한다.

> "철학의 과제는 하나의 이성 개념을 다른 이성 개념과 완고하게 반목시키는 것이 아니라, 상호 간의 비판을 증진하는 것이며, 그리하여 가능하다면 현실 가운데 있는 두 개념의 화해를 정신적 영역에서 준비하는 것이다."

근대철학 이후 왜곡된 이성으로서의 도구적 이성이 아니라 진정한 이성이어야 한다는 것이다. 하지만 기존 이성 개념과의 반목이 목표는 아니다. 일단 도구적 이성이 제일 위험하지만, 이성 자체를 부정하거나 해체하려는 경향의 위험성도 상당하다. 현대철학에 와서 이성의 문제를 비이성·반이성·탈이성을 통해 넘어서려는 시도들이 줄을 잇는다.

이 과정에서 철학은 탈역사적으로 변질되고 있다. 철학이

Max Horkheimer

역사적 요소를 제거당할 때 억압적 현실에 무관심하게 되고 결국 현실을 긍정하게 된다. 이러한 태도는 철학적인 면에서만이 아니라 현실적으로도 회의주의나 허무주의를 낳기 때문이다. 이성을 부정하거나 다른 무언가로 대체하게 될 때 벌어지는 상황에 일방적으로 이끌려 다니거나 아니면 목적의식적인 역할을 포기하고 낙심하는 수밖에 없다.

이 모든 문제를 넘어서기 위해 이성의 위기를 이성을 통해 규명하고 해결하려는 노력이 가장 중요하다. 도구적 이성의 비이성적 태도를 고발해야 하지만, 그 고발은 이성의 부정을 통해서가 아니라 이성의 자기비판 과정이어야 한다. 역사적 맥락에 밀착한 비판적 이성에 주목하는 것이 가장 필요한 태도다.

다만 워낙 우리 시대에 고립된 이성에서 주체의 근거를 찾는 주관적 사고방식이 도처에서 치명적인 결과를 동반한 승리를 거두고 있기 때문에, 비판의 초점이 주관적 이성으로 향해야 한다. 현대사회를 지배하는 총체적 야만성과 전면적인 위기가 자연과 인간 모두를 유용성을 산출하기 위한 대상으로만 파악하는 편향에 의한 것임을 자각해야 한다. 도구적 이성만을 이성으로 협소화함으로써 비합리성을 초래했음을 직시해야 한다.

하지만 이를 넘어서 마치 객관적 이성 자체가 대안인 것처럼 여겨서는 안 된다. 이성은 자기비판을 통해 두 가지 대립적인 이성 개념의 한계를 인식해야 한다. 이성은 두 가지 개념 사이에서 오랫동안 지속된 극심한 대립의 전개를 분석해서 두 개념의 분리성과 함께 상호적인 연관성도 이해해야 한다. 객관적 이성과 주관적 이성의 조화를 통해 도구적 이성의 전면화에서 비롯되는 비합리성과 퇴행을 극복해야 한다.

비판적인 이성은 자연적인 요소와 감정적인 충동 자체를 부정하지 않는다. 오히려 적극적으로 자연과 이성의 조화, 혹은 충동과 합리성의 조화, 무의식과 의식의 조화에 대한 희망을 추구한다. 상반되어 보이는 이 모든 요소의 조화를 포함할 때 주체의 자기 보존이라는 목적과 자연을 비롯한 생명 일반에 대한 존중, 그리고 사회의 객관적 목표에 대한 실현으로 나아갈 수 있다.

이때 중요한 것은 비판의 힘이다. 도구적 이성에 의해 총체적으로 관리되는 사회에서 긍정과 적응의 유토피아를 제시하는 것은 억압적 현실을 재생산할 수밖에 없다. 비판은 철학에서 결정적인 역할을 한다. 비판은 지배 이데올로기가 요구하는 절대성에 대한 비판과 현실이 요구하는 뻔뻔스러운 주장에 대한 비판이라는 양날을 가지고 있다. 물리적인 폭력이나 물질적인 이해관계뿐만이 아니라 강력한 암시를 통해 사람들에게 압력을 가하는 기존 질서에 대해 철학은 비판을 통해 저항해야 한다.

철학은 억압적 사회 메커니즘이 행사하는 막강한 힘이 지닌

마수에 걸려 최면 당하지 않고 사회 구석구석을 뒤지면서 그 힘을 추적하고 정체를 밝혀야 한다. 다만 이성을 절대화하려는 시도에 대해서는 비판하지만 상대적 차원의 진리를 구원하려는 시도를 포기할 수는 없다. 지적인 자유나 현실적인 자유를 포기하지 않으려는 단호한 결의를 가질 때, 다시 말해 인간이 갖는 이성적인 자율성을 올바로 사용할 때 도구적 이성이 초래한 야만적인 파괴로부터 인간을 보호할 수 있다.

27

현대인에게 비이성은
광기의 한 현상형태다

Michel Foucault

미셸 푸코
《광기의 역사》

오늘날 비이성을
이해하지 않는다

● 현대를 대표하는 철학자로 몇 손가락에 꼽히는 미셸 푸코^{Michel Foucault, 1926-1984}는 구조주의와 후기구조주의 경향을 넘나든다. 구조주의는 주관적 이성이나 선험적 직관을 비판하고 사회와 언어의 구조적 분석을 강조한다. 푸코는 근대 이성에 의해 형성된 현대의 통념과 사회적 기구의 억압적 성격을 규명하는 작업에서 두드러진 성과를 보여준다. 이성적 지식이 권력과 맺는 유착 관계를 역사적으로 고찰한다. 특히

"현대인에게 비이성은 광기의 한 현상형태다."라는 명제를 통해 이성이 어떻게 억압적 권력으로 작용하는지를 분석한다.

현대인은 비이성을 정상적인 사고로 이해하지 않는다고 한다. 근대 이성은 감각적·감정적 사고를 배제하고, 상상력과 윤리적 가치 판단을 의심하는 위에 이성의 탑을 세운다. 예측과 계산이 가능한 사고, 합리적·효율적인 사고, 선과 악의 분별이 분명한 사고만을 정상으로 취급한다. 그러나 우리가 상식으로 여기는 이성적 존재로서의 인간 개념은 불과 이백 년 전에 형성된 것이다. 자연스럽게 이성과 구분되는 감각·감정·상상력 등은 비이성에 속한다. 그렇게 분류되는 순간 인간의 특성 외부로 밀려난다.

심지어 진정한 인간으로의 정립을 방해하는 장애물로 취급된다. 비이성 영역, 혹은 미성숙한 사유는 정상적인 인간 범주에서 제외되고 기피 대상으로 지목당한다. 이성은 자신과 비이성을 단절하고 비이성과 비정상을 연결함으로써 정복자 위치에 올라서려 한다. 푸코가 보기에 이성적인 판단에서 벗어난 방종이나 일탈 행위는 보다 공식적인 배제 대상이 된다.

"이제 사람들은 자녀들이 지나치게 방종한 젊은이가 되어 탈선 행위를 하는 것을 단지 비난만 하고 수수방관하지는 않는다. (…) 도덕성은 위험을 축출하고자 꿈꾼다."

아이들의 방종이나 일탈에 대해서는 현대사회만이 아니라 시대를 막론하고 언제나 야단을 치고 인간으로서의 자격을 갖추지 못한 짓으로 취급하지 않았느냐는 반론이 있을 듯하다. 하지만 지금 연령이 40~50대 이상인 사람들이 자신의 소년이나 청소년 시절을 떠올리면 상당히 사정이 달랐음을 기억할 것이다. 과거에는 어린 시절의 방종은 상대적으로 너그럽게 용인되는 경향이 있었다. 비록 일탈 행위를 하더라도 '그 나이니까 그럴 수 있어!'라는 식으로 받아들여졌다. 혹시 친구들과 거칠게 싸움을 하더라도 '남자아이가 자랄 때 다 그런 거지!'라며 별일 아닌 것으로 여겼다. 오히려 어릴 때 말썽을 부리는 아이들이 커서 큰 사람이 된다는 식으로 격려하곤 했다.

하지만 현대사회에서는 소년 시절부터 방종과 일탈 행위에 대해 보다 엄격한 잣대를 들이댄다. 어릴 때 잘못하면 어른이 되어서도 동일한 잘못을 저지르거나 더 큰 문제를 일으킬 것처럼 말이다. 마치 큰일이라도 난 듯 경계한다. 심지어 학교의 공식 행사가 아니라 친구들끼리 며칠 여행을 떠나려는 생각조차 건전하지 못하다고 야단을 친다.

설사 일탈이 아닌 사소한 판단과 언어 구사라 해도 이성이 마련한 기준에서 벗어나면 배척 대상이 되기 십상이다. 학교나 직장에서 흔히 접하는 '왕따' 현상도 비이성을 이해하거나 용인

Michel Foucault

하지 않으려는 태도와 연관성이 깊다. 어떤 사람들이 주로 왕따 대상이 되는가? 논리적인 언어를 구사하기보다는 어눌하게 감정을 표현하는 사람, 예측할 수 없는 엉뚱한 생각이나 말을 하는 사람, 냉철하고 냉정하게 판단하기보다는 분별력이 없이 방만한 사람, 효율성이나 생산성이 떨어지는 사람 등이 따돌림을 받는다. 대체로 이성의 특징인 예측 가능성이나 효율성의 기준을 제대로 충족하지 못하는 경우다.

현대인은 비이성을 광기로 치부한다

● 과거에 비이성은 비록 환영받을 정도는 아니라 하더라도 전적인 배제 대상은 아닐 수 있었다. 하지만 푸코에 의하면 이제 현대인들은 비이성을 이해하지 않을 뿐만 아니라, 한발 더 나아가 '광기'로 여긴다.

> "이제는 광기가 모든 인간적인 약점의 무리를 이끌게 됐다. (⋯) 르네상스나 중세가 개별화했던 광기의 특수한 형태들을 모든 형태의 비이성의 이해 속으로 추상화한다."

현대인에게 비이성은 광기의 한 현상형태다

중세나 르네상스 시기에는 광기를 하나의 특수한 형태로 개별화했다고 한다. 특징적인 몇몇 현상에 한정해서만 광기라는 이름을 붙였다는 것이다. 예를 들어 평소에 흔히 접하던 사물이나 사람을 인지하지 못할 정도로 극심한 착란을 일으키거나, 전쟁 상황이 아님에도 불구하고 극도의 정신적 발작 상태가 되어 무차별적인 폭력이나 살인을 저지르는 행위 등 특정 증상을 지칭했다. 집단 놀림이나 잔혹한 치료 대상이 되기도 했다.

하지만 이제는 개별 형태만이 아니라 비이성으로 분류되는 생각이나 행위 전반을 광기와 연결하는 사고방식이 일반화된다. 이성이 한 인간이 갖는 사고의 특징적인 면을 넘어 사람들에게 정상과 비정상을 구분하는 일반적 기준으로 자리 잡으면서 나타난 현상이다. 근대 이후 현대에 이르기까지 "이성은 질서, 물리적·도덕적 제약과 집단으로부터의 익명성의 압력, 일치에 대한 요구로서 규정"되면서 여기에서 벗어난 일체의 현상을 비정상으로, 나아가서는 '광기'로 치부하기 시작한다.

사례를 통한 접근이 빠른 이해를 도울 듯하다. 술을 마시고 기분 좋은 흥분 상태를 즐기는 행위는 인류 역사와 함께한다. 지금도 원시적인 관습과 문화를 가지고 있는 대부분의 공동체에서는 하루가 멀다 하고 저녁이 되면 음주를 동반한 흥겨운 자리가 열린다. 당장 한국 사회만 해도 길거리에 다종다양한 술집이 즐비하고, 밤이면 길거리에서 비틀대는 취객을 쉽게 만난다. 직장 회식 후에 취기를 느끼며 귀가하는 일이 다반사다.

하지만 현재 미국을 비롯하여 유럽의 일부 국가에서는 근대 이후 음주에 대해 사회적으로 알레르기 반응을 보인다. 술을 자주 마시거나 음주 후에 흥분 상태에 있는 사람을 거의 정신병자 취급하는 분위기가 팽배하다. 술집이나 실내가 아닌 외부 공간에서 술병을 보이며 술을 마시는 행위가 사실상 금지 대상이 될 정도다.

한국 사회는 음주에 대해서는 상당히 관대하지만 다른 측면에서 비이성에 속하는 말이나 행위에 대해 미친 사람 취급하는 경향은 비슷하다. 푸코가 '질서'나 '일치'라고 규정한 범위를 벗어나 있는 사람들에 대해 나와 '다른' 사람이라고 여기기보다는 비정상에 속하는 사람으로 여기는 경우가 많다. 엉뚱한 말을 하거나 다수의 상식에서 벗어난 행동에 대해 대뜸 '4차원'이라거나 '또라이'라는 딱지를 붙이곤 한다.

질병으로서의 각종 정신장애 항목이나 환자의 비약적 증가도 비이성을 광기로 규정하는 경향과 무관하지 않다. 사회가 정한 기준에서 벗어났을 때 질병으로서의 광기로 규정하고 치료 및 격리 대상으로 삼는다. 불안장애와 우울장애를 비롯한 각종 정신질환으로 규정된 질병이 여기에 속한다. 불안장애는 미래에 대한 불안과 현재 상황에 대한 공포가 과도하게 나타나 일상생활에 장애를 일으키는 정신질환이다. 우울장애는 의욕·관심·정신 활동의 저하, 초조, 지속적인 슬픔·불안 등을 특징으로 한다.

그런데 불안장애나 우울장애로 꼽히는 증상 가운데 적지 않은 부분이 예나 지금이나 인간 정신에 늘 있었던 현상이다. 불안과 공포, 의욕 저하나 초조·슬픔 등은 대부분 이성보다는 감정의 고조나 저하에 관련된다. 사람마다 감정 기복에 상당한 차이가 있기 마련이다. 또한 한 사람 내에서도 상황이나 내적인 갈등 정도에 따라 감정이 치솟았다가 땅으로 꺼지기도 한다. 다만 장애는 폭이 훨씬 더 크고 행동에도 영향을 미치는 경우다. 그런데 이조차도 인간 행동이 감정과 밀접한 이상 감정 기복이 커질 때 행동에도 제한이 따르는 게 당연하다.

상승이든 하락이든 과거에는 감정의 과잉 정도로 넘어가던 경향이 현대사회에서는 정신질환으로 취급된다. 불안장애가 정신질환으로 규정된 것도 오래되지 않았다. 주요 불안장애 항목들이 1980년 미국정신과학회에서 처음 질환으로 다루어졌을 정도로 비교적 최근의 일이다. 우울장애의 상당 부분도 현대사회에 와서 질병으로 규정되었다. 장애의 종류도 갈수록 세분화되어서 이 중의 하나에 해당하지 않는 게 신기할 정도다.

불안장애는 범불안 장애, 공포증, 공황 장애, 강박 장애, 외상 후 스트레스 장애, 급성스트레스 장애, 분리불안 장애 등 다양하다. 다시 공포증만 해도 특정공포증·사회공포증·광장공포증 등으로 구분되어 세부로 들어가면 훨씬 더 많은 장애 항목이 등장한다. 우울증도 주요 우울장애, 조증과 울증이 교차하는 양극성 장애, 반응성 우울장애, 내인성 우울장애, 지속성 우울장애, 계절성 정서장애, 산후 우울장애, 비정형 우울장애 등 일일이 거론하기도 어려울 정도로 많다. 현대사회는 불안장애와 우울장애 판정 기준을 끝없이 확대하는 추세다. 그토록 수많은 감정이나 행동이 장애로 간주된다면 그중 한두 가지에 걸리지 않고서 정상적인 삶을 사는 일이 가능한지 의심스럽게 느껴질 정도다.

예를 들어 정신의학계에서 정신질환으로 규정하는 내향성 인격장애의 일부인 회피성 인격장애는 거절에 매우 예민하게 반응하며 은둔 경향을 보인다. 진단 기준으로 비판·비난·거절이 두려워 대인 접촉을 포함한 직업 활동을 회피하는 경향, 자신을 좋아한다는 확신이 없으면 다른 사람과의 관계에 관여하지 않는 경향, 창피를 당하거나 조롱을 받을까 두려워 친밀한 관계를 갖지 않는 경향, 자신을 다른 사람에 비해 열등하게 여기는 경향 등이 주요하게 제시된다. 미국의 한 연구기관에서 이러한 진단 기준을 7만 명이 넘는 학생에게 적용한 결과 고등학생은 남학생 37퍼센트, 여학생 31퍼센트, 대학생은 남학생 51퍼센트, 여학생 43퍼센트가 여기 해당되었다.

　비난과 조롱이 두렵거나 자신을 좋아하지 않을 때 타인을 기피하는 경향은 누구에게나 나타날 수 있는 감정의 한 반응 형태다. 과거에는 조금 특이한 성격이라는 인상을 줄 뿐 정상인의 정상적인 태도로 받아들였는데, 현대 정신의학에서는 병적 증상으로 취급한다. 그렇다고 해서 불안장애나 우울장애를 비롯한 정신질환 자체를 부정하자는 의미는 전혀 아니다. 문제는 어떤 시기에는 수줍음을 이상한 성격으로 보지만 또 다른 시기에는 매력으로 보듯이 감정에 대한 평가 기준은 얼마든지 다양할 수 있음에도 불구하고, 이성 영역의 바깥에 있는 감정이나 사고 가운데 이성과 충돌하는 상태에 대해 치료가 필요한 광기나 질병으로 규정하는 경우가 적지 않다는 점이다.

　푸코가 보기에 현대사회는 이성과 비이성을 단절하고, 비이성을 광기·질병·범죄와 연결함으로써 이성은 비이성을 명백하게 정복한다. 단순히 사고방식이라는 점에서만 정복이 이루어진 것은 아니다. 현실적으로 광기에 해당하는 사고와 행위를 질병이나 범죄와 동일한 범주로 취급하고 치료 대상으로 분류하거나 심한 경우 감금하기 시작한다. 비이성은 위험한 과오, 제재의 대상으로 정착된다.

Michel Foucault

광기는 즐거움과
지혜의 하나다

● 이성에 기초한 합리주의적 인간관을 넘어설 때 비로소 진정한 인간 이해가 가능하다. 정신은 이성적 사유의 좁은 틀 안으로 제한되지 않는다. 푸코에 의하면 비이성으로 분류되는 각종 감정과 상상력에 의해 정신이 보다 풍요로워진다.

> "광기는 세계에 있는 쉽고, 즐겁고, 경박스러운 모든 것을 지배한다.
> 광기와 어리석음은 인간을 '유쾌하고 즐겁게' 만든다. (…) 일반적으로
> 광기는 세계와 세계의 숨겨진 형식들이 아니라 오히려 인간과 인간의
> 연약함, 꿈과 환상에 연결되어 있다."

비이성으로 분류되는 감정이나 사고는 육체적 욕망에 연관된 뜨거운 감정, 경박스럽다고 여겨지던 가벼운 태도, 꿈과 환상을 비롯한 신비적 사고 등이다. 말 그대로 이성에 의해 비합리적이라며 혐오의 눈길을 받아야 했던 것들이다. 그런데 유쾌함과 즐거움은 대체로 진지하고 딱딱한 이성적 사고에서 오지 않는다. 가슴을 두근거리게 하는 설렘과 마음을 뜨겁게 만드는 열정에서 온다.

Michel Foucault

설렘과 열정은 이성을 통해 사유될 수 없는 것, 혹은 그동안 이성에서 배제되어왔던 것과 관계를 맺을 때 주로 찾아온다. 어디로 튈지 몰라 광기로 치부되어왔던 감정과, 그동안 사회에 의해 주어진 삶의 규범과 비교해 이상하다고 느껴지던 사고야말로 사람들을 즐거움으로 이끈다. 이성적 사유의 열린 틈에서 깜빡거릴 뿐 이성에 의해 결정적으로 제시되지 않았던 욕망·감정·신비 등을 포함해야 정신이 풍부해진다. 이 모든 영역을 자신 안에 포함할 때 진정한 의미의 인간에 접근할 수 있다.

푸코가 보기에 인류 역사에 중요한 족적을 남긴 사상가나 예술가의 작업 중에 이성적 사유만으로는 불가능한 성과가 상당 부분 포함되어 있다.

"스위프트의 광기, 루소의 정신착란은 각자의 작품 속에 포함되어 있다. (…) 니체와 고흐의 광기는 똑같이 근원적으로, 그러나 각기 다른 방식으로 각 작품에 속해 있다."

과연 고흐의 광기를 배제하고 그의 작품을 논할 수 있을까? 보다 근본적으로 광기 없이 그의 작품이 가능하기는 했을까? 우리가 그의 작품에서 느끼는 전율 안에는 이미 광기가 떼려야 뗄 수 없도록 연결되어 있다. 광기가 예술작품에 도전하여 작품이 가진 상상의 지평을 환각이라는 병리학적 세계로 만들어버리는 영역이 존재한다. 이를 통해 통념적 사고와 평균적 표현 형식에서 벗어나 새로운 전망을 연다. 그렇기 때문에 광기와 작품은 한편으로는 통합되어 있으면서 다른 한편으로는 단절되어 있다. 광기로 인해 새로운 경지에 접근할 수 있었지만, 또한 광기로 인해 그간의 작품에서 나타날 수 있는 자신의 한계도 넘어설 수 있기 때문이다.

그렇다고 해서 이성 자체의 쓸모없음을 주장하는 것은 아니다. 루소와 니체와 같은 사상가는 전통적 사고방식 혹은 근대적 이성 중심주의에서 벗어났을 뿐만 아니라 광기라고 할 만큼 상식에서 벗어난 사고방식과 행위를 보여주기도 했다. 특히 니체는 신의 죽음에 이어 이성의 죽음까지 선언했다. 하지만 니체와 루소가 이성에서 벗어난 것은 아니다. 니체가 이성을 상징하는 아폴론적 사유와 욕망을 상징하는 디오니소스적 사유의 공존을 강조했듯이 이성과 광기가 능동적 관계를 맺어야 한다. 그러할 때 진정한 의미에서 자유로운 사고, 더욱더 현명한 삶을 실현할 수 있다.

28 주체는 사회가 아닌 언어 구조에 종속되어 있다

Jacques Lacan

자크 라캉

《욕망 이론》

인간이라는 주체는 종속되어 있다

● 구조주의 언어학을 정신분석에 적용한 자크 라캉Jacques Lacan, 1901-1981은 정신의 근거를 의식에서 찾던, 고대에서 근대에 이르는 확고부동의 상식을 뒤흔든다. "주체는 사회가 아닌 언어 구조에 종속되어 있다."라는 명제는 의식 안에서 주체의 자리를 꿰차고 있던 정신의 본질을 의식 바깥으로 보내버린다. 정신적 존재로서의 인간이 주체이기는커녕 종속된 존재라고 규정하고 있으니 말이다. 먼저 왜 인간이 '종속'되어

있다는 것인지, 또한 어디에 종속되어 있다는 것인지에 대한 이해가 필요하다.

라캉은 프로이트의 무의식을 끌어들임으로써 합리주의적 인간 이해를 거부한다. 근대의 합리주의적 인간 이해는 중세의 종교적 인간관을 넘어선 것이었다. 중세신학을 정립한 아우구스티누스는 정신이 진리에 다가서기 위해서는 신적인 조명이 필요하다는 독특한 '조명설'을 펼쳤다. 어두운 장소에서 조명이 비추는 곳만을 확인할 수 있듯이, 인간 정신은 신의 조명 안에서만 진정한 인식이 가능하다고 보았다. 신 자체나 신에 의한 진리는 아무리 정신을 다듬어도 완전한 인식이 불가능했다. 오직 신의 도움을 통해서만 도달할 수 있다고 보았다는 점에서 인간이 주체는 아니었다.

근대철학에 와서 인간을 주체의 자리로 올려놓았다. 데카르트의 "나는 생각한다. 고로 존재한다."라는 명제는 인간이란 무엇인가에 대한 발상을 바꿔놓았다. 자신의 이성이 모든 것을 지각하고 판단하기 때문에 정신 안의 판단 능력을 순서에 맞게 정확히 사용하면 세상에 밝히지 못할 원리는 없었다. 또한 감정이나 의식 바깥의 불확실한 요소를 배제하고 오직 이성에서만 인간 존재의 근거를 찾는다는 점에서 근대적 주체로서의 합리적 인간이라는 발상을 제공했다.

라캉은 근대의 합리주의적 인간 이해를 거부함으로써 다시 한번 인간에 대한 발상을 뒤집는다.

"데카르트적인 주체는 신기루를 만들어낸다. (…) 나는 내가 아닌 곳
에서 생각한다. 그러므로 나는 내가 생각할 수 없는 곳에 존재한다."

데카르트가 주장한 독립적 주체로서의 인간은 신기루에 불과하다. 객관적인 타당성이 없는, 자신의 정신적 능력에 대한 주관적인 애착에 불과하다. 자신의 생각이 확실하다고 믿을 수 없을 때조차도 주체의 확실성을 믿어 의심치 않기 때문이다.

아예 데카르트의 명제를 뒤집어 버림으로써 확실한 정신이 얼마나 허구인지를 설명한다. 인간은 '내가 아닌 곳'에서 생각하고, 나의 생각이 아닌 다른 곳에 존재한다. 우리가 나의 것이라고 여기는 생각이 사실은 나에게서 비롯된 것이 아니라는 뜻이다. 내가 확신을 갖고 있는 어떤 생각이 엄청난 착각이었고, 사실은 나도 모르는 사이에 내 생각인 것처럼 스며 들어와 있다는 말이다. 자신의 생각이나 행동이 자율적이고 합리적인 판단에 기초하여 이루어지고 있다고 믿는 상식, 즉 자율적 자아나 주체라는 설정 자체가 환상에 불과하다. 정신이 상당 부분 무의식에 근거하기에 인식 주체라는 인간 위상이 허구에 불과함을 주장한 프로

이트의 무의식 발견에서 그 단서를 찾는다.

아직도 말이 어려우니 사례를 통한 이해가 좋을 듯하다. 흔히 부모들은 자식을 때릴 때 오직 사랑하기 때문에, 아이의 발달을 돕기 위해서 하는 것이라고 굳게 믿는다. 하지만 이는 자기기만일 수 있다. 부모의 행동이 가학적인 욕망의 단순한 합리화에 불과할 수 있고, '자식을 위해서'라는 생각이 그럴듯한 구실에 불과할 수도 있다. 부모는 자기도 모르게, 무의식적으로 때리는 행위 자체의 쾌감을 추구하거나 적어도 그러한 욕망이 부분적으로라도 섞여 있을 수 있다.

스스로 성장하면서 부모에게 이른바 '사랑의 매'를 맞았던 경험을 돌이켜 생각해보라. 정말로 아버지나 어머니가 아무 감정 없이, 오직 사랑 감정만으로 때렸다고 느끼는가? 똑같은 잘못에 대해서도 부모의 기분 상태에 따라 다른 반응이 나타나지 않았는가? 부모의 매에 어느 정도 감정이 개입되어 있지 않았는가? 자신이 부모라면 내면을 솔직하게 되돌아볼 필요도 있다. 과연 자기 감정과 무관하게 객관적인 태도를 아이를 혼냈는지 말이다.

다른 이유가 오히려 더 주요하거나, 적어도 일정 부분 섞여 있음을 부인하지 못하는 경우가 적지 않을 것이다. 하다못해 긴밀한 관계로 맺어진 자식과의 관계에서조차 자기 생각이나 행위가 합리적인 이유에 의한 것이라는 믿음이 의심스러워진다. 인간의 정신을 합리적인 것으로 여기는 근대적 사고방식에서는 자기 분열에 빠진 주체는 아예 관심의 대상에서 배제당한다.

우리는 보통 어떠한 간섭이나 영향도 없이 자기 스스로 판단한다고 믿지만, 현실에서는 자아는 내가 아니라 다른 요인에 의해 구성된다. 뚜렷한 목적의식 없이 수행하는 역할, 급격한 변덕, 착오, 공포증, 물신화된 요소들이 우리의 정신과 행위를 지배한다. 그렇기 때문에 흔히 주체라고 부르는 것이 현실의 인간 속에는 별로 들어 있지 않다.

프로이트는 주체의 분열이나 착각의 근원을 무의식에서 찾았고, 라캉은 이를 구체화하여 아이들이 성장 과정에서 겪는 '거울 단계'를 통해 설명한다.

"거울 단계 경험은 의심할 수 없는 사고 주체에 근거한 어떤 철학도 반대해야 함을 보여준다. (…) 도구를 사용하는 지적 능력에서 침팬지보다 못한 나이일 때도 아이는 거울 속에서 자신의 이미지를 인식할 수 있다."

라캉에 의하면 두 개의 단계를 거쳐 무의식 구조가 만들어진다. 거울 단계와 상징계다. 생후 6개월에서 18개월 사이의 아기는 거울 속에 비친 모습을 보고 환호성을 올리며 반가워한다.

이 단계가 거울 단계다. 객관적인 자신이 아니라 주관적으로 형성된 자신에 대한 이미지다. 아이가 일단 거울을 통해 자신의 만들어진 이미지를 습득하면, 놀이 과정에서 그렇게 가공된 이미지를 통해 가정된 행동을 한다. 또한 주변 상황과의 관계도 그러한 가정을 통해 형성된다. 즉 상상에 의해 가정된 자신과 상황 사이의 허구적 합성물을 경험함으로써 자아는 사회화되기 이전에 허구적 성향을 갖는다.

거울 단계는 언어와 질서에 의해 만들어진 세계인 상징계로 진입하면서 사회적 자아로 굴절된다. 사회화 과정에서 거울 단계가 사라지는 것이 아니라, 잠정적으로는 비활동성 상태로 자아에 연결되고 고착된다. 심한 경우 거울 단계에서 자신과 대상을 일치시켰던 상태, 즉 자아와 상황을 구별하지 못하고 자신과 타자의 욕망을 구별하지 못하는 상태에서 빠져나오지 못한다. 정신분석학은 허구적 이미지에 사로잡힌 주체를 인정함으로써 고착에서 빠져나오게 하고 존재의 본질을 읽을 수 있도록 안내하는 역할을 한다.

결국 출생 후 1년 전후, 의식적·합리적 사고와는 아무 관계가 없는 시기부터 인간은 자신을 인식한다는 점에서 독립적 이성을 통해 인간을 규정하려는 시도는 억지에 불과하다. 거울 단계 경험을 통해 알 수 있듯이, 주체는 내가 능동적으로 확립하는 것이 아니라 수동적으로 형성된다. 주체가 거처하는 곳은 합리적 의식이 아니라 무의식이다. 즉 주체는 무의식에 종속되어 있다.

인간은 언어 구조에 종속되어 있다

● 다음으로는 왜 주체의 종속이 '언어 구조'에 의해 나타나는지를 이해할 차례다. 또한 왜 '사회'에의 종속과 구분하는지도 알아야 한다. 라캉은 무의식 형성을 언어 구조의 지배적 역할에 초점을 맞춰 규명한다.

> "주체가 언어에 의존함으로써만 스스로를 드러낼 수 있다면 그의 위치는 태어나기도 전에 보편적 운동으로서의 담론 속에 주어져 있는 셈이다."

사회와 언어를 대립적 관계로 보는 것은 아니다. 인간이 사회구조 안의 다양한 관계 속에서 살아가면서 그 영향을 강하게 받는 것은 부인할 수 없는 사실이다. 인간은 데카르트처럼 '나'의 생각에 기초하는 고립적 존재가 아니다. 그렇다고 해서 개인과 개인 사이의 '유대'라든가 여기에서 출발하는 '인류'라는 개념은 막연하기에 현실의 인간을 설명하기에 적합하지 않다. 인간은 그렇게 추상적인 관계 속에서 살아가지 않는다.

개별 존재와 연결되어 있는 타인은 단순히 유대나 인류가 아니라, 체계적 구조를 갖추고 일상을 에워싼다. 우리를 둘러싸고 있는 현실을 떠올리면 어렵지 않게 이해된다. 당장 먹고살기 위해서 첨예한 이해관계가 충돌하는 직장 생활이 거의 평생에 걸쳐 개인을 옭아맨다. 심지어 가족도 이해관계로부터 자유롭다고 말하기는 어렵다. 사회는 가족이 어떠해야 하는지를 법과 도덕을 통해 규정하고, 우리는 정상적인 가족이라고 규정된 틀 안에서 생각하고 행동한다.

나아가서는 사고와 행위가 어떤 계급과 계층에 속해 있는가, 그 사회의 구성원에게 지배적인 영향력을 발휘하는 문화는 무엇인가, 살고 있는 국가 안에 전체주의적인 요소나 민주주의적인 요소가 어떠한 비중으로 섞여 있는가 등에 의해 상당 부분 좌우된다. 그러한 의미에서 막연한 유대가 아니라 구체적인 사회구조가 지배력을 행사한다. 라캉도 일정하게 연관된 구조주의 철학은 이러한 사회구조의 역할에 주목해왔다.

허용과 금지를 통해 만들어진 질서와 구조는 아주 자연스럽게 소리 없이 다가오고 개인의 일상을 지배한다. 대부분의 사람은 여기에 자신을 적응시키며 정해진 규칙의 틀을 벗어나지 않는 범위 안에서 생각하고 행동한다. 관습적인 사고와 행동을 유도하는 구조적 조작이 개입하는 것이다.

그런데 사회는 주로 '무엇을' 사용해 허용과 금지를 사람들의 뇌리에 박아놓음으로써 사고와 행동을 통제하는가? 바로 이 지점에서 라캉의 문제의식이 시작된다. 말이나 기호와 같은 '언어'를 통해 사회 구성원을 통제하기에 보다 근본적으로는 사회보다는 언어에 종속되어 있다는 주장이다. 라캉에 의하면 무엇보다도 언어를 통해 무의식이 형성되고, 사람들은 무의식의 작용에 따라 움직이는 경향이 있다.

"정신분석이 무의식의 과학으로 성립하려면 무의식은 언어처럼 구조화되어 있다는 개념에서 출발해야 한다."

아직 부모나 주변 사람들의 언어를 이해하기 어려운 한 살 전후의 아이, 즉 거울 단계에 있는 아이는 거울에 비친 모습과 자신을 동일시함으로써 무의식의 실마리를 만든다. 거울 속의 자신, 좀 더 나아가야 엄마와 합일된 허구적 자아가 사고를 지배한다. 주관적으로 이해된 자아를 자신으로 착각한 채 점차 언어와 질서에 의해 만들어진 세계인 상징계로 들어서면서 자아 형성의 고통스러운 과정을 겪는다.

상징계에서 아이는 거울 속 자신이나 엄마와의 합일이 깨지고 타인, 즉 이차적 관계인 아버지, 사회적 규칙 등과 만난다. 사회적 규칙은 앞에서 언급한 허용과 금지의 체제로 되어 있고, 대부분 언어를 통해 규제한다. 허용과 금지라는 언어 규칙의 굴레 안에서 진실과 거짓이 구분되고, 사회의 필요에 따라 인간으로서의 본능적 욕망이 억제된다.

특정한 행위가 유아기에는 '그건 지지야!', '안 돼!', '나쁜 짓이야!' 등을 비롯하여 비교적 간단한 지시를 통해 허용과 금지 대상이 된다. 소년기를 거치면서는 '그건 사내답지 못해!', '그건 여자답지 못해!', 혹은 어떤 행위에 대해 '자식'이나 '학생', 혹은 '미성년'이라는 단서를 통해 보다 구체적이고 복잡한 상황과의 연관 속에서 허용과 금지를 익힌다.

청소년기에는 사회적 규칙이나 도덕률 등을 통해 보다 체계적으로 규정을 받는다. 어떤 사고방식이나 행위가 구체적으로 나타나기 이전에 교육 과정을 통해 반드시 지켜야 할 일반적인 규칙으로서 미리 강제된다. '정상'과 '비정상'의 구분이 막강한 힘을 발휘한다. 일반적 욕구는 '일탈'이나 '퇴폐' 등의 언어를 통해 비정상으로, 성적인 욕구는 '외설'·'변태'·'불륜' 등의 언어를 통해 비정상으로 지목된다. 언어의 일부로서 기호와 이미지도 동원된다. 푸른색·붉은색·노란색 등으로 표시된 각종 표지가 언어의 역할을 한다.

　금지된 욕구는 의식으로 드러내기 어렵다. 당장 부모나 주변 어른, 혹은 사회로부터 심한 질책을 받기 때문이다. 하지만 본능적 욕망을 비롯하여 다양한 욕구는 금지된다고 해서 우리의 마음에서 사라지는 것은 아니다. 의식의 수면 아래에 있는 무의식 영역에 잠재된 상태로 거주한다. 무의식 안에서 억제된 것에 대한 욕망이 자라나다가 어느 순간 자신도 모르게 말이나 행위를 통해 수면 위로 올라오기도 한다.

　우리는 언어를 매개로 사고한다는 점에서 특정한 허용과 금지만이 아니라 상식이라는 형식을 통해 사고방식 전반을 통제당한다. 언어가 개인의 출생 이전에 만들어지고 사용된다는 점에서 '담론 속에 주어져 있는 셈'이다. 사정이 이러하기에 주체가 능동적인 경험을 통해 자아를 형성한다는 논리는 현실과 거리가 한참 멀다. 사회 구성원의 공동 경험조차 언어에 의해 형성된 담론의 전통에서 벗어날 수 없기 때문이다. 개인의 경험 이전에 만들어지고, 무의식에 작용하여 권위를 행사하는 언어를 상정하지 않고는 주체를 설명하기 어렵다. 인간이라는 주체가 언어 구조에 종속된다.

　또한 인간은 언어를 통하지 않고는 사고할 수 없는 존재인데, 언어 자체가 확실성을 지닐 수 없다. 언어는 시대에 따라 항상 변화를 겪는다. 그마나 사회의 합리적인 합의 절차에 의해 만들어지고 유포된다고 보기도 어렵다. 의식주와 관련된 생활 언어가 아닌 이상, 사회적 관계와 규칙을 담고 있는 언어는 이해관계에 의해 인위적으로 만들어진 경우가 많다. 주로 누가 특정한 단어를 만들고 사용하는 실질적 권한을 갖고 있는가? 정부나 언론 등을 비롯하여 사회적 강자의 위치에 있는 세력이 언어에 대한 주도권을 갖고 있다고 봐야 한다. 언어는 권력이나 자본을 비롯한 사회적 지배 세력, 한 사회에서 다수를 차지하는 지배적인 인종, 남성이라는 지배적인 성의 이해관계에서 자유롭지 못하다.

그렇기 때문에 애초에 "나는 생각한다. 고로 존재한다."라는, 주체의 확실성을 보장하는 데카르트의 명제는 성립할 수 없다. 데카르트가 주장하는, 의심할 수 없이 확고하고 자율적인 주체는 허상에 불과하고, 현대인은 자기 확신이라는 덫에 걸려 주체의 확실성이라는 신기루를 좇았던 것이다. 라캉에 의하면 우리는 확고한 생각에서 존재의 근거를 찾을 수 없다. 구조화된 언어에 의해 지배당하는 무의식을 통해 존재한다. 그러한 의미에서 우리는 우리가 생각할 수 없는 곳에 존재한다. 자유자재로 사고할 수 있는 곳에서 나는 내가 아니며 의식적으로 사고할 수 없는 곳에서만 나는 나일 수 있다.

29 화자는 거대한 기관 없는 신체다

Gilles Deleuze

질 들뢰즈
《프루스트와 기호》

왜 기관 없는 신체인가?

● 후기구조주의를 대표하는 철학자 질 들뢰즈^{Gilles Deleuze, 1925-1995}는 이성 중심주의에 기초한 근대적 도그마에서 근본적으로 벗어나려 한 푸코와 라캉 등의 문제의식을 더 밀어붙인다. 단일하거나 보편적인 의미와 질서에 대한 부정, 주체의 불확실성, 주체와 사물의 경계 개념 와해 등을 향한다. "화자는 거대한 기관 없는 신체다."라는 명제는 들뢰즈의 문제의식을 종합적으로 담고 있다.

'기관 없는 신체'가 의미하는 바를 이해하는 데서 출발하는 게 수월하다. 푸코와 라캉에 의해 주체는 불확실하고 의심스러운 위치에 처했다. 들뢰즈의 명제는 이를 더 밀고 나가 자립적·이성적 주체의 죽음을 선고하는 내용을 담는다. 인간의 본질을 '신체'에서 찾음으로써 정신적 존재를 주장한 관념론과 거리를 두는 점은 모두 비슷하다. 인간은 정신에 의해 사고가 출발하는 주체가 아니다. 감각과 무관하게 독립적 기능을 하는 정신이 성립할 수 없다는 점에서 신체로부터 존재의 근거를 찾는다.

신체라고 하면 감각에 의존한다는 말이기에 이 자체로는 별로 특별할 게 없는 내용이다. 정신 활동이 시각·청각·촉각 등 감각을 이용하여 외부 사물로부터 정보를 획득하여 인식하는 방법에 의존한다는 뜻이니 말이다. 기존 철학과 구별되는 독특한 내용은 '기관 없는' 신체라는 데서 찾을 수 있다. 기관 없는 신체란 무엇인가? 들뢰즈는 기관이 없다는 말의 의미를 거미에 비유하여 설명한다.

"거미는 아무것도 보지 못하고 지각하지 못하고 기억하지 못한다. 거미줄 꼭대기에 올라앉아서, 파장을 타고 몸에 전해지는 미세한 진동을 감지할 뿐이다. 감지하자마자 정확히 필요한 곳으로 덤벼든다. 눈·코·입도 없이 기호에 대해서만 응답한다."

들뢰즈가 보기에 거미는 전형적 감각 기관의 부재에도 불구하고 진동을 느끼자마자 정확히 먹이에게 덤벼들어 거미줄을 감아댄다. 거미줄을 통해 전달되는 미세한 진동은 언어·이미지 등의 기호에 비유될 수 있다.

거미줄을 이루고 있는 각각의 줄은 이러저러한 기호가 건드려줄 때 진동한다. 미세한 기호가 거미에게 침투해 들어간다. 기호가 파장처럼 신체를 관통하고 먹이에게 덤벼들게 만든다. 각각의 줄을 기호가 건드리고 거미가 비자발적으로 반응하는 방식이다. 거미줄과 거미의 관계는 사물이나 상황이 인간의 신체와 맺는 관계와 동일하다.

기관이 없다는 것은 정신이 비자발적인 감수성, 비자발적인 기억력, 비자발적인 사유에 의존한다는 의미를 갖는다. 만약 눈·코·입과 같은 감각 기관이 있다면 순수하게 비자발적일 수 없다. 우리는 감각을 사용하여 외부 현상과 접할 때 흔히 '내가' 보고, 듣고, 만진다는 생각을 하기 때문이다. 자신의 감각 기관 작용에 의해 객관 사물이나 사건으로부터 직접 경험적 정보를 가져온다는 점에서 자발적인 요소가 개입한다. 감각 기관이 없는 신체는 다르다. 그저 외부 현상에 수동적으로 반응할 뿐이다. 인간의 정신은 특정 사물이나 현상에 대해 언어에 의해 표현된 기호를 접촉하고 반응할 뿐이라는 점에서 비자발적 사유다.

인간에게 눈·코·입 등 감각 기관이 없다는 말이 황당하게 들릴 수 있다. 인간이라면 누구에게나 있는 기관이니 말이다. 들뢰즈의 말은 물질적인 기관이 없다는 뜻이 아니다. 물질적으로는 우리 신체에 있지만, 실질적으로는 없는 것과 마찬가지로 수동적·비자발적 반응에 머무르고 있다는 주장이다. 자기 자신의 판단에 의해 능동적으로 감각을 통해 외부 사물이나 현상에서 정보를 획득하고 자발적으로 분석하는 식으로 작동하지 않기 때문이다.

권력과 자본을 비롯하여 사회 지배 세력의 이해에 맞도록 왜곡된 정보를 일상적으로 주입받고, 이를 사실이나 진실이라고 믿기 때문에 감각 기관이 없는 것과 마찬가지라는 의미다. 우리의 감각 기관은 유아기에서 청소년기는 물론이고 성인이 되어서도 대체로 언어·이미지 등을 통해 정보와 만난다. 자신이 어려서부터 어떤 매개를 통해 인간과 세상에 대한 이해를 형성해왔는지 생각해보라. 가장 많은 정보를 접하는 매개는 TV·신문·라디오·인터넷과 같은 대중매체와 초등·중등·고등학교 등 교육기관이다.

문제는 대중매체든 교육기관이든 주요 전달 수단으로 사용하는 언어와 이미지가 객관적이거나 중립적이지 않다는 점이다. 사실 그대로를 우리에게 제공하지 않는다. 현대사회는 '허상의 세계'다. 실제의 사물이나 현상이라고 알고 있는 정보의 상당 부분을 담당하는 언어 자체가 본래의 의미에서 벗어나 만들어진 형식으로서 기호의 지배를 받기에 '허상'에 해당한다.

들뢰즈에 의하면 언어를 구성하는 기표가 기의에서 분리·독립하고 스스로 실체가 된 상태에서 사람들은 허상의 세계 안에 있다. 기표란 언어의 형식이고, 기의는 그 형식을 통해 부여되는 의미로 구분할 수 있다. 예를 들어 어느 두 개의 문 위에 '남'이라는 단어와 '여'라는 단어가 있는 경우를 생각해보자. '남'이나 '여'라는 단어의 본래적 의미는 생물학적인 남성과 여성이다. 이를 기의라 한다. 사실을 전달하는 언어의 기능에 충실하려면 우리는 이 장면에서 기의에 해당하는 남성과 여성을 떠올려야 한다.

하지만 우리는 두 개의 문 위에 있는 이 두 단어를 보면서 생물학적인 남성과 여성을 생각하지 않는다. 바로 남자 화장실과 여자 화장실을 떠올리는데, 이것이 언어의 형식으로서의 기표다. 언어의 두 요소 가운데 우리의 정신을 지배하는 것은 기표다. '남'이나 '여'가 갖는 본래적 의미, 즉 기의는 뒤로 젖혀지고 형식으로서의 기표가 우리의 의식과 무의식을 지배한다. 기의와의 대응 관계를 벗어나 기호로서의 기표가 절대적 지위를 차지한다.

"사실을 믿는 것은 잘못이다. 기호만이 있을 따름이다. (…) 배움이란
이 기호를 배우는 것이다."

교육이나 대중매체에서 사용되는 언어가 본래의 사실이나 의미 그대로를 전달하지 않는다. 기의에서 분리되고, 심한 경우 기의와는 무관하게 기표 자체가 주인의 자리를 차지한다. 우리는 기표라는 형식이 지배하는 허상의 세계 안에서 살아간다. 이미지는 언어에 비해 인위적 가공이 훨씬 더 심하기 때문에 허상의 성격이 더욱 강하다. 사실에서 분리된 허구적인 언어와 이미지가 건드릴 때 우리는 반응한다. 사실과 아무런 관계를 갖지 않는 상태로 특권적 지위를 점유한 기표에 반응하며 사고할 때 우리 스스로도 허구일 수밖에 없다. 기호에 단순 반응하고 감각 기관을 통한 경험과 직접 관계를 갖지 않는다는 점에서 현실의 인간은 '기관 없는' 신체인 것이다.

왜 화자를
문제 삼는가?

● 들뢰즈가 일반적인 인간이 아니라 굳이 '화자'라고 하는 이유는 무엇일까? 물론 화자란 말 그대로 이야기를 하는 사람이라는 뜻이니 일반적인 인간과 명확하게 구분되는 것은 아니다. 그럼에도 불구하고 대부분의 철학 명제에서 '인간'이나 '주체'라고 표현하는 것과 구분하여 화자를

설정하는 것은 나름의 의미가 있다. 화자는 이야기를 듣는 사람으로서의 '청자'와 구분되는 개념이라는 점을 고려해야 한다.

들뢰즈에 의하면 창조적인 작업조차 기호를 대상으로, 또한 기호라는 수단을 통해 이루어진다.

"사유하도록 강요하는 것은 바로 기호다. (…) 사유함이란 언제나 해석함이다. 다시 말해 한 기호를 설명하고 전개하고 해독하고 번역하는 것이다. 번역하고 해독하는 것이 순수한 창조의 형식이다."

사유는 기호에 의해 강제된다. 책이든 대중매체든 언어와 이미지로 되어 있는 모든 텍스트가 기호를 통해 어떤 메시지를 전달하니 그리 과장된 규정은 아니다. 기호의 세계 내에서 우리는 사고한다. 주어진 기호를 해석하는 작업에서 벗어나기 어렵다. 그런데 기호에 얽매여 있는 것은 대중으로서의, 혹은 청자로서의 일반적인 사람만이 아니다. 창조적인 작업 역시 주어진 기호의 틀 안에서 연구하고 이야기를 한다. 그러한 의미에서 '화자'는 철학자나 예술가를 비롯하여 우리가 흔히 능동적인 이론이나 예술 작업을 한다고 여기는 사람들에게 시선을 두는 표현이라고 볼 수 있다.

기호라는 허상의 세계가 단순히 일상생활에 발이 묶여 있는 사람들에 제한된 논의가 아니다. 들뢰즈는 헤겔과 마르크스를 언급하며 "이제 과거의 철학 책에 대해 말하되 마치 상상의 책, 위조된 책인 듯" 접근해야 한다고 주장한다. 철학의 역사에 굵직한 족적을 남기고, 지금까지도 서양철학 전반에 막강한 영향력을 발휘하는 대표적 철학자들도 기호 안에 갇혀서 작업하기는 마찬가지다.

헤겔과 마르크스처럼 철학의 역사에서 창조적인 문제의식과 이론으로 권위를 인정받고 있는 철학자 역시 기호의 덫에서 벗어나지 못한다. 지금까지 어떤 철학 경향을 개척하거나 완성함으로써 이름을 떨친 철학자들은 자신의 명석한 정신에 의존해서 새롭게 사유 대상에 대한 규명 작업을 했다고 여겨져왔다. 하지만 이들 철학자들의 창조적 작업이 확고부동한 정신적 주체로서의 활동이라는 상식 자체가 허구다.

정신은 관념을 대상으로 작업하는, 독립적 지위를 지닌 무엇이 아니다. 정신 안에 있는 관념의 다른 이름일 뿐이다. 우리가 의도하든 의도하지 않든 기억 안에 들어와 있는 관념의 활동이 곧 정신이다. 그리고 관념이 언어라는 기호, 즉 기의와 분리된 기표 작용에 지배당하는 게 현실인 한 정신은 이미 순수한 의미의 창조적 주체가 아니다. 철학이나 예술에서 이야기를 만들어낸 주요 인물들도 주어진 기호 안에서 내용을 만들어낸다. 철학자들은 더 많은 언어와 관념을 지니기 때문에 오히려 더 많은 기호의 그물에 갇혀 있다.

욕망으로서의
인간을 위하여

● '기관 없는 신체'는 감각 기관에 의한 인지 기능과 이에 기초한 정신적 분별력이 작동하지 않거나, 설사 일정하게 관여되더라도 부차적이라는 점에서 인간의 본질을 육체적 욕망에서 찾는 견해로 향한다. 들뢰즈는 "기관 없는 신체는 욕망의 내재성의 장이요, 욕망에 고유한 일관성의 구도"라고 한다.

욕망에의 주목이 구조구의나 후기구조주의 철학에 와서야 처음으로 제기된 독창적 견해는 아니다. 프로이트의 정신분석도 앞에서 "성적인 것이 무의식에 큰 역할을 한다."라는 명제를 통해 이미 확인했듯이 육체적 욕망을 중요한 출발점으로 삼는다. 하지만 들뢰즈가 보기에 프로이트는 인간 이해에서 욕망의 중요성을 인정하지만, 다양성에서 벗어나 성적인 요인으로 환원하기에 문제가 크다.

프로이트는 성적인 욕구와 에너지를 중심으로 자아와 무의식을 설명한다. 어린 아기의 정신은 대부분 성적인 에너지로 구성되고, 그 일부가 외부 세계와 만나면서 자아가 형성된다. 그 결과 성적인 요인은 인간에게 다양하게 나타나는 과정의 성격을 잃고 절대적 원리로 자리 잡는다. 결국 프로이트는 하나의 성적인 원리 안에 모든 인간을 동일하게 파악하는 오류를 저지른 것이다. 들뢰즈가 '기관 없는 신체'를 통해 설명하는 욕망은 성적 욕망만이 아니라, 인간과 관련된 온갖 욕망이 포괄된다. 욕망은 고정된 원리가 아니라 개체 안에서 다양하게 실현된다.

　문제는 욕망이 저절로 실현되지 않는다는 점이다. 들뢰즈에 의하면 이성 중심주의가 일관되게 욕망을 억압하고 인간의 근거를 정신에서 마련해왔기 때문이다.

　"철학의 잘못은 우리가 사유하고자 하는 선의지나 본성적으로 참된 것을 추구하고자 하는 욕구를 가지고 있다고 전제하는 점이다."

　들뢰즈는 기존의 형이상학이나 관념론은 욕망을 정신의 정상적인 작동을 가로막는 장애 요소로 보았다. 이러한 견해가 대중적 상식을 형성하며 상당히 널리 퍼져 있기 때문에 욕망의 회복은 저절로 자연스럽게 이루어지지 않는다.

　욕망의 회복은 스스로 욕망 상태로 되고자 할 때 실현할 수 있다. 그래서 여러 가지 욕망 상태로 자신을 놓아두는 것을 자신의 핵심 과제로 삼아야 한다. 이를 위해서는 이성이 강제하는 합리적 인간의 굴레에서 벗어나 욕망으로서의 자신을 직시해야 한다.

대서사는
신뢰성을 상실한다

Jean-Francois Lyotard

장 프랑수아 리오타르
《포스트모던의 조건》

왜 대서사를
신뢰할 수 없는가?

● 포스트모더니즘은 20세기 후반 이후로 철학과 문화 전반에 걸쳐 큰 영향력을 발휘하고 있다. 철학, 예술, 비판 이론, 문학, 건축, 디자인, 마케팅과 비즈니스, 역사 해석, 문화 등 다방면에 걸쳐 영향을 주고 있다. 포스트모더니즘이라는 말 자체는 탈근대론으로 번역되는데, 그 의미와 관련해서는 워낙 다양한 갈래를 가지고 있어서 한마디로 정의하기가 쉽지 않다. 공통적으로는 근대 계몽주의 이후 서구의 합리

적 이성 전체가 현대사회에 와서 의미를 상실했다고 지적한다.

특히 장 프랑수아 리오타르Jean-Francois Lyotard, 1924-1998는 이성을 무기로 한 체계적인 거대 이론과 절대 이념의 구상 자체가 이미 파산했다고 주장한다. "대서사는 신뢰성을 상실한다."라는 명제를 통해 거대 이론에 대한 전통적인 믿음을 무너뜨린다. 거대 이론을 부정함으로써 체계적인 이성과 이념에서 벗어나고, 나아가서는 이를 대체하는 가치로서 개성·자율성·다양성 등에 주목한다.

'대서사'는 거대 이론을 의미한다. 거대 이론이란 인간과 세계에 대한 체계적인 분석에 기초하고, 원인과 결과에 대한 일관된 관점을 갖고, 사회의 변화 방향과 대안적 사고방식을 제시하는 이론을 말한다. 철학이든 경제학·정치학·사회학이든 우리가 알고 있는 사상가는 거대 이론을 대표한다. 인간의 삶과 학문에 막대한 영향을 준 대부분의 이론이 여기에 해당한다. 그런데 리오타르는 왜 특정한 이론에 대한 부정을 넘어서 거대 이론 자체를 신뢰할 수 없다고 하는가?

학문의 역사에서 제시된 모든 거대 이론이 불필요하다거나 현실에 아무런 유용한 역할을 못 했다고 주장하는 것은 아니다. 문제는 이제 거대 이론이 적극적인 역할을 하고 싶어도 현대사회의 현실이 그럴 수 없게 만든다는 점이다. 지난 몇 세기 동안 인류의 상상과 행동은 인간해방이라는 이념에 의해 지배되었다.

이는 18세기 말 계몽주의 철학과 프랑스 대혁명에서 형성되었다고 할 수 있다. 인간의 이성적 능력을 기초로 한 교육을 통해서 대규모적으로 계몽된 시민을 만들어내고, 무지와 빈곤 그리고 전체주의로부터 인간을 구원할 수 있다는 신념을 갖고 있었다.

하지만 리오타르가 보기에 현재 우리가 발을 딛고 있는 현대사회는 전혀 다른 조건을 갖추고 있다.

> "오늘날의 사회와 문화에서 지식의 정당화 문제는 다르게 정식화된다. 이제 대서사는 어떤 통합 양식을 사용하든 관계없이, 그리고 사변적 서사인가 해방 서사인가 하는 문제와 무관하게 신뢰성을 상실하게 되었다."

오늘날의 사회와 문화가 어떠하기에 철학과 같은 사변적 서사든, 정치 이론과 같은 해방 서사든 제 역할을 할 수 없게 되었다는 것일까? 현대사회는 일상적 삶의 양식을 포함한 대부분의 영역에서 복잡성 증가를 특징으로 한다. 19세기나 20세기 초와는 다르게 사회 전체적인 것은 물론이고 개인 삶의 영역 곳곳에서 수많은 요소가 얽혀 있어서 한두 가지 이론으로 사회에서 나타나는 현상을 설명하고 대안을 설정하는 작업이 불가능하다.

이제 전통적인 거대 이론이 했던 역할, 즉 지극히 복잡한 현실 세계를 이성 능력으로 수립한 보편적인 이론을 통해 설명하고 단일한 전망을 제시하는 역할을 할 수 없다. 전체적이고 통합적인 거대 이론이 설 자리가 없다. 지난 50년 동안 거대 이론이 무효화되는 과정을 인간은 거듭 겪고 있다. 몇 가지 예를 통한 설명이 더 빠른 이해를 도울 듯하다.

먼저 사변적 서사가 어떻게 스스로 신뢰성을 상실하게 되었는지를 살펴보자. 리오타르는 '아우슈비츠'를 거론한다. 아우슈비츠는 "이성적인 것은 현실적이며, 현실적인 것은 이성적이라는 사변적 교의를 거부"한다는 것이다. 아우슈비츠는 제2차 세계대전 당시 나치 독일의 강제 수용소를 말한다. 대량 학살의 상징으로서 요새화된 벽, 철조망, 발사대, 막사, 교수대, 가스실, 소각장 등 대량 수용과 학살을 위한 체계적 시설을 갖추고 있었다. 수많은 유대인이 이곳에서 굶주림과 고문을 당한 뒤 살해되었다.

'이성적인 것은 현실적이며, 현실적인 것은 이성적이라는 사변적 교의'란 앞에서 우리가 검토했던 헤겔의 명제다. 헤겔은 현실에 기초하여 이성이 세워지고, 그러한 이성이 다시 현실과 통일되는 과정에서 인륜성과 사회적·개인적 자유가 실현된다고 보았다. 헤겔만이 아니라 근대 계몽사상은 현실에 대한 과학적인 분석을 통해 이성을 확립하고 또한 그러한 이성을 통해서 현실을 합리적으로 조직할 수 있다고 믿었다.

하지만 600만 명에 이르는 유대인 학살은 근대 철학자들이 무한한 신뢰를 보낸 이성의 신화를 산산이 부숴버렸다. 과학기술 발전, 근대적 교통망, 체계적 관료제 등과 같은 이성의 결과물, 또한 최소 투여로 최대 산출을 만들어내는 효율성 원리가 어떻게 대량 학살로 연결되는지를 보여주었다. 과학기술 발전은 생화학무기라는 대량살상무기를, 근대적 교통망은 전국에서 유태인을 신속하게 실어 나르는 역할을, 관료제 체제는 유태인을 한 사람도 놓치지 않고 관리·감시하는 역할을, 효율성은 최소 인력과 재원으로 최대 인원을 살상하는 원리를 제공했다. 인류는 이성이 어떻게 괴물로 변할 수 있는지를 명백하게 확인했다.

　　이번에는 해방 서사의 신뢰성 상실을 살펴보자. 자본주의 사회의 모순과 병폐 극복을 위해 이성적으로 고안된 사회주의도 노동자와 대중으로부터 유리되어 억압 도구로 전락했다. 1953년 베를린, 1956년 부다페스트, 1968년 체코슬로바키아, 1980년 폴란드 등 동구 사회주의 국가에서 체제에 저항하여 일어난 혁명운동이 이를 잘 보여준다. 동구 사회주의 국가에서 일어난 대중운동은 억압에 대한 저항이자 자유와 민주주의 확대를 위한 몸부림이었다. 하지만 소련 공산당이 자유와 민주주의 확대는커녕 무력으로 진압함으로써 사회주의 대의도 설득력을 갖기 어렵게 되었다. 노동자 권력이라는 사회주의 이론과는 반대로 노동자 스스로가 공산당에 맞서는 현실이 나타났다.

사회주의만이 아니라 자유민주주의적인 해방 서사도 신뢰성을 상실하기는 마찬가지다. 민주적인 모든 것은 국민에 의한, 국민을 위한 것이라는 자유민주주의 신념은 더 믿기 어려운 것이 되었다. 1968년 5월에 프랑스에서 시작되어, 유럽과 미국을 비롯한 전 세계의 이른바 '자유민주주의 진영' 국가로 확대된 68혁명이 이를 잘 보여준다. 68혁명은 대의제 민주주의 아래에서도 개인의 일상적인 삶은 철저히 억압적일 수 있음을 보여주었다. 또한 국민에 의한다는 대의제 민주주의가 국민의 자율성과 자발성을 어떻게 부정하고 억압하는가를 적나라하게 보여주기도 했다.

철학이나 정치학만이 아니라 경제학에서조차 거대 이론의 설 자리는 사라졌다. 지난 수백 년간 시장경제 이론은 수요와 공급을 자유롭게 하는 것이 전반적인 번영을 약속하는 유일한 길이라고 주장했다. 하지만 1929년 대공황은 수요와 공급이라는 '보이지 않는 손'이 얼마나 허망한 것인지, 물질적인 풍요는커녕 인간에게 얼마나 유례없는 빈곤과 재앙을 가져다줄 수 있는지를 증명해주었다. 대공황에 대한 교훈으로 나타난, 생산 중심의 논리에서 수요의 창출을 중시하는 케인스 이론도 얼마 가지 못했다. 지난 수십 년간 나타난 스태그플레이션과 주기적으로 반복되는 경제 위기는 수요 관리를 통한 경제적 번영의 허약성을 여실히 보여주고 있다.

과학과 언어조차 신뢰를 잃은 지금 무엇을 해야 하는가?

● 우리가 가장 확실하고 증명 가능하다고 믿는 과학 분야조차도 신뢰성을 유지하기 어렵다. 오히려 과학은 인문학이나 사회학 분야보다도 학문 사이의 분리 정도가 심해서 이들을 통합하여 거대 이론을 세우는 데 필요한 소통을 더욱 기대할 수 없다. 리오타르는 서로 다른 과학의 언어를 묶어서 생각하는 일 자체가 불가능하다고 한다.

> "여러 가지 새로운 언어가 낡은 언어에 첨가되어 낡은 도시의 교외를 이룬다. (…) 어느 누구도 이 언어들을 전부 다 말할 수 없으며 이 언어들을 묶어줄 보편적 메타언어도 없다."

특히 20세기에 접어들어 과학에서 새로운 분야가 대폭 확대되면서 분화 현상이 급속하게 진행됐다. 다른 학문 분야와 마찬가지로 과학 역시 언어를 매개로 연구 활동을 한다. 문제는 급

속한 분화와 전문화로 인해 다른 과학 분야와 연관성을 갖기 어려운 전문 용어가 증가한다는 점이다. 화학의 기호법과 미적분학의 기수법 등이 새로운 언어로 등장했고, 여기에 유전정보 언어, 정보과학 언어, 기계 언어 등이 뒤를 잇는다. 과학 사이의 언어를 통한 의사소통이 어려운 상황이다. 다른 학문 분야에서도 전통을 벗어난 언어가 날이 갈수록 쌓여가고 있어서 분야 사이의 소통 곤란은 더 말할 필요도 없을 정도다.

언어 자체의 한계이기도 하다. 리오타르는 언어가 사물을 반영하거나, 어떻게든 연관성을 지니는 것으로 보는 견해를 거부한다.

> "언어는 의사소통의 도구가 아니라. 다양한 규칙 체계에 종속되는 문장 섬들로 형성된 복잡한 군도일 뿐이다. 그래서 어떤 규칙 체계를 따르는 문장을 다른 규칙 체계에 종속되는 문장으로 번역하는 것은 불가능한 일이다."

언어는 생각을 그대로 전달하는 도구가 아니다. 언어는 기호로서 독자적 규칙 체계를 지닌다. 인간이 말이나 문자를 통해 어떤 문장을 만들 때 기호 체계에 종속된 상태를 전제로 한다. 또한 규칙 체계는 단일하지 않다. 국가나 종족에 의한 상이한 언어

종류에 따라, 혹은 동일한 언어 내에서도 사용되는 분야에 따라 다양한 규칙을 지닌다. 그렇기 때문에 어떤 규칙 체계를 따르는 문장을 다른 규칙 체계에서 정확히 사용하거나 이해할 수 없다.

게다가 각 학문의 전문화 경향이 확대되면서 다른 분야에 관심을 두는 일조차 약화되는 추세다. 대부분의 학자는 모두 이러저러한 지식 분과의 실증주의에 갇혀 있다. 박식한 학자들은 과학자로 변했고 연구조사 작업은 축소되고 구획되었으며 누구도 이 모든 분야를 배울 수 없다. 거대하고 복잡한 현대사회에서는 상이한 규칙 체계 사이의 소통을 기대할 수 없다. 그 결과 철학도 학문 중의 학문이라는 지위를 차지할 수 없고, 그저 분과 학문 중의 하나로 추락한 처지다.

리오타르가 보기에 20세기 들어 인류가 만들고 제시한 거대 이론이 예외 없이 다 무너졌는데, 유사성에 근거하여 개별 지식을 거대 지식으로 통합하는 서사 지식이 불가능해졌는데, 아직도 보편 이론에 대한 미련을 버리지 않고 있다면 무모하거나 미련한 짓이다. 거대 지식은 애초에 통합할 수 없는 차이를 지닌 지식을 통합했기에 존재 의미나 타당성을 인정받기 어렵다. 단지 위에 열거된 개별 거대 이론만이 문제가 아니다. 인류가 가지고 있던 이성이나 계몽적 사고에 대한 확신, 과학기술에 대한 희망처럼 근본적 사고방식의 한계다. 이성은 복잡성을 특징으로 하는 현대사회의 제 현상을 하나로 꿰어서 설명할 능력이 없다.

그러면 지식은 앞으로 어디로 향해야 하는가? 이제 철학을 비롯한 학문의 과제는 분명하게 한정된다. 즉, 과거처럼 인류의 보편적인 요구가 아니라 직접적이고 현실적인 영역에서 복잡한 수단들에 인류가 적응할 수 있도록 하는 일이다. 개별 영역에서의 부분적이고 특수한 역할로 한정되어야 한다. 리오타르는 정보화 사회의 양상을 통해 대안을 제시한다.

> "데이터 뱅크는 개개 사용자의 능력을 넘어선다. 그것은 포스트모던 시대 사람들의 '자연'이다. (…) 지식의 성격이 변하지 않은 채로 살아 남을 수는 없다. 지식은 정보의 양으로 번역될 경우에만 새로운 채널에 들어맞게 조작 가능해진다."

데이터 뱅크는 현재 인터넷을 사용하여 누구나 접근할 수 있는 '위키피디아'의 사례를 떠올리면 한층 이해가 쉽다. 2001년에 서비스가 시작된, 누구나 자유롭게 글을 쓸 수 있는 사용자 참여의 온라인 백과사전이다. 현재 한국을 포함하여 전 세계 200여 개 언어로 만들어가고 있다. 인터넷상에서 저작자를 표시하는 조건으로 변경이 허락됨으로써, 모두가 자유롭게 글을 쓸 수 있고 고칠 수 있는 체제로 만들어져 있다. 다양한 방면의 지식들이 방대한 분량으로 자세히 수록되어 있고 내용이 끊임없이 갱신되며 접근이 편리하다.

위키피디아의 가장 큰 특징은 한 사람에 의해 체계적으로 만들어진 지식이 아니라는 점이다. 일관된 입장 속에서 원인과 결과를 분석하고 대안을 제시하는 방식이 아니다. 개별 항목을 대상으로 한 지식이어서 사실과 사실, 이론과 이론 사이의 유사성에 근거하여 거대한 이론 체계를 만들지도 않는다. 이론의 체계적인 구조를 해체하고, 작업에 참여하는 각 개인의 다양한 시각이 인정되는 방식이다.

데이터 뱅크는 몇몇 사용자의 특정한 개인적 능력만으로는 실현이 불가능하다. 수많은 사람이 자발적으로 참여함으로써 비로소 가능하다. 이제 지식은 궁극적인 진리 여부를 중심으로 하던 기존의 성격에서 벗어나야 한다. 거대 이론 속의 수직적인 체계가 아니라 수많은 개별 지식이 서로 나열 관계에 있는 '정보의 양'으로 이해되어야 한다.

그래야 복잡한 현대사회에서 각각의 필요와 사용 조건에 맞게 적용하고 수정함으로써 실용적인 목적을 충족할 수 있다. 우리에게 남은 유일한 방법은 해체와 다양성 인정이다. 다양성 인정이 지식이 할 수 있는 유일한 일이다. 다양한 종의 동식물을 보고 놀라듯이 담론의 다양한 종을 경이롭게 바라봐야 한다.

Jean-François Lyotard

또한 위키피디아와 같은 데이터 뱅크는 그동안 지식의 대상이나 수용자이기만 했던 대중이 지식의 생산자로 등장한다는 점에서도 지식의 성격을 바꾼다. 인간의 역사를 보면 지배 세력은 대중의 지식을 가치 없는 것으로 치부하고 이를 당연하게 여기도록 조장해왔다. 대중의 지식을 의미 없는 단견 정도로 몰아세웠다. 이러한 역할을 선두에 서서 했던 사람들이 바로 철학자나 전문가와 같은 지식인이었다. 오직 지식인 자신만이 지식에 대해 유일하게 대표성을 가진 존재임을 부각하려 했다.

　거대 이론이 신뢰성을 상실한 현실에서 대중의 다양한 지식이야말로 새로운 시대에 부응하는 지식 형태다. 위키피디아에서 볼 수 있듯이 보편적 영역이냐 특수한 영역이냐를 가리지 않고 무명의 대중이 어떠한 지식인의 허락도 없이 자신의 이야기를 하고 듣고 행동하고 있다. 이제 대중이 거대 이론에 대한 신뢰를 거두고, 스스로 판단하고 자기 문제를 자신이 직접 해결하는 주체로 일어서고 있다. 포스트모던 시대에는 대중의 지식을 더욱 고양하고 이를 적극적으로 수용하는 방식이 필요하다.

웨일북 한 문장 시리즈
한 문장으로 시작하는 철학 수업

초판 1쇄 발행 2019년 5월 31일

지은이 박홍순
펴낸이 권미경
편 집 김남혁
마케팅 심지훈
디자인 [★]규, 정혜미
일러스트 this-cover.com
펴낸곳 ㈜웨일북
등록 2015년 10월 12일 제2015-000316호
주소 서울시 마포구 월드컵로32길 22, 비에스빌딩 5층
전화 02-322-7187 **팩스** 02-337-8187
메일 sea@whalebook.co.kr **페이스북** facebook.com/whalebooks

ⓒ 박홍순, 2019

ISBN 979-11-88248-86-5 03100

소중한 원고를 보내주세요.
좋은 저자에게서 좋은 책이 나온다는 믿음으로, 항상 진심을 다해 구하겠습니다.

이 도서의 국립중앙도서관 출판예정도서목록(CIP)은
서지정보유통지원시스템 홈페이지(http://seoji.nl.go.kr)와
국가자료공동목록시스템(http://www.nl.go.kr/kolisnet)에서 이용하실 수 있습니다.
(CIP제어번호: CIP2019016986)